高等学校体育选项课系列教材

浙江省高校体育教材编委会 编

TABLE TENNIS

乒乓球运动

主　编　程云峰　张虹雷
副主编　刘林剑　魏丽艳　汪　凌

ZHEJIANG UNIVERSITY PRESS
浙江大学出版社

图书在版编目(CIP)数据

乒乓球运动 / 程云峰,张虹雷主编.—杭州:浙江
大学出版社,2015.11
高等学校体育选项课系列教材
ISBN 978-7-308-15238-9

Ⅰ.①乒… Ⅱ.①程… ②张… Ⅲ.①乒乓球运
动—高等学校—教材 Ⅳ.①G846

中国版本图书馆 CIP 数据核字(2015)第 243854 号

本书配有 3D 仿真虚拟动画课件光盘

乒乓球运动

主　编　程云峰　张虹雷

副主编　刘林剑　魏丽艳　汪　凌

丛书策划　黄娟琴　朱　玲
责任编辑　曾　熙
责任校对　杨利军　秦　瑕
封面设计　续设计
出版发行　浙江大学出版社
　　　　　(杭州市天目山路 148 号　邮政编码 310007)
　　　　　(网址:http://www.zjupress.com)
排　　版　杭州林智广告有限公司
印　　刷　浙江省邮电印刷股份有限公司
开　　本　787mm×1092mm　1/16
印　　张　14.25
字　　数　280 千
版 印 次　2015 年 11 月第 1 版　2015 年 11 月第 1 次印刷
书　　号　ISBN 978-7-308-15238-9
定　　价　29.00 元(含光盘)

丛书编委会

本书编写人员

前　言

　　高等学校体育选项课系列教材是根据《全国普通高等学校体育教学指导纲要》的主要内容和基本要求进行编写的。可以说是对原有浙江省高校体育系列教材的改版或升级。我们依据这几年教材使用中出现的问题和高校体育在教学实践中出现同一个运动项目想继续选学，会出现重复修学的问题进行了重新编写。为了让学生在高校的体育课程学习中学到更多的东西，并通过高校的两年体育课程的学习，进一步深入了解自己所选运动项目的特点，使体育运动、锻炼更有针对性，使身心得到更好的改善，我们在本系列教材编写中对体育这门课程做了特殊安排。由于高中"体育与健康"课程已实行模块教学多年（浙江省从 2006 年起开始实行），从高中进入大学的学生应已学有 2～3 项运动技能（高中"体育与健康"课要求），进入大学有可能延续自己的兴趣，继续选择该运动项目（自己感兴趣的运动项目，并有一定的技术、技能基础）；也有可能由于大学有了更多运动项目的选择机会，同学们会选择新的运动项目（从头开始学，之前并没有技术基础）。因此我们在编写本系列教材时，较充分地考虑了学生的这种情况和变化，采取了分级编写，即在各运动项目分册中，在体育技能方面均体现初级、中级和高级三级水平。三级水平的划分原则，按初级放低入门要求，便于让没有接触过此类项目的学生可以参与学习，而有学习基础的学生可以直接从中级开始学习，待中级学完后，要求基本掌握高等学校体育课程对该项目的"基本要求"。高级相对要求较高，完成较好的同学已达到高校体育课程的"发展要求"。针对高校学生自主学习能力较强和自主时间较多等特点，系列教材有意识地开发和配备 3D 仿真虚拟动画课件，供学生课外学习和模仿。

　　为了让学生充分了解所选运动项目的特点和掌握所选项目的技术，并能在课外及今后的业余生活中更好地运动和应用，在编写教材时,有意注重针对不同项目的锻炼价值及锻炼注意事项分别进行编写,以便于区分不同项目的特点,既体现了运动的整体锻炼价值,又体现了不同项目的特殊锻炼价值。有利于学生有针对性地选择,使体育能更好地为学生的健康服务;为丰富学生的日常生活服务;为学生更好地融入社会服务;为培养自己坚强意志、竞争意识和合作精神服务。

　　本系列教材计划编写 12 种,分为运动技术项目类教材和体育理论类教材。包括《篮球运动》《羽毛球运动》《网球运动》《乒乓球运动》《游泳运动》《足球运动》《健身与健美运动》《形体训练与体育舞蹈》《无线电测向与定向运动》《武术运动》《健美操》等 11 种技术项目类教材和《体育与人生》1 种理论教材,以满足不同兴趣爱好的大学生对不同运动项目的喜好。

浙江省高校体育教材编写委员会
2014 年 8 月

目录

知识篇

技能篇

竞赛篇

知识篇

ZHISHI PIAN

第一章　乒乓球运动概述

◎ **本章导读**

　　乒乓球运动具有球小、速度快、变化多、趣味性强、设备简单等特点,是男女老少都适宜的运动。被尊称为"国球"的乒乓球运动在我国有着良好的群众基础,众多高校都开设了乒乓球专项教学课。通过本章的学习,你将了解乒乓球运动的起源,了解乒乓球运动在中国的发展,以及一些国际、国内重大赛事,以提高乒乓球运动欣赏水平,这也将大大激发你对乒乓球运动的兴趣。

第一节　乒乓球运动的起源和发展

一、乒乓球运动的起源

　　关于乒乓球运动的起源,目前我国公认的看法是 19 世纪后期在英国由网球演化而来。据传,某天,在英国首都伦敦,有两位青年网球迷到一家

> **小贴士**
> 乒乓球运动起源于英国。

高级餐厅就餐,因为天气炎热,在等候侍者上菜时,就随手拿起桌上的大号雪茄烟的硬纸盒盖子,用来扇风降温。当两人闲聊中为网球战术而争论得不可开交时,便从酒瓶上拔下一只软木塞作球,以餐桌为场地,以烟盒盖作球拍,现场模拟起实战网球来。此举引得食客和侍者纷纷围观,餐厅的女主人完全被这种别开生面的游戏吸引了,情不自禁地脱口而出:"Table Tennis(桌上网球)!"不经意间,就给这项运动命了名。很快这项餐桌上的游戏就在欧洲各国流传开来(见图 1-1)。

图 1-1　早期乒乓球比赛示意图

3

19 世纪末,英国一些学生以餐桌为球台,书本为球网,采用软木或橡胶做的球,用羊皮纸贴成的长而圆的空心球拍(见图 1-2),在桌子上打来打去。当时,球台和球网的大小、高度及记分方法均无统一规定,发球的方法也没有严格限制。由于这种游戏很像在桌上打网球,故有人称"桌上网球"(table tennis)。这项餐桌上的游戏很快就传到了欧洲许多国家,并逐渐演变发展为乒乓球运动。

图 1-2　早期乒乓球拍

在那时,乒乓球更多的是一种家庭娱乐活动。欧洲的王公贵族们闲来无事,又迫于天气无法从事户外运动时,就以此"乒来乓去"消磨时间。球拍是羊皮拍,常常饰有精美的花纹图案;球是橡胶或软木芯的,外面常常包着毛线;着装是西服衬衫皮靴长裙,透着贵族的气息;没有统一的规则,有 10 分、20 分一局的,也有 50 分、100 分一局的。

二、乒乓球运动的传播

1890 年,英格兰越野跑运动员詹姆斯·吉布(James Gibb)在美国旅行时,发现由美国人发明的赛璐珞空心球弹力较强,就带回英国使用。由于赛璐珞空心球触球拍、触桌时发出"乒""乓"的声音,所以这项运动又称为"乒乓球"(Ping-Pang)。1902 年,英国人库特(Goodea)发明了颗粒胶皮拍。1902 年,在英国游学的日本东京高等师范学校教授坪井玄道将乒乓球运动传入日本。

1904 年,乒乓球运动从日本传入中国上海。上海四马路一家文具店的经理王道平,从日本买来十套乒乓球器材,摆设店中,并亲自做打球表演,告诉人们在日本看到的打乒乓球情形。从此,乒乓球开始在中国落地生根发芽。

1905—1910 年间,乒乓球运动又逐渐扩展到北非的埃及等地。

20 世纪 20 年代后,在蒙塔古等人的推动下,因第一次世界大战一度被冷落的乒乓球运动又重新在英国活跃起来。

1926 年,早已成立的英国乒乓球(Ping-Pang)协会发现"ping-pang"已被他人商业注册,加之该协会缺乏代表性,因而解散了组织,重新成立了乒乓球(table tennis)协会并做了商业注册。自此,乒乓球(table tennis)这个名称一直沿用至今。我国所称的"乒乓球"就是从声音上得名的。

第 1 届世界乒乓球锦标赛(以下简称"世乒赛")的举行是乒乓球运动进入

快速发展期的重要标志。1926 年,第 1 届欧洲乒乓球锦标赛的组织者向欧洲的德国、匈牙利、英格兰、瑞典、奥地利、捷克和斯洛伐克、丹麦、威尔士和亚洲的印度发出了邀请,共有 9 个国家和地区的 64 名运动员参加比赛。由于印度提出了"欧洲乒乓球锦标赛"名称欠妥,国际乒联当时就把这次比赛改称为"第 1 届世界乒乓球锦标赛"。以后每年举办一届,1940—1946 年因第二次世界大战而中断。1957 年后改为每两年举办一届,2003 年起单项比赛和团体比赛分别在不同年度和地点进行。至 2014 年已举办了 52 届世乒赛。

三、乒乓球运动的发展

乒乓球从游戏到竞技体育项目,经历了几个重要的发展阶段:

(一)第一阶段(1926—1951):欧洲国家主导世界乒坛

1926—1951 年,乒乓球运动在欧洲发展较快,参赛队主要来自欧洲各国。此间共举行了 18 届世乒赛,先后共产生 117 个冠军,其中匈牙利获得了 57.5 个冠军,捷克和斯洛伐克获得了 25.5 个冠军,英国获得 10 个冠军,美国获得 8 个冠军。这一时期欧洲选手在世界乒坛占有绝对优势。

这一时期的主要打法是削球,其指导思想是尽量自己少失误,让对方失误。由于比赛没有时间限制,所以多次出现"马拉松"式的乒乓球比赛。如第 10 届,奥地利与罗马尼亚的男子团体决赛竟打了三天之久(实耗 31 个小时);波兰的欧立克与罗马尼亚的巴奈斯,为争夺 1 分球竟用了 2.5 个小时。第 11 届世乒赛后国际乒联对比赛规则进行了修改,球台增长,球网降低,球改为硬球,规定比赛时间(一场三局两胜的单打,不得超过 1 小时,五局三胜的比赛不得超过 1 小时 45 分钟),禁止用手指旋转球的那卡尔式发球。规则的改变和器材的变革有力地促进了乒乓球技术的发展,减少了比赛时间,开辟了新技术、新打法的道路,不仅削攻结合的打法开始发展起来,还出现了一些以攻为主的选手。

(二)第二阶段(1951—1959):日本队震动世界乒坛

日本乒协早在 1928 年就加入了国际乒联,1952 年首次参加世乒赛一举夺得女团、男单、男双和女双 4 项冠军。虽然日本队只有三男两女五名运动员参加,他们手握海绵球拍,采用直拍全攻型打法,却连续击败了许多欧洲削球名将,使世界乒坛大为震动。这一时期共举行了 7 届世乒赛(第 19—25 届),产生了 49 个冠军,日本队夺走 24 个。从此,世界乒乓球技术的优势开始由欧洲的削球转到了亚洲的攻球。

(三)第三阶段(1959—1969):中国队崛起,东亚雄踞乒坛

20 世纪 50 年代末,正当日本队的长抽打法处于巅峰状态时,中国运动员容国团以快攻打法获得第 25 届世乒赛男子单打冠军,为中国夺得了有史以来的

第一个世界冠军。

20 世纪 60 年代共举行了 5 届世乒赛,中国队仅参加了 3 届(第 26、27、28届),共获得 21 个冠军中的 11 个。具有"快、准、狠、变"独特风格的中国近台快攻打法,把世界乒乓球运动推向了一个新的发展阶段。

第 29、30 届世乒赛,中国队没有参加,冠军大部分都被日本队所夺,朝鲜队也参加了冠军的争夺。在第 29 届世乒赛上,朝鲜男队连续打败欧洲强队,夺得团体亚军,女队也成为世界强队之一。

(四)第四阶段(1969—1991):欧洲复兴,中国队重整旗鼓

20 世纪进入 70 年代,世界乒乓球技术的发展突飞猛进。欧洲选手经过了近 20 年的努力,他们兼取了中国快攻和日本弧圈球打法的优点,创造了弧圈球结合快攻和快攻结合弧圈球两种新打法,从而走上了复兴之路。

在第 31 届世乒赛上,欧洲涌现了一大批有实力的年轻选手。19 岁的瑞典选手本格森连续战胜了中国队和日本队的强手,一举夺得男单冠军。在第 32届世乒赛上,瑞典男队打破了亚洲保持 20 年之久的团体冠军纪录。在第 33 届世乒赛上,男单决赛是在欧洲选手之间进行的。中国队在第 33 和 34 届上重新夺回男、女团体冠军。在第 35 届世乒赛上,匈牙利队夺回了失去 27 年的斯韦思林杯,而南斯拉夫男队在 25 年后重新夺得男双冠军。

20 世纪 70 年代的 5 届,共有 35 个冠军,中国获得 16.5 个,匈牙利和日本各获 4 个,瑞典获得 3 个,朝鲜获得 2.5 个。1981 年,中国队在第 36 届世乒赛上囊括了 7 项冠军及 5 个单项亚军,创造了世界乒坛有史以来由一个国家包揽全部冠军的纪录。此后的三届世乒赛,中国队均取得 6 项冠军。"中国打世界"的局面开始形成。

自乒乓球项目从 1988 年进入奥运会以来,欧洲乒坛职业化迅速发展,加上大批前中国国手的加入,极大地促进欧洲乒乓球技术的发展。在 1989 年的第 40 届世乒赛上,中国队进入低谷,男队不仅丢了团体冠军,连男单和男双的桂冠也被别国所夺。在第 41、42 届世乒赛上,欧洲运动员连续获得了男子团体和男子单打的冠军。中国女队痛失第 41 届团体冠军,第 42 届女子单打只有一人进入半决赛,这是中国女队 14 年来第一次在单打比赛中未能进入决赛。"世界打中国"成绩卓著,欧洲队领先 5～6 年。

(五)第五阶段(1991—2014):中国队走出低谷,再创辉煌

在 1995 年的第 43 届世乒赛上,中国队再次囊括了 7 项冠军,又一次从低谷中奋起,重攀世界高峰。在第 44、45 届世乒赛上,中国队都夺得 6 项冠军,在第 26、27 届奥运会上,中国队连续两次获得"大满贯"。在 21 世纪开始的第 46届(2001 年)世乒赛上,中国队再一次囊括 7 项冠军,再创世纪辉煌。在第 47 届世乒赛上,中国队夺得 6 项冠军。在 2004 年第 28 届奥运会上,中国队获得了女子单打、男子双打、女子双打3项冠军。在第48、49届世乒赛上,中国队又获得"大满贯"。在第29、30届奥运会上,中国队又连续两次获得"大满贯"。在第50届世乒赛上,中国队夺得6项冠军。在第51届世乒赛上,中国队再获"大满贯"。在第52届世乒赛上,中国队夺得6项冠军。

从20世纪末开始,国际乒联对乒乓球运动进行了一系列的改革。2000年10月,乒乓球由直径38毫米、重量25克,改为直径40毫米、重量27克;2001年9月,乒乓球比赛由每局21分改为11分制;2002年9月,乒乓球比赛执行无遮挡发球的规定。

第二节　中国乒乓球运动的发展

一、中国乒乓球运动发展的辉煌历程

中国乒乓球运动的迅速崛起和长盛不衰,是我国开展的众多运动项目中最为夺目且最可圈可点的一个景观。始于1926年的世界乒乓球锦标赛已举办了几十年,是世界公认的乒乓球运动最高水平

> 小贴士
> 中国乒乓球运动迅速崛起,并且长盛不衰。

的赛事。1952年中国加入国际乒联,翌年组建了中国乒乓球队并首次参加了世乒赛(第20届),男队成绩为第一级第10名,女队为第二级第3名,属于世界二流水平。1959年第25届世乒赛上容国团以"人生能有几回搏"的英雄气概为中国获得第一个男子单打冠军。以此为起点,中国乒乓球队40多年来东征西伐,历尽艰辛,在千锤百炼中把一颗小小的乒乓球锤炼得炉火纯青,形成了"世界打中国""中国打世界"的两极形式。

1961年第26届世乒赛上中国队获男子团体、男子单打和女子单打3项冠军,庄则栋蝉联第26、27、28届世乒赛冠军,是世乒赛历史上第一个蝉联3届冠军的运动员。1971年,与世界乒坛阔别了6年的中国运动员重返赛场,在第31届世乒赛上夺回了斯韦思林杯,同时取得了女子单打、女子双打和混合双打冠军。第35届世乒赛,中国男队仅获混双金牌,女队获全部冠军。中国乒乓球队及时吸取第35届世乒赛失利的教训,大胆起用新人,培养新手,积极探索,创新打法,在原有的"快、准、狠、变"的基础上增加了"转"字,使速度、力量、旋转、弧线和落点五个要素更紧密地结合,大大提高了对付横拍全攻型打法的能力。在1981年第36届世乒赛上中国队奋力拼搏,一举夺得7项冠军和5个单项冠军,再次展现了"乒乓球大国"的技术优势。

在20世纪80年代的5届世乒赛中,国际乒联一共颁发了35个奖杯,而中国男、女队夺得了28个。各国选手都以在乒乓球比赛中任何一项、任何一轮中

战胜中国运动员为荣,同时有针对性地研究中国运动员的技术打法,形成"世界打中国"的乒坛格局。

随着我国改革开放的深入进行,国际人才的交流日益频繁,众多前国手、前世界冠军纷纷出国留学并加入"海外乒坛"。这样,一方面促进了世界乒乓球技术水平的提高和发展,另一方面也使中国乒乓球界面临着严峻的挑战;我国原先的一整套先进训练方法、手段和打法被照搬到国外,比赛中失去了秘密武器。再加上技术、战术打法上缺乏创新,以致在第40届(1989年)世乒赛上男子项目失利,在第41届(1991年)世乒赛上男子团体跌至第7名,女团也在决赛中败给了韩国和朝鲜联队,失去了蝉联8届的考比伦杯,使中国乒坛在20世纪80年代中后期喊了多年的"狼来了"不幸成为现实。

经过第40、41届世乒赛的失利,中国乒乓球队面对现实、认真总结、承认打法上的保守,狠抓队伍管理,整顿队风,树立信心,加快新人培养和技术创新的步伐。终于在第42届(1993年)世乒赛上夺回了女团、女子双打、男子双打和混合双打4项奖杯,男子团体也获得了亚军,使中国乒乓球队走出了低谷,为中国乒乓球队再创辉煌打下了坚实的技战术和心理基础。

中国乒乓球队经过近四年的艰苦训练、顽强拼搏,在1995年的第43届世乒赛上再次将7项桂冠收入囊中。在1996年亚特兰大奥运会上,中国队挟世乒赛之余威,首次在这一举世瞩目的、最重大的体育盛会上获得了乒乓球比赛的所有金牌。在第44、45届世乒赛上相继取得了6项桂冠。在2000年的悉尼奥运会和第46届世乒赛上,中国队再一次创造奇迹,囊括了奥运会乒乓球比赛的4个冠军和世乒赛的7个冠军。此后,中国乒乓球队始终站在世界乒坛的顶峰。

中国乒乓球队成立至今,共经历了三个高峰期:1961年第26届世乒赛至1965年第28届世乒赛为第一个高峰期,1981年第36届世乒赛至1987年第39届世乒赛为第二个高峰期,1995年至今为第三个高峰期。

从1926年的第1届世乒赛至2004年的第47届世乒赛,共产生320个冠军,中国获95.5个(其中第34届世乒赛女双冠军为中国的杨莹和朝鲜的朴英玉),居首位;从1980年至2003年,世界杯乒乓球赛共产生32个冠军,中国获得20个(不包括两届双打、四届团体冠军);从1988年乒乓球第一次进入奥运会成为正式比赛项目至今,共产生16个冠军,中国夺得13个冠军。在世乒赛、世界杯、奥运会三大赛事中,中国男队有45位运动员夺得过冠军奖杯,其中刘国梁11次夺冠;中国女队有41位运动员夺得冠军,其中邓亚萍18次夺冠,这在世界乒乓球史上是绝无仅有的。

中国队在第36、43、46届世乒赛上收获了全部7项冠军,震惊了国际乒坛,充分说明了中国队实力强劲,人才辈出。

第47—52届世乒赛共产生了42个冠军,中国获得了39个冠军。在第29、

30 届奥运会上,中国队又连续两次获得"大满贯"。中国乒乓球运动再创辉煌。

二、中国乒乓球运动对世界乒乓球运动的贡献

自 1952 年中国加入国际乒乓球联合会以来,中国大力开展乒乓球运动,为世界乒乓球运动的发展做出了极大的贡献。

(一)技术和战术上

在半个世纪的时间里,世界乒坛在技术与打法创新上共有 46 项,中国创新 27 项,占世界乒坛创新总数的 58.7%,在适应与反适应、控制与反控制的矛盾中经常掌握着主动权。

1. 近台快攻打法

在 20 世纪 50 年代末至 60 年代中期,中国队以"快、准、狠、变"独特风格的近台快攻打法,战胜了盛行于 50 年代的日本长抽,把世界乒乓球技术推向一个新的发展时期。

日本的长抽和中国的近台快攻虽同为直拍进攻型打法,但长抽站位远台,击球速度慢,而且只有正手一面进攻,反手的技术极弱;而近台快攻站位近台,击球速度快,且正反手技术比较平衡(正手快攻,反手推挡或攻球)。这样,中国的快攻与日本的长抽对阵,就成了两面打一面,近台打远台的局面。很显然,中国的快攻型打法优于日本的长抽型打法。

2. 高抛发球

在 20 世纪 60 年代,中国运动员在发球时将球抛起 2~3 米高,增加了球下降时对拍的正压力,使球发得急、快、转,飞行弧线亦与低抛发球迥然不同,后来成为风靡世界乒坛的一项发球技术。

3. 直拍背面击球

在 20 世纪 90 年代后期,中国乒乓球队首先使用了直拍背面击球,由于直拍背面击球不同于直拍反手攻球,有利于拍形的前倾,能充分发挥前臂前伸的力量,同时还能打出不同的旋转,往往使对手防不胜防。

4. 发球抢攻战术

在 20 世纪 60 年代初,我国首先采用发球抢攻战术,并在以后的 20 多年中占得先机。

(二)中国乒乓球"海外兵团"

在 20 世纪 80 年代后期,随着我国改革开放,出国热风靡全国。当时我国一批优秀的教练员和运动员到国外执教、比赛,并在国际比赛中屡屡取得佳绩,进而在国际乒乓球界逐渐产生一定的影响力。1993 年 5 月 20 日,瑞典哥德堡世界乒乓球锦标赛上,中国运动员邓亚萍和乔红输给了代表新加坡和德国参赛的井浚泓和施捷,从此媒体开始以"海外兵团"来形容这些出国打球的中国运动

员。这些转战国外乒坛的运动员与教练员们,加入当地的乒乓球俱乐部,他们不仅学到了国外俱乐部的管理理念,也带去了中国乒乓球的训练方法和一些绝技。一方面推动了当地乒乓球运动的开展,提高了当地乒乓球的技战术水平;另一方面,这一批运动员也曾多次代表该国参加世界性的比赛,使各国的乒乓球技术水平更加接近了,这对世界乒坛的发展和深入起到了推动作用。据不完全统计,在20世纪90年代,中国有近千名运动员(包括省、市、地一级受过专业训练的运动员)在欧美及东南亚国家打球。

三、中国大学生乒乓球运动的发展

(一)中国大学生乒乓球运动的发展现状

被尊称为"国球"的乒乓球运动在我国有着良好的群众基础。随着乒乓球运动的迅速发展普及,全国大部分大学、中学都开展了乒乓球运动。北京大学、清华大学等一批国家重点高校早在20世纪50年代就向学生开设了乒乓球课,并组织开展了课余训练和高校间的乒乓球友谊比赛。

清华大学在1982年举办了第1届全国大学生乒乓球比赛,共有10多个省市派出代表队参加7个项目的角逐。1988年在南京举行了第2届全国大学生乒乓球比赛。

1990年,中国大学生乒乓球协会(China University Table Tennis Association,简称"大乒协")在上海华东化工学院(现名华东理工大学)成立,协会会址设在华东理工大学,同时举行了全国大学生乒乓球锦标赛,并召开了全国高校乒乓球专项教学训练学术研讨会。经过多年的建设与发展,中国大学生乒乓球协会已发展成为特色鲜明、高效专业的单项运动协会。目前为止,大乒协已成功举办了19届全国大学生乒乓球锦标赛、9届全国校长杯乒乓球比赛以及众多全国和地方性的乒乓球赛事活动。

中国大学生乒乓球协会是在中国大学生体育协会领导下的一个单项体育运动协会,是全国高等学校普及与提高乒乓球运动的群众性体育组织。中国大学生乒乓球协会现有会员单位59所,以"传播乒乓文化、汇聚四海友谊"为目标和宗旨。联络和团结全国各高等学校乒乓球协会、乒乓球队、体育教师、教练员和裁判员,以增进友谊,加强协作;促进院校间乒乓球运动的开展,广泛交流,切磋球艺,提高理论、教学、训练、竞赛与技战术水平,攀登世界乒乓球运动高峰,振兴中华。其基本任务是:认真贯彻执行党的教育方针,联络全国大学生乒乓球运动队、乒乓球协会和乒乓球爱好者,团结协作,努力学习,积极工作;以多种形式,有计划地组织乒乓球教练员、裁判员,研讨和提高乒乓球技、战术理论和业务水平。大乒协为促进大学生乒乓球运动的发展,为进一步振兴我国乒乓球运动和体育事业而积极努力。

中国大学生乒乓球队于 1991 年成立，并把上海作为训练基地，已多次参加全国和世界大学生比赛，并取得优异成绩。2001 年 10 月 25—29 日第 13 届世界大学生乒乓球锦标赛在华东理工

小贴士
校园中的乒乓球运动也给学子们带来了许多益处，各国校园乒乓球选手也彼此传播着文化。

大学举行。比利时、巴西、克罗地亚、法国、德国、希腊、匈牙利、意大利、日本、韩国、尼泊尔、波兰、瑞士、中国以及中国澳门、中国台北共 16 个国家和地区的 13 支男队、10 支女队 90 多名选手参赛。选手中不乏世界名将，中国男队以上海交通大学的选手为主，有奥运冠军王励勤，辅以刘国正、张勇、张英杰、席敏杰；中国女队以华东理工大学的选手为主，有奥运冠军孙晋，辅以成红霞、帖雅娜、王鹏等。中国队获女子团体、男女单打、混双和女双冠军。

2002 年 9 月 4—12 日第 14 届世界大学生乒乓球锦标赛在波兰弗罗茨瓦夫举行。上海交通大学男队和华东理工大学女队代表中国参赛。中国大学生队的对手除了拥有世界级高手蒋澎龙的中国台北队外，还有由韩国国家队和国青队选手联合组队的韩国大学生队，以及东道主波兰队和有国手加盟的法国大学生队。中国男队囊括了男子团体、男子单打、男子双打和男女混合双打的全部参赛项目金牌，实现了冲出国门，走向世界的目标。

原华东理工大学学生帖雅娜在 2001 年第 21 届世界大学生运动会上获女子单打、混合双打和团体三块金牌。以华东理工大学组成的乒乓球俱乐部（女队）参加中国乒乓球俱乐部超级联赛，也取得了不俗的战绩。

2010 年 9 月 29 日，中国大学生乒乓球协会在上海隆重举行二十周年庆典暨表彰大会。蔡振华在贺信中对大乒协所做的贡献做了高度评价："中国大学生乒乓球协会自 1990 年成立以来，始终以在高校中传播乒乓球文化，发掘培养全面发展的乒乓球人才为己任，现在已经发展成为了高效、专业、独具特色的单项运动协会。越来越多的大学生朋友热爱国球，积极投身体育锻炼令人欣慰，而且大学也成了我国乒乓球人才重要的后备基地，多年来大乒协为促进我国大学生乒乓球运动所做的积极努力具有十分深远的意义！"

全国大学生乒乓球锦标赛是国内最高级别、代表国内最高水平的高校大学生乒乓球单项赛事。赛事规模从 1990 年的仅有数十人，到 2014 年共 60 余所大学的 800 多名大学生乒乓球选手参加。历届赛事的成功举办，得力于各承办高校的大力支持。大学生乒乓球锦标赛的足迹已经走过江苏、甘肃、上海、黑龙江、天津、山东、安徽、内蒙古、四川等多个省市地区。

（二）中国大学的校园乒乓文化

目前，众多高校都开设了乒乓球专项教学课，乒乓球运动极为普及和深受大学生的喜爱，乒乓球运动正以它本身特有的魅力吸引着广大大学生，是校园体育中的一项热门课程，也是校园参与人数最多，最为活跃的体育项目之一。

乒乓球运动在我国高等学校还有着广泛的群众基础，在众多高校里都成立了乒乓球协会、乒乓球俱乐部、乒乓沙龙。他们在课余大力开展乒乓球运动，传播乒乓文化，弘扬"乒乓精神"。

随着校园乒乓球运动的广泛开展，乒乓球运动的技术水平不断提高，国际高等学校的乒乓球交往也日趋频繁，至今已有多所高校和国外的大学进行了乒乓球队互访，各国校园乒乓球选手也互相传播着乒乓文化。

第三节　国际、国内重大赛事

一、国际赛事简介

（一）世界乒乓球锦标赛（World Table Tennis Championships）

世界乒乓球锦标赛，简称世乒赛，是国际乒乓球联合会主办的国际性最高级别的乒乓球比赛。第1届世界乒乓球锦标赛于1926年在英国伦敦举行，比赛共设男子团体、男子单打、男子双打、女子单打和混合双打项目。世乒赛每年举办一届，从第2届世乒赛开始增设女子双打比赛项目，从第8届世乒赛开始增设女子团体项目。1940—1946年因第二次世界大战比赛被迫中断，至1947年在法国巴黎恢复举行。1957年的第24届瑞典斯德哥尔摩世乒赛后，改为每两年举办一届，至2014年共举办了52届。2003年起单项比赛和团体比赛分别在不同年度和地点进行。

世乒赛共有7个正式比赛项目，每个项目都设有比赛奖杯，其奖杯的名称各有不同，是根据捐赠者的姓名、俱乐部名或国名而定的。

1. **男子团体冠军奖杯——斯韦思林杯（Swaythling Cup）**

该奖杯是由前国际乒联名誉主席、英国的斯韦思林夫人（首任国际乒联主席蒙塔古的母亲）赠送的，故称斯韦思林杯（见图1-3）。

图1-3　斯韦思林杯

2. 女子团体冠军奖杯——考比伦杯(Marcel Corbillon Cup)

由原法国乒协主席马塞尔·考比伦先生赠送,故称考比伦杯(见图1-4)。

图1-4　考比伦杯

3. 男子单打冠军奖杯——圣·勃莱德杯(St. Bride Vase)

由原英格兰乒协主席伍德科先生捐赠,以伦敦的圣·勃莱德乒乓球俱乐部的名称命名(见图1-5)。

图1-5　圣·勃莱德杯

4. 女子单打冠军奖杯——吉·盖斯特杯(G. Geist Prize)

由原匈牙利乒协主席吉·盖斯特先生捐赠,故称为吉·盖斯特杯(见图1-6)。

图1-6　吉·盖斯特杯

5. 男子双打冠军奖杯——伊朗杯(Iran Cup)

由前伊朗国王捐赠,即以伊朗国名,故称为伊朗杯(见图1-7)。

图 1-7　伊朗杯

6. 女子双打冠军——波普杯(Pope Trophy)

由前国际乒联名誉秘书波普先生捐赠,故称为波普杯(见图1-8)。

图 1-8　波普杯

7. 男女混合双打冠军奖杯——赫·杜塞克杯(Zdenek Haydusek Prize)

由原捷克和斯洛伐克乒协秘书赫·杜塞克捐赠,故称为赫·杜塞克杯(见图1-9)。

图 1-9　赫·杜塞克杯

各项奖杯都是流动的,冠军获得者可在该项奖杯上刻自己的名字,并保持该项奖杯至下届世乒赛开始前,然后交还国际乒联,供新一届世乒赛争夺。如果连续3次获得男子单打或女子单打冠军,或者一共4次获得单打冠军的选手,则由国际乒联制作一个大小为原奖杯一半的复制品,赠送给该项运动员,作为永久的纪念。

(二)奥林匹克运动会(Olympic Games)

奥林匹克运动会,简称奥运会,由国际奥林匹克委员会主办的世界性综合运动会。1988年,第24届汉城奥运会上乒乓球被正式列入奥运会比赛项目,设有男子单打、男子双打、女子单打和女子双打四个单项。2008年第29届北京奥运会上,男子团体、女子团体取代男子双打、女子双打项目。迄今为止在奥运会的赛场上已经连续进行7届奥运会的乒乓球比赛,共产生28项冠军,中国队获得24项冠军,韩国队夺得3项冠军,瑞典队夺得1项冠军。

(三)世界杯乒乓球赛(World Cup Table Tennis Match)

世界杯乒乓球赛,又称"埃文斯杯赛",由国际乒乓球联合会主办的世界性比赛,与奥运会、世界乒乓球锦标赛同为世界乒乓球三大赛事之一。

世界杯共有男、女单打及团体四项赛事,分开举办。从1980年起比赛设男子单打一个项目,1996年起增设女子单打,分别称男子世界杯和女子世界杯,各由16名运动员参赛。参赛者由上届世界杯冠军、世界六大洲的单打冠军或最优秀的运动员、东道主1名和国际乒联公布的世界优秀选手名单中排名前6位的运动员和2名"外卡"组成。男子世界杯所有冠军被中国选手和欧洲选手瓜分,其中中国选手赢得21次冠军,欧洲选手14次加冕。女子世界杯冠军中国队包揽了全部18次冠军。

从1990年起比赛增设团体世界杯赛,迄今为止共举办了10届。男团世界杯中,瑞典队获得第1届冠军,韩国队获得第4届冠军,中国队获得其他8次冠军。女团世界杯中,俄罗斯队获得第3届冠军,中国队赢得其他9次冠军。

二、国内赛事简介

(一)全国乒乓球锦标赛

全国乒乓球锦标赛是由中华人民共和国体育总局和中国乒乓球协会联合举办的全国性的乒乓球比赛,以省、自治区、直辖市、中国人民解放军和各行业体协为参赛单位。第1届全国乒乓球锦标赛于1952年在北京举行。从1956年第2届锦标赛起,每年举行一届(1967—1971年因"文化大革命"而中止比赛)。全国乒乓球锦标赛设男子团体、女子团体、男子单打、女子单打、男子双打、女子双打和混合双打7个项目。

(二)全国运动会乒乓球比赛

全国运动会乒乓球比赛,简称全运会,是我国规模最大的全国性综合运动会,以省、自治区、直辖市、中国人民解放军和各行业体协为参赛单位。于 1959 年 9 月在北京举行的第 1 届全运会上乒乓球就被列为正式比赛项目，比赛设男子团体、女子团体、男子单打、女子单打、男子双打、女子双打和混合双打七个项目。

（三）中国乒乓球俱乐部超级联赛

中国乒乓球俱乐部超级联赛，简称乒超联赛。由中华人民共和国体育总局乒羽中心和中国乒乓球协会联合举办的中国乒乓球俱乐部超级联赛是国际上参赛俱乐部最多、观众最多、水平最高的国内联赛。联赛采用升降级制度，积分最后的两支球队降级参加次年的甲级联赛，上一年甲级联赛的前两名升级参加乒超联赛。从 2001 年中国乒乓球俱乐部超级联赛向其他国家和地区协会的运动员开放以来，已经有一批其他协会的世界级高水平运动员加入我国的俱乐部，使超级联赛的水平更高，更具可看性。

第四节　乒乓球运动的基本知识

一、乒乓球运动的特点

（一）简单易学、易普及

乒乓球运动对初学者来说容易上手，入门快，具有简单易学的特点。乒乓球运动还具有广泛的适应性，设备比较简单，不受年龄、性别和身体条件的限制，在室内外都可进行，因此很容易在群众中开展与普及。据统计，在中国挥拍上阵的群众数以亿计，这是中国在国际大赛中取得好成绩的群众基础。

（二）运动量可调节性强

打乒乓球时，运动双方可根据自身的身体条件，放慢或加快节奏、加快或降低速度、改变打法、减少或加大运动量。如要使运动心率控制在 130 次/分钟这样的安全心率，就可采用和平球的打法，不发力，定点练习；如需要中等强度的活动量，则可以发力打，多点练习，运动双方还可以进行对抗比赛。所以这是一项灵活多样，老少皆宜的运动。

（三）运动安全性好

乒乓球运动是隔网运动，运动双方不接触身体，再加上乒乓球体积小、重量轻，且跑动范围不大，因此，运动时对人体没有直接的伤害，不容易受伤，运动安全性好。

（四）锻炼价值高

乒乓球运动是智能、技能、体能三者兼容，以智能为主，隔网对抗的运动项目，集健身性、竞技性和娱乐性为一体，具有较高的锻炼价值。经常打乒乓球能提高视觉的敏锐性和神经系统的灵活性,使人心情舒畅,想象力丰富,有利于提高学习和工作效率;能改善人的心脑血管系统的机能,使人的反应加快,身手敏捷,动作协调,四肢灵活,形体健美;能提高控制情绪的能力及培养机智果断、勇敢顽强、勇于进取和敢于拼搏的优良品质与作风。此外,不良情绪也可在打乒乓球锻炼中得到缓解和宣泄,起到积极的心理调节作用,提高社会适应能力。

二、乒乓球球拍的性能与选择

(一)对球拍的主要要求

1. 目前规则对球拍的底板在形状、大小、重量上均无限制,但要求球拍的85%是天然制成,因此球拍的性能主要受球拍覆盖物的影响。

2. 用来击球的拍面应用一层颗粒向外的普通颗粒胶覆盖,连同黏合剂,厚度不超过2毫米;或用颗粒向内或向外的海绵胶覆盖,连同黏合剂,厚度不超过4毫米。

3. 覆盖物应覆盖整个拍面,但不得超过其边缘。

4. 球拍两面不论是否有覆盖物,必须无光泽,且一面为鲜红色,另一面为黑色。

(二)胶皮的种类

目前规则允许使用的球拍覆盖物主要有两大类:

颗粒朝外:颗粒朝外的覆盖物下可以有海绵,也可以没有海绵。主要包括:正胶、生胶和长胶。

颗粒朝内:颗粒朝内的覆盖物下必须有海绵,否则不允许击球。这类覆盖物被称为反胶。

(三)球拍的性能

1. 胶皮拍

胶皮拍(见图1-10),是指颗粒朝外的胶皮下,没有海绵层的球拍。这种球拍弹性较小,击球速度慢,比较好控制球。虽然本身不能制造较强烈的旋转,进行的速度和力量均受到限制,但也不吃对方的旋转。目前,这种球拍已很少有专业运动员使用,仅有个别削球打法的运动员使用。但大学生学员特别是横拍打法学员的反面可以用此类胶皮,以达到不吃发球或少吃发球的目的。

图1-10 胶皮拍

2. 反胶海绵拍

反胶海绵拍(见图1-11)由于球拍表面的黏性大,摩擦系数较大,击球旋转力强、稳定、易控制,适合弧圈型或弧圈结合快攻型打法,因此是初学打球的大学生学员首选的类型。使用这类球拍的大学生学员可以主动制造较强烈的各种旋转,充分地将力量、旋转与速度巧妙地结合起来,而且还有较大的活动空间,在中远台的相持中,使用这球拍回击球的稳定性要优于其他球拍,但同时也容易受到对方来球旋转的影响。反胶海绵胶皮主要品牌有红双喜、友谊、多尼克、蝴蝶、TSP、拍里奥、大维、银河、尼塔古等。

图 1-11　反胶海绵拍

3．正胶海绵拍

正胶海绵拍(见图 1-12)是将胶粒朝外贴在海绵上,胶粒高度约为 0.81～1.0 毫米。正胶海绵拍反弹力较强,击球速度快,能制造一定的旋转,回球较沉,适合中国快攻打法。正胶海绵胶皮主要型号有红双喜 651、红双喜 652、友谊 802、环球 889 等。

图　1-12　正胶海绵拍

4．生胶海绵拍

生胶是从正胶发展而来的,但是胶皮的含胶量较高,颗粒高度较大,所以胶粒较软。一般生胶选手的海绵较硬较薄,在发力进攻时,有较好的控制球能力,打出的上旋球球速较快,落在对方球台之后明显下沉,但生胶摩擦力较小,不宜制造旋转。横拍两面攻的大学生学员为求得击球的变化,可采用正手反胶(拉弧圈)和反手生胶(快拨及摆短)的搭配方法。这种性能的胶皮也可作为直拍反打反面贴胶的一种选择。生胶海绵胶皮主要型号有红双喜 874、友谊 563、银河冥王星、拍里奥 WP1013 等。

5．长胶海绵拍

长胶海绵拍的胶粒较长,海绵较薄,在近年来的规则中受到明显的限制。在参加正规比赛前一定要查阅国际乒联最新公布的覆盖物通知,以免在比赛中出现不必要的麻烦。长胶海绵拍不能制造较强的旋转,而主要是依靠对方旋转的变化来改变回球的旋转。例如:搓削对方的下旋来球,回击的球变成上旋,而挡或攻对方上旋来球时,回击的球变成下旋。此外,长胶也不太吃对方的旋转,大学生学员可用长胶接发球。长胶海绵胶皮主要型号有红双喜 C8、友谊 755、大维 388D 等。

6. 防弧圈球海绵拍

专门对付弧圈球的还有一种叫"防弧胶皮"的反胶海绵胶皮,这种胶皮较厚,胶粒较短,常黏贴在 2.0 毫米左右的软海绵上,胶皮拍面无黏性,表面较光滑且轻微发涩。这类球拍的弹性和黏性均较小,但其却有着与长胶类似的特性,回球的前进力极弱,球运行时速度较慢、弧线较短,着台后下沉飘忽,令对手难以按常规判断,对付弧圈球尤为奏效。防弧胶皮主要型号有友谊 804 等。

上述各种乒乓球拍面覆盖物中除了注意胶皮的选择外,还应注意海绵的选择,即注意海绵的厚与薄、硬与软。一般来说,厚海绵吃球较深,咬球时间较长,击出的球后劲较足,在拉球时特点更明显;相反薄海绵吃球时间短,击球快、控球好,但球的后劲不足,不易把对手打死。至于硬海绵则有咬球时间短、球速快的特点,适合快攻的打法;而软海绵则球速逊色些,但控制球较佳,一般人打起来比较顺手,也打得比较稳。

(四) 球拍的选择

对于我们大学生学员来说,选择一块适合自己的球拍,有助于对乒乓球技术的学习,能更好地提高乒乓球技战术水平。由于球拍的种类不同,性能也就不一样,在选择球拍时一定要把握住自己的主要需求,并从底板、海绵、胶皮三方面来进行挑选:

1. 球拍底板的选择

选择底板前,你要先确定自己的握拍方式。横拍一般适合身材高大、移动范围较大、偏力量型的选手;而直拍则对反应快、变化多、身体灵活的大学生学员更为适用。从材质上看,目前市场上的底板材质有:复合板、全木板、软木加碳纤维、全木加碳

> **小贴士**
> 选购球拍之前,首先确定握拍方式。

纤维、全木加钛纤维等。底板的主要品牌有红双喜(DHS)、友谊 729、银河(yinhe)、拍里奥(Palio)、大维(Dawei)、蝴蝶(Butterfly)、斯帝卡(Stiga)、亚萨卡(Yasaka)、多尼克(Donic)、尼塔古(Nittaku)、优拉(Joola)等。

(1) 近台快攻型打法

可选择较硬的底板,因为底板较硬使球在拍上的停留时间短,而感到球的脱板速度较快。单面覆盖海绵胶皮的直拍底板重量应该在 95 克左右,双面覆盖海绵胶皮的球拍底板一般在 90 克以下,通常选择 7 层板或厚度在 6.5 毫米以上的厚型底板。

(2) 弧圈快攻型打法

可选择木质较软、弹性好的独木厚板(8 毫米左右)或较薄(5.5～6.0 毫米)的 5 层底板。底板较软会感到控球时间较长,适合摩擦球,制造强烈旋转。一般直板的底板在 85 克左右,双面覆盖海绵胶的直板应该更轻,横板应该在 90

克以下。

（3）快攻结合弧圈型打法

弧圈球运用较多应选择软一些，厚度较薄的 5 层底板，快攻技术运用较多的应选择偏硬，较厚的 7 层底板。直板单面海绵胶的底板重量约在 90 克左右，双面贴海绵胶的底板重量应在 85 克以下；选择横板的重量通常在 90～95 克之间。

（4）攻、削结合型打法

攻、削结合打法选用的底板通常较软，使控球时间较长，以达到不同的旋转变化。

2. 球拍胶皮与海绵的选择

（1）近台快攻型打法

为了保证近台攻球的速度，通常选择颗粒向外的正胶或表面黏性中等、颗粒较短、速度较快的反胶。正胶搭配厚度为 1.8～2.1 毫米，硬度在 35 度左右的海绵；反胶应搭配厚度为 1.5～2.0 毫米，硬度在 40 度左右的海绵。

（2）弧圈快攻型打法

为了保证弧圈球进攻的旋转，应选择表面黏性较好、颗粒略长的反胶。为了保证进攻的速度，应搭配厚度为 2.1～2.2 毫米、硬度在 45 度左右的海绵。

（3）快攻结合弧圈型打法

这种打法通常使用反胶海绵拍或一面反胶，一面生胶海绵拍。反胶可选厚度为 2.1 毫米，硬度在 45 度左右的海绵。生胶可选厚度为 1.8～2.0 毫米，硬度在 35 度左右的海绵。

（4）攻、削结合型打法

为了保证削球与弧圈进攻的旋转，通常选择表面黏性较好，颗粒略长的反胶，另一面可配长胶或正胶、生胶。为了削球防守的良好控制，可选厚度在 1.5～2.0 毫米、硬度在 40 度左右的海绵。如另一面配长胶，可选择 0.8 毫米以下的海绵，配正胶、生胶，可选择厚度在 1.5～2.0 毫米的海绵。

选择球拍主要还是要根据自身的打法特点和习惯不要迷信高价拍，总的一句话，适合自己的球拍就是最好的球拍。

3. 打造"个性化"的球拍

球拍是为使用者服务的，为了技术的掌握和提高，原来球拍在重量、胶皮性能、拍柄形状等方面已不能适应新技术的需要，需对球拍局部做些加工改形处理，使之更加适应自己的技术。但也应该注意的是：改变拍形、柄形会对球拍性能和击球感觉有一定的影响，要注意平衡底板的重量、厚度、材质及规格。

（五）球拍的保养

刚学打球的大学生学员会觉得买一块好的球拍是最大的投资，但时间长了就会知道，不断更换的胶皮才更加昂贵。于是怎样保养胶皮以延长其使用寿命,怎样判断胶皮何时需要更换,成为学员最关心的问题。

要保护好乒乓球拍,得准备好胶皮专用清洗剂、洗胶绵、反胶保护膜、拍套。作为大学生学员,受经济实力的限制,也可由一些废旧物品替代,如洗胶绵,可用废汽车坐垫下的海绵替代,前提是海绵不可以掉屑;如反胶保护膜,可由一层尼龙纸或薄软的塑料片替代。

乒乓球拍保养简单地可概括为:球拍避免受热受潮,胶皮防老化,使用防磕碰。

1. 球拍避免受热受潮

乒乓球拍的海绵和胶皮受热后易老化,黏性和弹性降低,俗称"死了"。球板受热后也容易变形,影响击球的准确性。同时,避免海绵和胶皮接触汽油,一旦接触汽油,橡胶制品就会变形、变质,这一点应特别注意。因为海绵是一个膨胀体,在使用过程中,不能过分牵拉、重压,在温度比较低的地方打球,要注意适当保温,低温会影响海绵的弹性。胶水可以使海绵发泡,增加弹力,与底板进行粘贴时,要使用无毒的专用胶水,这样既可以保护海绵,也可以保护底板。

2. 保持球拍表面清洁

胶皮面一旦有了污垢,黏性就会大大地降低,加速胶皮老化。此时,正胶的拍子可用干净的布蘸清水轻轻擦净。反胶的拍子每次打完球后都要用洗胶绵或柔布蘸专用清洗剂或清水擦净,一定要注意避免在胶皮的表面上擦出划痕,最后在表面贴上反胶保护膜。球拍收藏时应置于通风干燥处,远离热源,避免阳光暴晒,更不能在球拍上堆压重物。

一块胶皮能用多久,一流选手中大多每3~7天要换一次胶面,但这是每天练习5~8小时,而且每一球都用力打的情形。如果是普通的大学生学员,通常1~6个月换一次胶皮就可以了。

3. 防止非正常外力对球拍的擦、碰、挤压

使用正确的动作击球,球拍是不会磕碰球台的。当球拍不用时,最好放在专用的拍套里,同时在拍套内放一块木制或塑料制的平板,最大限度地减少外力对球拍的影响。

第五节　乒乓球运动的欣赏

乒乓球运动是当今世界大型体育赛事中的一个重要项目,数以亿计的人群喜欢观看和欣赏乒乓球比赛。尤其是在号称"乒乓王国"的中国,观看和欣赏乒乓球比赛,已成为人们生活中不可缺少的内容。乒乓球运动欣赏首先是通过视觉和听觉,逐渐过渡到欣赏者的整个感觉系统,而后引起大脑的思维活动,最终是欣赏者全身心地投入,在这个过程中,有眼观、有耳闻,也有心观和神游,最高的境界几乎是如痴如醉、物我两忘。

一、乒乓球运动的欣赏内容

（一）欣赏运动员的技术美

乒乓球运动的欣赏是以技术美为核心。当年徐寅生的12大板，张燮林"魔术师"般的削球变化，丁松那行云流水般的削球，让球迷如痴如醉。在比赛场上一方左右开弓，长拉短吊进攻，另一方海底捞月，前后奔跑救球；一方侧身攻球，跃起大力扣杀，另一方削中反攻，中远台对拉，反应敏捷，判断准确，步法灵活，动作到位，打出的球疾如流星，快如闪电，这些令人叫绝的精彩技术表演无不闪烁出夺目的技术美，给人以美妙绝伦的艺术享受。

（二）欣赏战术的变化美

乒乓球技术的"诡变"是运动员的各种技术在比赛中得到发挥应用的结果。在实力相差不大的情况下，一方运用合理的战术打法及排兵布阵而最后取得了比赛的胜利时，能够使欣赏者从巧妙的战术变化中感觉到更多的乐趣。在团体赛的摆阵上，一向被认为是乒乓球比赛指挥艺术的集中表现，出人意料的摆阵里外充满机智、勇敢、果断，欣赏者可以从中获得思考哲理的启迪。

（三）欣赏比赛的对抗美

在比赛中，双方运动员虽然没有身体上的接触，但还是少不了在体能、力量、灵活等方面的对抗。但他所包含的激烈的对抗美主要是体现在高技术高质量回击来球的前提下，双方在乒乓球台上所能相持的一段你来我往的时间，看谁先失误。其对抗过程可以说是触目惊心，趣味无穷。

（四）欣赏运动员的"乒乓精神"

早在20世纪80年代初，万里同志就代表党中央对"乒乓精神"做了概括总结，主要是"四种精神"，即"胸怀祖国、放眼世界、为国争光的精神，不屈不挠、勤学苦练、不断钻研、不断创新的精神，同心同德、团结战斗的集体主义精神，胜不骄、败不馁的革命乐观主义和革命英雄主义精神"。时至今日，这"四种精神"不仅得到了继承，而且与时俱进，得到了发扬，并赋予了新的内涵，一代代乒乓健儿的爱国情怀、集体观念、拼搏精神、创新思维、忧患意识、务实作风不断得到发扬光大。刘国正在第48届世乒赛团体八分之一决赛对德国队波尔的比赛中，一力挽回四个赛点，扭转乾坤，淘汰波尔，比赛场地荡气回肠，正是这种"乒乓精神"的巨大磁场，吸引着我们去追求、去欣赏。

（五）欣赏裁判员的执法艺术

在赛场上裁判员可以保证运动员的技术、战术、身体素质、心理素质和道德品质正常表现和发挥。在一场激烈紧张的比赛中，裁判员公正、准确、严肃、认真的作风和举止大方、潇洒、风度翩翩的精神风貌，可以把比赛推向新的高潮，并常常可以激发欣赏者的正义感、责任感和严守道德准则，追求真理的欲望。

（六）比赛环境的视觉享受

如今重大赛事的比赛场地环境布置,在一切符合比赛规定要求之外,更具环境典雅大方,布局合理新颖,灯光明亮柔和,银白色的小球和球台融为一体,给欣赏者提供了良好的视觉享受。

（七）体会运动服饰的文化内涵

运动员所穿戴的运动服饰,如帽子、服装、鞋子、运动包等同样标志着一个国家的文化水平。运动员穿上舒适美观的运动服装,给人以一种精神抖擞、朝气蓬勃的感觉。在第48届世界乒乓球锦标赛上,我国运动员的运动服上衣画有一条金黄和火红的龙,形似"China"字样,让各国运动员与观众都知道:世界的东方屹立着伟大的中国巨龙。在运动服饰中赋予了特定的文化内涵,值得欣赏者去发现与体会。

二、乒乓球运动欣赏能力的培养途径

（一）培养观看乒乓球比赛的欣赏意识

体育欣赏意识是指人们参与体育欣赏活动过程中对体育欣赏及其重要性的认识,以及由此产生的思想观念、心理活动的总和。培养欣赏者对"国球"的欣赏意识,首先就应对乒乓球运动的重要性有正确的认识;其次是培养大学生欣赏者对乒乓球运动的兴趣,当一个人对乒乓球运动产生兴趣时,不仅会注意相关的体育信息,自学乒乓球知识,参加体育运动,还会积极观看乒乓球比赛,并表现出极大的情感色彩,甚至达到"入迷"的境界;再次,培养大学生欣赏的观察、判断能力,当遇到运动员优美、高超的技术,裁判判罚水准,教练的临场指挥布阵作战等较难的问题时,要多问、多思考、多观察,养成观察判断的良好习惯,逐渐形成欣赏意识。

（二）熟悉乒乓球竞赛规则

欣赏乒乓球运动的首要条件是熟悉竞赛规则及其演变。近年来乒乓球竞赛规则演变得较快:如小球变成大球、11分制和无遮挡发球,而且对于球拍的使用也做了严格的规定。大学生欣赏者只有在了解竞赛规则基本精神的情况下,才能欣赏出门道和内涵。

（三）懂得乒乓球运动的技战术特点

任何一项体育运动都有自己完整的技术和战术体系,并且经过不断地发展和演变,有规律地形成发展趋势。大学生欣赏者需要懂得乒乓球运动的技战术特点,才能更好地欣赏比赛的过程:运动员运用了哪些技战术,取得了怎样的比赛效果;运动员如何对技战术进行调整,获得最终的胜利。大学生欣赏者看懂了其中的门道,就可从中获得意想不到的乐趣。

（四）了解运动员的打法与风格

大学生欣赏者要了解参赛运动员的打法及比赛的风格。赛场上运动员是快攻打法、快弧打法，还是削攻相结合等打法。还要能欣赏运动员在比赛中所表现出的不同风格：急躁型或沉稳型、训练型或比赛型、求稳型或拼搏型、薄弱型或顽强型、技术全面型还是特点突出型等。通过以上认真、细致、全面的观察，才能使欣赏者真正融入整个比赛全过程，使欣赏比赛的水平升华到更高的层面。

（五）加强个人文明修养

大学生欣赏者要加强个人文明修养，做到文明观赛。在现场观看比赛时，不大声喧哗，礼貌和适时鼓掌，尊重运动员，尊重裁判，为精彩的比赛创造一个良好的竞赛氛围，使双方运动员高水平地发挥，这样才能欣赏到精彩激烈的比赛。

思考题

1. 简述乒乓球运动的发展经历了哪几个阶段？
2. 中国乒乓球运动对世界乒乓球运动的贡献？
3. 如何欣赏乒乓球运动？

第二章　乒乓球运动与健康

◎**本章导读** ···
　　乒乓球运动具有强体健美、娱乐身心的作用。通过本章的学习,你将了解乒乓球运动的特点,较全面地掌握乒乓球运动的健身价值,特别是乒乓球运动对近视眼防治方面的知识,从而提高对乒乓球运动的认识,提升乒乓球运动的兴趣。你还将知道科学运动的重要性,学习乒乓球运动的热身方法,以及乒乓球运动中运动性疲劳的恢复方法等知识,掌握乒乓球运动的损伤与防治,为你在乒乓球运动中促进健康提供保障。

第一节　乒乓球运动的健身价值

一、乒乓球运动对人体健康的影响

(一) 提高神经系统灵活性

　　乒乓球在空中飞行速度比较快,如正手攻球只需 0.15 秒就可到达对方台面,在这短暂的时间内,要求运动员对高速运动的来球方向、落点、旋转、力量等因素进行全面观察并判断,及时采取对策,调整击球方向与拍面角度,进行合理还击。经常从事乒乓球运动,可大大提高神经系统的反应速度。

　　乒乓球是以重复练习为主的运动,次数的增加能使大脑及全身神经系统得到刺激锻炼,提高神经工作过程的强度、灵活性和神经细胞工作的持久性,使神经细胞得到充足的能量物质和氧气供应,从而使大脑及神经系统在紧张工作过程中获得充分的能量物质。

(二) 促进人体骨骼的生长

　　体育运动负荷会直接或间接作用于骨,使骨产生适应性改变。骨的应变有一个范围,当应变低于某下限时,骨质量将丢失;当应变超过上限时,骨质量将增加;应变在上、下限之间时,骨质量将稳定在一定的水平。体育锻炼有助于延缓骨质量丢失,通过对骨的适宜刺激,为达到人一生中较高的骨质量打下坚实基础。

　　乒乓球运动通过动作重复,很容易给骨骼带来不断的刺激,促进其生长。运动负荷会促进骨蛋白合成,逐渐增加骨质总量,使骨盐沉淀保留、骨质增厚、骨骼融合;能使维生素 D 增加,从而促进钙质吸收,减少骨质丢失,促进其生成。生理学研究证明,如有效利用乒乓球运动中负荷量较大但可以承受的技术练习,可使某些与骨代谢有关的激素或物质发生变化,影响某些局部调节因子,使骨质得以增加,骨骼更为坚固、健康。

(三)改善心血管系统和呼吸系统的功能

经常参加乒乓球运动,可以使心血管系统的结构和机能得到改善,心肌变得发达有力,心容量加大,每搏输出量增多。心搏徐缓和血压降低,提高心脏工作效率,有利于身体的新陈代谢,提高整个身体机能水平。作为血液循环发动机的心脏,在练习过程中要为肌肉输送大量的血液,从而使心脏的功能得到提高。在乒乓球练习过程中,心率一般在 145～155 次/分钟,在这一强度坚持较长时间运动,能够提高呼吸系统的换氧功能,增加肺的容量和通气量,提高肺部功能,促进体质增强。同时,乒乓球运动能增强呼吸肌的力量和耐久力,进而提高呼吸系统的功能;由于增强了呼吸肌的力量,扩大了胸廓的活动范围,使充满气体的肺泡增多,肺活量增大。肺活量的增大反映肺储备能力的增强。

(四)提高心理素质

乒乓球运动又是竞技项目,对抗较激烈,比分更改速度快,运动员情绪状态非常复杂。经常经受这些变幻莫测、胜负难料的激烈竞争的锻炼,同时在比赛中要对对方战术意图进行揣摩,因此,练习者的心理素质得到了很好的锻炼。

二、乒乓球运动对视力的影响

关于乒乓球运动对学生视力的影响,经研究发现:每周从事 4 次、每次 1.5 小时乒乓球运动的学生比对照组视力好;同时对已发生近视的学生进行研究,发现坚持乒乓球运动 3 年后,视力与未训练时相比有所改善。

乒乓球运动如何能预防和改善近视,这要从近视眼的形成说起。一般来说,视力正常人的眼睛在观看 6 米以外的物体时,远处物体发来的光线可以认为是平光。这种平行光经过折光系统的折射后,不需要晶状体做任何的调整,就可以聚焦在视网膜上,形成清晰的物像。因此在看 6 米以外的物体时,睫状肌处于完全放松的状态。而看 6 米以内进出的物体时,由于物体发来的光是散射光,如果不经过睫状肌的调节,物像就会聚焦在视网膜后,不能看清物体,故必须通过睫状肌的收缩,使晶状体凸度增大才能使得近处的物体聚焦在视网膜上,形成清晰的物像。医学研究已证实,在绝大多数情况下,过长时间用眼、看书距离太近、光线不足等造成睫状肌长时间持续收缩,使其过度紧张和疲劳,正常的放松和舒张能力下降,晶状体凸度增大而无法恢复至正常水平,造成看远物时物像模糊不清,从而形成近视。可见,睫状肌长时间持续收缩,使其过度紧张和疲劳,正常的放松和舒张能力下降,是诱发近视的最根本原因。

长期以来,由于学生学习负担较重,近视率呈上升趋势。有关研究表明,眼睛看书时距离书本太近以及长时间看静止的物体,如书本、电脑屏幕、电视等是导致睫状肌疲劳进而诱发学生近视的最重要因素;其次为不良的用眼习惯及不合理的光环境。由此可见,改变学生长时间看近物和静止物体的用眼习惯是预防学生近视的关键。

乒乓球运动的特点是在大多数情况下乒乓球都处于高速运动中,并且每个球的长短、高低、旋转、速度各不相同、千变万化。因此,乒乓球与练习者之间的位置关系也不断地发生变化。乒乓球台长度为 2.74 米,对方击球时,乒乓球距离击球者的眼睛一般情况下至少为 3 米。在中远台对拉时,球与击球者眼睛的距离甚至可达七八米以上。而在击球者自己击球时,乒乓球与击球者的眼睛之间只有几十厘米的距离。击球过程中,击球者的眼睛必须紧盯来球,力争对来球做出正确的判断。这就导致练习者的眼睛在几米和几十厘米远物体的状态下不断交换,从而使睫状肌的收缩和舒张不断交替进行。无论是练习或比赛,每一个球或每一分球,在回合较多时,击球者的眼睛就可能经过十几次甚至几十次视远物和视近物的交替。这对改善睫状肌的收缩和舒张能力是一种非常有效的锻炼,从而在一定程度上预防了近视,改善了视力。就学生近视而言,如果不是遗传因素所至,那么绝大多数都是眼睛睫状肌的收缩和舒张的调节能力的失调造成的,因此,乒乓球运动是通过调节睫状肌的这一功能来改善视力的。近视的学生可以通过长期的乒乓球练习改善视力。

第二节　乒乓球运动的疲劳与恢复

一、乒乓球运动的热身

打乒乓球时身体运动的部位比较多,运动的肌肉面积比较大,击球时有很多关键的地方都强调爆发力、强调对抗,但由于捡球等环节的参与,练习者有比较充分的间隙时间休息,所以乒乓球运动属于中等强度运动。安全而有成效地参与乒乓球的锻炼,需要掌握正确合理的技术动作并遵守此项运动的有关规则,还需要认真地进行前期的热身活动,以保证身体总能在最具弹性的状态下进行对抗。

经常参加体育锻炼的人一般都有做准备活动的经验,如慢跑、游戏、简易体操等,其目的在于加快血液循环、提高机体的兴奋性、降低关节腔内液体的黏滞性,从而较好地进入运动状态。除此之外,在打乒乓球之前还可以再做一些专门为打乒乓球而设计的准备动作。

1. 头颈部运动

打乒乓球时经常需要转动头部,特别是在发球及打高球动作中,头部更要大幅度地后仰才能看球,所以事先做好头部的环绕及前后左右各个方向的低头、抬头、侧头动作,可以防止颈部肌肉拉伤或扭伤。

2. 肩部运动

挥拍击球时肩部的压力是很大的,对肩部附近的肌肉、韧带做充分的伸展和牵引,可以提高肩关节的灵活性及周围肌肉、韧带的弹性,对预防肩部的损伤能起到积极的作用。两肘关节尽力后展,特别是在练习发球之前应该做此动作。另外,各种形式的肩部环绕也是很有益处的。

3. 腰部运动

腰部是发力的枢纽,也是疲劳容易累积的地方,练球前通过各种环绕动作,及大幅度的身体前屈、后仰、左右侧屈动,不仅可以使腰部得到充分"启动",更可以使背部及身体侧部的大面积肌肉得到伸展,从而提高动作弹性。另外,尽量大幅度地活动腰背部,也可以有效地"唤醒"腰部,从而投入到积极的练习当中。

4. 下肢运动

大腿的前后部肌肉是容易拉伤的地方,所以练球之前要做拉伸,各种形式的压腿、踏腿都可起到一定的保护作用。拉伸大腿要注意的是"不能骤然用力",应在腿部肌肉能承受的范围内做动作,且用力柔和,否则易造成人为的拉伤。

5. 腕踝关节运动

脚部的灵活程度直接影响步法的移动,手腕的灵活程度直接影响击球的质量,并且在打乒乓球的时候很容易造成脚踝和手腕的受伤,所以脚踝和手腕在运动之前最好要运动热身,最简单的做法就是脚尖触地做画圆动作,双手十指交叉握做绕腕运动。

> **小贴士**
>
> 热身操:
> - 头颈部运动
> - 肩部运动
> - 腰部运动
> - 下肢运动
> - 腕踝关节运动

二、乒乓球运动中运动性疲劳的产生

乒乓球运动是以速度、爆发力、灵敏等为主的有氧代谢和非周期性的运动项目。以技术训练为核心,技术战术训练为重点,技术与战术训练紧密结合,没有明确的区分。身体训练以专项素质训练为主。乒乓球运动是技能、体能、智能有机结合、密不可分且高速度、强对抗的隔网比赛项目。

由于乒乓球在空中飞行速度比较快,正手攻球只需 0.15 秒就可到达对方台面。在这短暂的时间内,要求运动员对高速运动的来球方向、落点、旋转、力量等因素进行全面观察并做出判断,及时采取对策,调整击球位置与拍面角度,进行合理还击。从能量代谢的角度看,乒乓球运动主要发展的是糖酵解系统,这时乳酸会大量积累引起运动员疲劳,但是在实际比赛中运动员需要的是脂肪氧化供能,体内乳酸并不大量产生堆积,因此在运动训练中易产生疲劳。

三、乒乓球运动中运动性疲劳的恢复

（一）整理活动

整理活动是一种简单易行且效果良好的消除疲劳方法，一般是在运动训练结束后即刻进行，进行合理的整理活动，是消除疲劳的一种积极的手段。在运动练习和比赛之后，立即静坐、静卧的恢复效果不好。实践证明：采用慢跑做整理活动，血乳酸消除的速度要比静止休息时快一倍。因此，运动练习和比赛之后进行慢跑、有一定速度的步行、肌肉伸展性练习，是整理活动不可缺少的内容，有助于缓解肌肉纤维痉挛，改善肌肉血液循环，减轻肌肉酸痛和僵硬程度，加速乳酸的消除，对消除疲劳有较好的效果。

（二）睡眠

睡眠是人体最好的休息，是消除疲劳最有效的途径。人体进行睡眠时，大脑皮层的兴奋度最低，机体的合成代谢最旺盛，有利于体内能量的蓄积。一定时间的睡眠对消除疲劳是必不可少的，而且必须考虑足够的睡眠时间和深度。就寝前尽量使精神状态趋于平静，避免外界刺激；室内空气保持新鲜；就寝前应洗脚使大脑得到休息，有助于尽快入睡，使疲劳能尽快消除。

（三）物理疗法

1. 按摩

按摩是有效的恢复手段，可加速放松肌肉，改善局部血液循环，增加关节活动度，促进代谢产物的排出。负担最大的部位应是按摩的重点，以肌肉部位的揉捏为主，交替使用按压、扣打等手法，在肌肉发达的部位可用肘顶、脚踩。按摩应先全身后局部，全身性按摩一般取俯卧位，如某部位运动负担过重，需重点按摩，应在全身按摩之后再进行。在按摩肢体时，先按摩大肌肉群后按摩小肌肉群，如按摩下肢，先按摩大腿肌肉后按摩小腿肌肉。

2. 温水浴

温水浴也是理疗的一种方法，是最方便最快的消除疲劳的方法之一。温水浴有温度、水压的要求，水温以 40℃ 左右为宜，时间一般为 10～15 分钟，每天不超过两次，每次最长不超过 20 分钟，洗浴时间长、次数过频，将会消耗能量而加重疲劳 。

（四）营养物质补充法

运动中产生疲劳的重要因素之一，就是能量供应不足。疲劳时，注意补充能量和维生素，尤其是糖、维生素 C 及维生素 B_1，夏季或出汗较多时，应补充盐分与水。食品应富有营养且易于消化，并尽量多吃些新鲜蔬菜、水果等碱性食物，并根据不同性质的疲劳恢复情况补充营养，适时补充有关营养物质，既能提高身体的抗疲劳能力，又能加快运动疲劳的消除。

（五）心理学恢复手段

心理学恢复手段是消除疲劳的重要方法。心理恢复主要是意念活动，通过一定的心理暗示进行引导，使肌肉放松，情绪平静，从而调节植物性神经系统的机能。然后再运用带有一定愿望的语言进行自我动员，如暗示性的睡眠休息、肌肉松弛、心理调节训练。实践证明，采用上述方法能促进身体疲劳的尽快消除，加快身体的恢复过程。另外，舒适幽雅的环境、舒缓优美的音乐也有助于放松神经系统，使练习者心情舒畅，身心放松。作为一种辅助方法，配合其他消除疲劳的方法，也可以增强疲劳恢复的效果。

第三节　乒乓球运动损伤的种类与防治

一、一般运动损伤

（一）水泡

1. 原因

握拍手食指侧面与拍柄相接触的部位、前脚掌等都是容易起水泡的地方。除了平时"操练"得过少以外，拍柄表面太硬、太滑，手脚部的汗湿、握拍太紧或太松、鞋底太硬、鞋号不合适等都可能导致水泡的产生。

2. 处理

对水泡的处理以保守、避污染为原则，最好不要贸然忍痛撕掉表皮。

3. 预防

另外还应在拍柄上缠一层柔软防滑的吸汗带，并且不用拍柄过细的球拍打球。鞋是为脚服务的，不舒服就该换一双。

（二）肌肉痉挛

肌肉痉挛又称"抽筋"，最易发生于小腿及足底。

1. 原因

（1）寒冷刺激

肌肉受到低温的影响，兴奋性会提高，易导致痉挛，在气温比较低的环境中运动时，如果未做准备活动、做得不充分或未注意保暖，肌肉痉挛就更容易发生。

（2）电解质丢失过多

电解质与肌肉的兴奋性有关，运动中大量排汗，特别是在长时间的剧烈运动后或在高温季节运动时，电解质随汗液大量丢失，而电解质丢失过多会使肌肉兴奋性提高，继而发生肌肉痉挛。

（3）肌肉连续过快收缩而放松不够

在练习或比赛中，肌肉过高频率地连续收缩而放松时间又太短，收缩与放松不能协调地、成比例地交替进行，很容易引起肌肉痉挛，这在训练水平不高的新手中比较多见。

（4）疲劳

身体疲劳会影响肌肉的正常生理功能，疲劳的肌肉往往血液循环和能量物质代谢有改变，肌肉中会有大量的乳酸堆积，乳酸不断地对肌肉的收缩物质起作用，致使痉挛产生，特别是局部肌肉疲劳状态下再进行剧烈运动或做些突然紧张用力的动作，更容易引起肌肉痉挛。

2. 处理

（1）出现抽筋时，只需以相反的方向牵引痉挛的肌肉，一般都可使其缓解。牵引切忌用力过猛，用力宜均匀、缓急适中，以免造成肌肉拉伤。

（2）配合局部按摩如按压、揉捏等，处理时要注意保暖。

3. 预防

（1）要加强身体锻炼，提高机体的耐寒力和耐久力。

（2）运动前必须认真做好准备活动，运动过程中注意电解质的补充和维生素 B1 的摄入。另外，疲劳和饥饿时不宜进行剧烈运动，运动后要注意放松。

（三）运动性脱水

轻度脱水时，感到口渴、尿少，可影响运动能力。中度脱水时便可出现脱水综合征，表现为烦躁不安、精神不集中、软弱无力、声音嘶哑、皮肤黏膜干燥、尿量减少、心率增快。重度脱水则皮肤弹性降低，除体力和智力减退外，还可出现神经精神症状，严重者神志不清以至昏迷，更甚者出现休克、循环衰竭、少尿、无尿以至肾功能衰竭。运动性脱水的主要特点是水的丢失多于钠离子等电解质的丢失。

1. 原因

运动性脱水的原因有：因运动造成单纯失水，或因剧烈运动大量排汗而失水大于失钠，或在运动训练中不能合理地补水，学员不合理地控制或降低体重引起的水摄入不足等。

2. 处理

及时补充丢失的体液。补液应根据其脱水程度和机体的情况决定补液量、种类、途径和速度。以体重为 75 千克的学员为例，轻度脱需补充液体 1500～2250 毫升，中度脱水需补充液体 2250～4500 毫升，重度脱水需补充液体 4500 毫升以上。补充的液体可以是含适当电解质的溶液。症状严重时应及就医。

3. 预防

防止运动性脱水，主要是保持学员的水平衡。学员水分的补充要按照少量多次原则，并且很大程度上依靠直接饮入液体饮料和吸收食物中所含的水分。人体发生口渴时已失去约 3% 体重的汗液，如果依赖口渴感进行补液，需 48 小时才能补足，所以补充水分应该是在运动前、运动过程中和运动结束后循序渐进地进行，一次性暴饮绝不可取。温度极低的饮料虽口感舒适但对肠胃刺激很大，所以也不宜在运动中或运动后立即饮用。补液切忌过度集中。

（四）肌肉拉伤

肌肉主动强烈的收缩或被动过度的拉长，超过了肌肉本身的负担能力，所造成的肌肉细微损伤、肌肉部分撕裂或完全断裂，称为肌肉拉伤。

1. 原因

运动时由于准备活动不充分或不到位，某部分肌肉的生理机能尚未达到适应运动所需的状态，训练水平不够，肌肉的弹性和力量较差，疲劳或过度负荷使肌肉的机能下降、力量减弱、协调性降低，错误的技术动作或运动时注意力不集中，动作过猛或粗暴，气温过低、湿度太大，场地或器械的质量不良等都可能引起肌肉拉伤。

2. 处理

肌肉轻度拉伤及肌肉痉挛者，用针刺疗法会取得显著疗效。不同的针刺强度和针刺频率使受伤或痉挛的肌肉能够在适度的范围内，按照不同的节奏和强度进行舒张和收缩，从而有助于恢复肌肉的弹性。肌纤维部分断裂者，早期可冷敷、加压包扎，把患肢放在使受伤肌肉松弛的位置以减轻疼痛，48小时后开始按摩，手法要轻缓。怀疑有肌肉、肌腱完全断裂者，应在局部加压包扎，固定患肢，立即送医院确诊，必要时还要接受手术治疗。

3. 预防

肌肉拉伤后的练习应量力而行，一般以不感觉伤处疼痛为准，否则会造成再次拉伤。注意加强易伤部位肌肉的力量和柔韧性练习，使屈肌和伸肌的力量达到相对平衡，这是防止肌肉拉伤的有效措施。

（五）扭伤

1. 原因

扭伤属于突发性的意外事故。打球时容易扭伤的部位是脚踝、膝、腰。脚踝扭伤多数是在移动中脚外侧先触地面，而单侧脚踝难以承受身体因惯性或制止惯性所产生的强大力量，从而导致踝关节韧带、肌肉以至骨骼的损伤。腰部突发性扭伤往往发生于突发性动作。

2. 处理

急性扭伤要马上处理，处理的原则有五项：保护的目的是不要引发再次伤害，休息是为了减少疼痛、出血、肿胀并防止伤势恶化。压迫及抬高伤肢也都有上述的效果。冰敷是缓解肿胀，还有止痛的功能。挫伤、瘀青、轻度肌肉拉伤、韧带扭伤，经由上面几种方式处理，以及适当的复健治疗，都能够在短时间内回复健康。严重的肌肉拉伤（断裂）、韧带扭伤（断裂）、骨折，则必须及时就医。

3．预防

（1）要认真做好准备活动。

（2）对易伤部位进行保护型固定，如包扎弹性绷带等。

（3）加强相应部位的肌肉力量，以适当控制关节的活动范围。

（4）在做新动作时不要过分急于求成。

（5）掌握正确的用力方法并通过练习努力使之熟练化、自动化。

（6）清除场地内的杂物，如暂时不用的球等。

二、专项常见损伤

乒乓球运动虽然场地较小，且隔网对抗，但由于其速度快、变化多，故运动量也是较大的，尤其以腰背部及上肢运动为主，如果长期超负荷的进行此项运动就难免会对相关部位造成损伤。

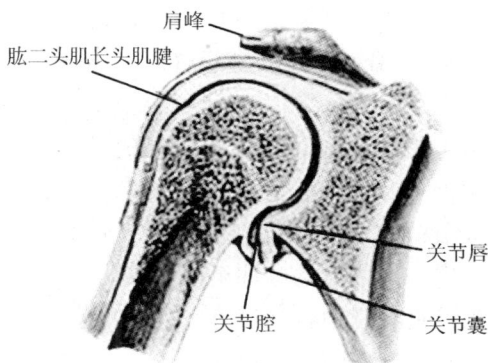

图 2-1　肱二头肌长头肌腱腱鞘炎

（一）肱二头肌长头肌腱腱鞘炎

肱二头肌长头肌腱腱鞘炎是指肱二头肌长头肌腱在肱骨结节间沟处受到损伤而使肩关节活动障碍的病症（见图 2-1）。

1．原因

乒乓球运动时反复做提拉、扣杀、削球、弧圈球等动作，关节过度伸展、转肩以及超正常范围的动作，使肩关节活动长期受到反复牵拉与韧带发生摩擦而引起的退变、粘连，使肌腱滑动功能发生障碍的病变。

2．主要症状

一次致伤或慢性病变再伤时，在受伤当时即有疼痛，随即疼痛加剧，肩关节活动明显受限，疼痛主要在肱二头肌长头肌腱附近，亦可牵涉至上臂前侧。

3．预防与治疗

（1）症状出现早期冰敷患处减缓疼痛。

（2）急性病例暂停训练并将上肢用三角巾悬吊休息。

（3）急性期过后可在上肢松弛处进行肩部活动——弯腰垂臂做肩关节各方与回环运动。

（4）后期可通过按摩、理疗、外用药物等方法处理。

（5）康复期安排一些肩部肌力、肩关节柔韧性、肱二头肌伸展性的康复训练。

（二）肱骨外上髁炎

肱骨外上髁炎又称"网球肘"，是肘关节外侧前臂伸肌起点处肌腱发炎疼痛。

1. 原因

由于反手击球、下旋回击球时，球的冲力作用于伸肌或被动牵拉该肌即可引起腱止点出现纤维断裂、镜下骨折、腱变性血管增生、粘连、炎症等情况，以致产生肱骨外上髁的疼痛。

2. 主要症状

大多数是逐渐出现疼痛，多是做反手击球等前臂旋前外展的动作时疼痛加重，动作停止，疼痛缓解。如不及时处理会变为持续疼痛，甚至休息痛。肘关节附近肿胀、跳痛，在肘部的外侧或内侧有明显的压迫痛点（见图 2-2）。关节活动正常，但患肢握拳旋转（如拧毛巾）时疼痛加剧，甚至握力减弱，手中物品常无意中自动滑落。

3. 预防与治疗

（1）加强手臂、手腕的力量练习和柔韧练习。

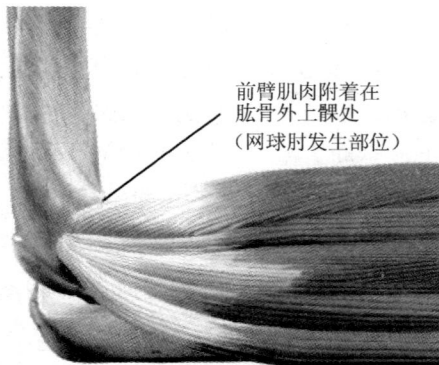

前臂肌肉附着在肱骨外上髁处（网球肘发生部位）

图 2-2　肱骨外上髁炎（网球肘）

（2）运动时戴护腕和护肘。

（3）运动前要充分做好热身运动，特别是手臂和手腕的内旋、外旋、背伸练习。

（4）运动后重视放松练习，要按摩手臂，避免网球肘的产生。

（5）可采用按摩、中草药外敷法或封闭疗法，也可配合进行功能锻炼，适当配合物理治疗。

思考题

1. 如何选择一块适合自己的球拍？

2. 如何进行乒乓球运动的热身活动？

3. 乒乓球运动专项常见损伤的预防与处理？

技能篇

JINENG PIAN

第三章 大学乒乓球初级水平教学指南

◎**本章导读**

　　乒乓球简单易学,是深受大学生喜爱的体育运动项目之一。本章内容帮助大学生学员入门。通过本章的学习你将了解乒乓球击球基本理论、基本技术,学会乒乓球运动的握拍方法、站姿及基本步法,掌握乒乓球基本技术,知道大学乒乓球初级水平基本技术考核的内容与评分方法,并对自己的技术水平做出一个客观的评价。

第一节　乒乓球击球基本理论

一、乒乓球击球常用术语

　　乒乓球击球术语是正确说明乒乓球运动的动作技术、战术、竞赛、裁判、器材以及规则等方面特征的专门用语。乒乓球击球术语较多,掌握和运用乒乓球击球术语,对于提高教学训练效果、总结经验交流、开展运动竞赛、促进科学研究以及丰富和发展乒乓球运动理论都具有重要意义。

(一) 站位

　　站位是指大学生学员击球时,身体与球台的相对位置。根据大学生学员站立的位置与球台端线之间的距离,可将其划分为(见图3-1):

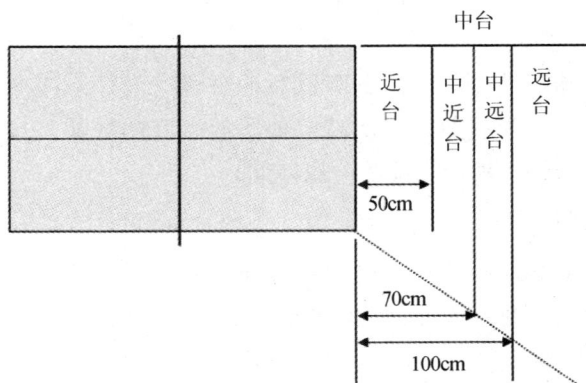

图 3-1　站位

1．近台站位

近台站位是指身体站位距离球台端线50厘米以内的范围。

2．中近台站位

中近台站位是指身体站位距离球台端线50～70厘米的范围。

3．中远台站位

中远台站位是指身体站位距离球台端线70～100厘米的范围。

4．远台站位

远台站位是指身体站位距离球台端线100厘米以外的范围。

（二）击球时间

击球时间是指对方来球着台后，从本方台面着台点弹起瞬间至回落遇到障碍物之前允许球拍击球的时间。具体可分为以下几个阶段（见图3-2）：

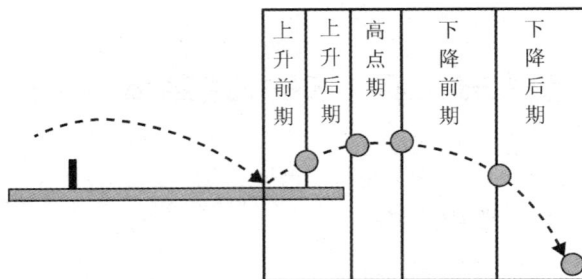

图 3-2　击球时间

1．上升期

上升期是指球从台面弹起上升接近至最高点的这段时间。上升期还可分为上升前期和上升后期。上升前期是指球从台面弹起刚上升的一段时间。上升后期是指球继续上升接近至最高点的一段时间。

2．高点期

高点期是指球从台面弹起处于最高点或接近最高点的这段时间。

3．下降期

下降期是指球从最高点开始下降以后的整段时间。下降期又可分为下降前期和下降后期。下降前期指球从高点期开始下降的最初一段时间。下降后期指球继续下降到接近地面之前的一段时间。

（三）击球部位

击球部位是指击球时球拍接触球体表面的部位。击球部位的划分可以用钟表圆盘的刻度来直观地体现，可以划分为五个击球部位（见图3-3）：

1．击球的上部

球拍接触球体表面的位置接近于12～1点的部位。

2.击球的中上部

球拍接触球体表面的位置接近于 1～2 点的部位。

3.击球的中部

球拍接触球体表面的位置接近于 3 点的部位。

4.击球的中下部

球拍接触球体表面的位置接近于 4～5 点的部位。

5.击球的下部

球拍接触球体表面的位置接近于 6 点的部位。

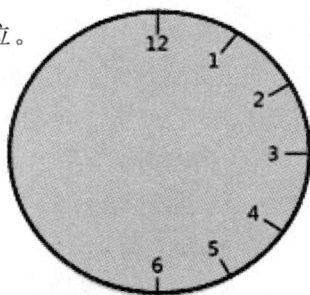

图 3-3 击球部位

(四) 击球拍形

击球拍形是指击球时拍面所处的角度和方向。击球拍形包括拍面角度和拍面方向。

1.拍面角度

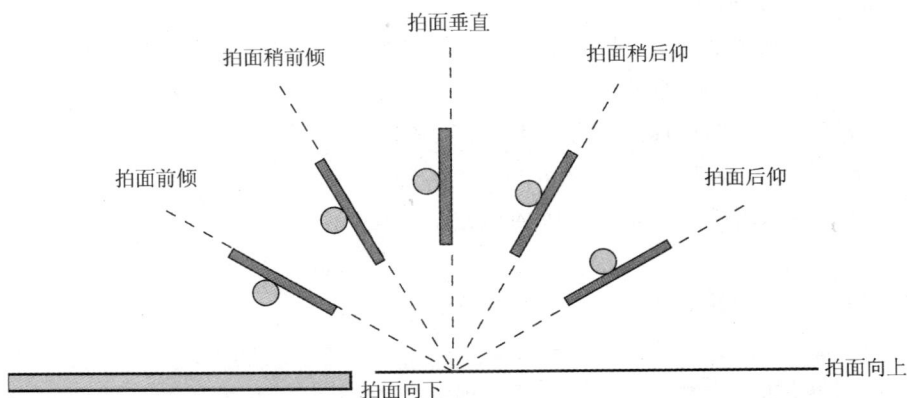

图 3-4 拍面角度

拍面角度是指拍面与球台水平面所形成的倾斜角(见图 3-4)。拍面角度小于 90°称为"前倾"。拍面角度大于 90°称为"后仰"。

(1)拍面向下:拍面与球台水平面的角度接近于 0°,击球部位在"12 点"的位置上。

(2)拍面前倾:拍面前倾与球台水平面的夹角为 30°左右,击球部位在"1 点"的位置上。

(3)拍面稍前倾:拍面前倾与球台水平面的夹角为 60°左右,击球部位在"2 点"的位置上。

(4)拍面垂直:拍面前倾与球台水平面的夹角接近于 90°,击球部位在"3 点"的位置上。

（5）拍面稍后仰：拍面稍后仰与球台水平面的夹角为120°左右，击球部位在"4点"的位置上。

（6）拍面后仰：拍面后仰与球台水平面的夹角为150°左右，击球部位在"5点"的位置上。

（7）拍面向上：拍面向上与球台水平面的夹角接近于180°，击球部位在"6点"的位置上。

2．拍面方向

拍面方向是指球拍拍面通过手腕或前臂的变化所形成的拍面朝向的变化。拍面方向的确定以击球者为准，拍面向左时击球的右侧，拍面向右时击球的左侧。击球时要依靠调节拍面方向来掌握击球动作。

（五）击球点

击球点是指球拍与球在空间接触的那一点与击球者所处的相对位置。它包括三个方面的因素：一是击球时，球处于身体的前后位置；二是击球时，球和身体的远近距离；三是击球时，球的高低位置。因此，击球点是和击球者、球台以及击球时间紧密地联系在一起的。它具体包括（见图3-5）：

1．合理击球点

便于控制的触球点，能够发挥出力量、速度。

2．击球点偏前

球拍击球时的触球点在身体的前方。

3．击球点偏后

球拍击球时的触球点在身体的后方。

4．击球点过近

球拍击球时的触球点过于靠近身体。

5．击球点过远

球拍击球时的触球点距离身体过远。

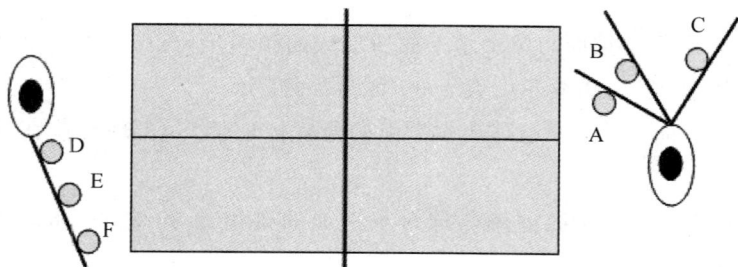

A=偏前；B=合理；C=偏后；D=过近；E=合理；F=过远

图3-5　击球点

二、乒乓球准确击球五要素

要想准确完成乒乓球的击球技术,必须要达到两个基本要求:一是要符合乒乓球规则的规定,准确合理地将球击到对方的台面上,既不出界,也不下网,击出的球有一个合适的弧线才能击到对方台区;二是击到对方台面的球要求有一定的质量,即必须要有一定的速度、力量、旋转以及落点的变化。

为了提高乒乓球的击球质量和准确性,就要分析和研究球的运行轨迹,即击球的飞行弧线、速度、旋转、力量和落点这五个方面的要素,理解五要素之间的相互关系,有助于提高乒乓球技术水平。

> **小贴士**
> 乒乓球击球五要素:弧线、速度、旋转、力量和落点。

(一) 击球的弧线

由于球网的关系,乒乓球运行必须以一定的飞行弧线形式表现出来。在乒乓球运动中,要提高击球的准确性,需要研究击球的弧线。球以近乎直线的轨迹越网落到对方球台的情况比较少,而以弧线的轨迹越网落到对方台上的情况比较多,要使球回得准确,就必须击出轨迹合适的飞行弧线,才能避免落网或出界,以保证击球的命中率。

1. 飞行弧线

飞行弧线是指乒乓球被击出后的飞行轨迹,也就是球离开球拍落到对方台面的飞行轨迹,它主要由第一弧线和第二弧线组成。

(1) 第一弧线与第二弧线(见图 3-6)

第一弧线:指球被球拍击出后到落在对方台面为止的飞行轨迹。

第二弧线:指球从对方台面弹起直至碰到其他物体(如球拍、地面等)为止的这段飞行轨迹。

双方都是在对方来球的第二弧线上制造形成己方第一弧线。换言之,双方都是在对方来球的第二弧线上击球。因此,了解、判断、适应、利用来球第二弧线,提高制造第一弧线的质量成为提高击球准确性的前提。

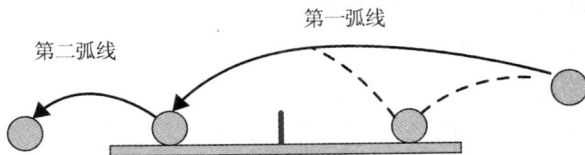

图 3-6　第一弧线与第二弧线

(2) 弧线的构成(见图 3-7)

第一弧线由弧线高度(简称弧高)、打出距离、弧线曲度和弧线方向四个部分组成。

① 弧高（H）：指弧线最高点至台面的垂直距离。

② 打出距离（L）：指击球点在台面（水平面）上的投影到着台点的直线距离。

③ 弧线曲度：指弧线的弯曲程度，它与弧高成正比，与打出距离成反比。

④ 弧线方向：指弧线向台面某个方位运行的方向。

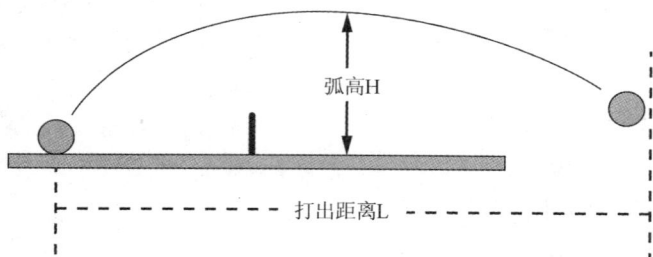

图 3-7　弧线的构成

2. 击球弧线的应用

乒乓球飞行弧线的产生，是乒乓球在飞行过程中，由地球的引力和空气的阻力共同作用造成的。显然，对于运动中的乒乓球单纯的重力作用已经不是那么重要了，因为高速运动旋转的乒乓球所携带的能量要远高于重力势能。因此，运动速度和旋转程度就成为弧线产生的决定性因素。

因此，击球过程中对于很多低平的来球，有的人只是靠用球拍去托球来获得向上的力量然后再靠乒乓球本身的重力制造出弧线，这样是不合理的击球。正确的做法应该是击球时先向上用力，以便给球一个向上的力量，保证它能够越过球网，然后再向前用力保证其速度。如果球拍能给球体一个摩擦力就能达到这个目的。

3. 影响弧线的因素

乒乓球飞行弧线的轨迹及其变化是相当复杂的，所以击球时，不仅要根据来球距离球网远近、弹起高低、旋转情况以及回击时间的不同来确定自己的回击方法，而且击球时还要注意用力方向、拍面角度变化、发力大小以及旋转性能等因素对乒乓球飞行弧线的影响。因此，球飞行弧度的高低和球打出的距离的长短，受球拍的用力方向、拍面角度变化、发力大小、击球时间的不同以及球的旋转性能等因素影响而不同。

（1）用力方向对乒乓球飞行弧线的影响

击球的用力方向，是指击球时球拍的运动方向，包括向上、向下、向前、向前上、向前下、向左、向右等不同方向。用力方向不同，球飞行弧线的弧高、打出的距离也不同。在击球点比网高的

小贴士

➤ 当击球点高于球网时，回球时弧高偏低，向前下方用力，主要采用扣杀球、加力推等技术。

➤ 当击球点低于球网时，回球时弧高偏高，向前上方用力，以采用放高球、拉加转弧圈球为主。

情况下,除向前的用力外,还要附加一定的向前下方的用力,才会使球的飞行弧线的曲度降低,距离缩短,从而使球落到台上而不会出界;相反,在击球点比网低甚至比台面低的情况下,除向前的用力外,还要附加一定的向前上方的用力,才会使球的飞行弧线的曲度增加,打出的距离相应缩短,从而使球落到台上而不会出界。

(2)拍面角度的变化对乒乓球飞行弧线的影响

击球时,球拍触球的部位,主要是由拍面角度的变化决定的,球拍触球不同,球飞行弧线的曲度和打出的距离也不同。

在用力方向和大小相同的情况下,如果拍面略前倾,触球的中上部,会降低球的飞行弧线的曲度,打出的球距离缩短;拍面前倾角度越大,弧线曲度越低,打出的距离也缩短。相反拍面略后仰,触球的中下部,会增加球的飞行弧线的曲度,打出的球距离加长;拍面后仰角度逐渐增大,弧高会继续升高,打出球的距离会逐渐缩短。如果不改变球拍的用力方向,在搓比较转的下旋球时,球拍要稍后仰一些,以增加击球的弧线曲度,避免下网;在回击弧圈球时,拍面应保持一定的前倾角度,以降低回球的弧线曲度,避免球出界。

(3)发力的大小对乒乓球飞行弧线的影响

击球时,击球力量的大小对球飞行的弧线曲度和球打出的距离的影响是不同的。

在用力方向及拍面角度相同的情况下,发力大,球速快,回球飞行的弧线曲度会相应增高,打出球的距离也会加长;相反发力小,球速慢,回球弧线的曲度则会相应降低,打出球的距离也会缩短。

在来球距离球网较远,击球点偏低的情况下,加大击球力量(加快球速),适当增加弧线曲度,就会使打出的距离加长,既可保证击球有一定的高度,又可以保证有一定的远度;在来球距离球网较近,击球点比网低的情况下,利用减小击球的力量(减慢球速),适当降低弧线曲度(保证越过球网的高度),就会适当缩短打出的距离,才不会使球出界。

(4)击球时间对乒乓球飞行弧线的影响

在上升期击球,因球有较强的反弹力,击球时弧线曲度不宜过大,打出的距离要短。

在高点期击球,因击球点接近网高或稍高于网,击球时有一定的弧线曲度即可,要注意缩短打出的距离。

在下降期击球,因击球点低于网高,击球时要注意加大弧线曲度,适当增大打出球的距离。

（5）旋转对乒乓球飞行弧线的影响

在击球过程中,乒乓球始终具有一定的速度和旋转,旋转对乒乓球飞行弧线的影响具有重要意义。旋转着的乒乓球,不管是上旋、下旋还是侧旋,其飞行弧线都遵循流速越快,压强越小,流速越慢,压强越大的流体力学定律。在相同条件下,上旋球的飞行弧线比不转球的飞行弧线要低、要短;飞行中下旋球的情况和上旋球正好相反。

4. 提高弧线质量的方法

（1）不同击球点击球（见图3-8）。回击近网低球时,弧线曲度要增大,打出距离要缩短;回击远网高球时,弧线曲度要适当减小,打出距离要适当增大。

（2）不同击球时间击球（见图3-9）。上升期击球时,因球具有较大的反弹力,弧线曲度适当减小,击出距离稍缩短;高点期击球时,回球的弧线有一定曲度即可,击出距离不能过长;下降期击球时,因无法借力,击球点相对较低,弧线曲度相对增大,击出距离稍长。

（3）回击不同旋转来球。回击上旋球时,来球旋转性越强,越要注意压低弧线曲度,缩短击出距离,才不会使球出界;回击下旋球时,来球旋转越强,越要注意增大弧线曲度,增加击球力量,增长击出距离,才不会使球落网;回击左（右）侧旋转球时,旋转越强越要注意调整拍面方向,才不会使球从右（左）侧边线出界。

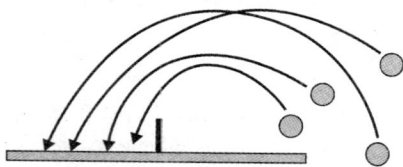

图3-8　不同击球点击球　　　　图3-9　不同击球时间击球

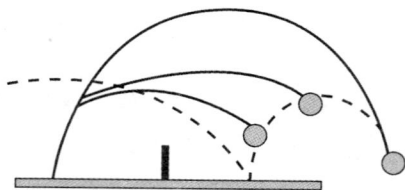

（二）击球的速度

速度在乒乓球的击球质量中占有十分重要的地位,是获得比赛胜利的重要因素。乒乓球的击球速度最主要的含义是"球速",具有使对手任何合理的技术动作遭到破坏的"杀伤力"。因此,在回击来球时,谁的击球速度快,谁就能取得更多的主动权,就可能成为速度的获益者而赢得胜利。

1. 击球速度的一般原理

乒乓球技术中所指的击球速度实际上是指还击来球所需的时间和击球后球在空中飞行的时间长短,时间短的称为速度快。它跟力量大是有区别的。比如扣高球或远台发力拉球时,球的飞行速度很大但不能称为速度快,是球的飞行时间较长的缘故;当我们近台借力攻球时,力量很小,球的实际飞行速度较小反而称为速度快,是球的飞行时间较短的缘故。根据力学公式:速度=距离/时间,可以得知,在时间不变的情况下,物体向前运动所通过的距离越长,其速度就越快;在距离不变的情况下,物体向前运动所需的时间越短,其速度也就越快。速度的快慢与时间和距离有着密切的关系。在乒乓球的来回击球中,要判断选手击球速度的快慢,必须从以下两个方面进行分析:

(1)回击来球所需的时间。这段时间是从对方来球落台后反弹的一瞬间开始,至球拍触球为止(见图3-10之AB段和AC段)。很显然,在上升期(AB段)击球时还击来球所需的时间短于在高点期(B点)击球,而高点期击球时的还击来球所需的时间短于下降期(BC段)。所以为了适当缩短还击来球所需的时间,可以选择在上升期和高点期击球。

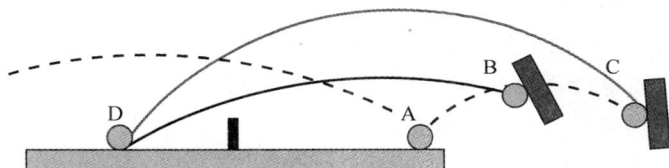

图3-10　还击来球的不同时间

(2)击球后球在空中飞行的时间。这段时间是从球离拍的一瞬间开始,至球落到对方台面上的瞬间为止(见图3-10之BD段和CD段)。球在空中飞行时间的长短,与球的飞行速度和飞行弧度有着密切关系。一般来说,击球力量越大,球的飞行速度越快,球在空中飞行的时间就越短;打出的距离越短,弧线的曲度越小,弧线的长度也就越短,球在空中飞行的时间也缩短;在同等条件下,上旋球比下旋球落台快,球的飞行弧线较短,上旋越强,落台越快,弧线越短,相应地缩短球在空中飞行的时间。

因此,要加快击球速度,击球时一方面是尽可能缩短还击来球所需的时间;另一方面是尽可能缩短球在空中飞行的时间。但是在实践过程中由于大学生学员的打法各不相同,再加上击球时所站位置离台远近也不一样,所以在击球时呈现出不同的节奏和速度。在击球时应适当提早击球时间,尽可能降低回球弧线的曲度和缩短球的打出距离;同时,还要加大击球力量。

2. 影响击球速度的因素

影响击球速度的因素有以下几个方面:击球时间,利用对方的球速,击球力量和撞击,合适的底板、套胶和胶水,球的运行路程,加强旋转,打开落点。

(1)球从本方球台弹起到本方球拍触球的时间是第一时段。这一段时间取决于两个因素:一是球的运行路线的长短,也就是我们平常所说的上升期、高点期和下降期。要缩短路程,就要在上升期击球。二是对方的球的绝对飞行速度,我们没有办法去控制球的飞行速度,但是可以去利用对方的球速。从这两个因素看,上升期击球是提高乒乓球速度的第一步。

(2)球在本方球拍上的停留时间是第二时段,俗称脱板速度。这一段时间有两个因素:一是击球的力量和方式,力量大,撞击多,脱板的时间就短;二是与球板、套胶和胶水有关。因此,加大击球力量、改善击球方式和球拍的性能是提高乒乓球速度的第二步。

(3)球脱板至落到对方球台的时间是第三时段。这一段时间有两个因素:一是球的运行路程长短,路程越短,所需时间就越少,这就是直线球速度快、威胁大的原因之一;二是乒乓球的绝对飞行速度。

(4)球从对方球台弹起到对方球拍触球的时间是第四时段。这一段时间有三个因素:一是乒乓球飞行绝对速度的延续;二是旋转球触对方球台后的作用力的加速,也就是平常我们所说的前冲;三是打开落点。

3.提高击球速度的方法

(1)选位。在可能的情况下,站位要尽可能靠近球台,提早击球时间。这样不仅能够缩短击球所需时间,而且可以缩短回球的飞行弧线,同时还有助于借用来球反弹力加快回球的飞行速度。

(2)引拍。在可能的情况下,引拍的距离尽可能小,便于发力击球。

(3)击球时间。尽可能在来球的上升期击球。

(4)触球时加速。加快击球瞬间的挥拍速度,尽可能增大击球的爆发力,充分发挥前臂、手腕和手指的作用来加快球在空中的飞行速度。

(5)击球力量。还击时,充分发挥击球力量,善于利用全身力量,以增大撞击力减少摩擦力,尽可能向前发力,压低弧线,增大击球力量,使球获得较大的前进速度。

(6)利用对方的球速。对方的球速慢,可以加大动作,有利于击球力量,同时能保证在上升期击球;对方的球速快,减小击球动作,保证上升期击球或高点期击球。

(7)不断提高反应速度和步法移动速度,使之与击球的挥拍速度密切配合,以利缩短击球时间,加快进攻节奏。

(三)击球的旋转

现代乒乓球运动的一切主要打法都要借助于旋转。旋转在评定击球技术质量的五种要素中占有特殊的重要位置。在现代乒乓球技战术中,旋转是竞技制胜的核心因素,而且乒乓球的旋转种类繁多,变化极为复杂,其意义在于不仅通过球的旋转及其变化来得分,而且还要通过球的旋转来保证在更快速度和更大力量击球下的准确性。

乒乓球的旋转丰富多彩,奥妙无穷,运用极为广泛,只有弄清楚球产生旋转的原因以及各种旋转的变化规律,才能更好地利用旋转变化来扰乱对方,赢得主动。因此,现代乒乓球运动中的旋转问题,一直都是人们关注的焦点。

1. 旋转产生的原因

产生旋转的原因从理论上讲，击球时，如果力的作用线（F）通过球心（O），球只能具有一定的前进速度，而不产生旋转（见图 3-11）；如果击球时力的作用线偏离球心（O），与球心保持一定的垂直距离（即力臂 L），作用力便分解为垂直于拍面的分力（前进力 f）和平行于拍面的分力（摩擦力 s），前者为撞击力，使球产生平动，后者为摩擦力，使球产生转动，因此，在击球时，球拍撞击在球上，造成垂直于拍面的力就是前进力，平行于拍面的力就是摩擦力，而摩擦力正是使球产生旋转的基本原因（见图 3-12）。

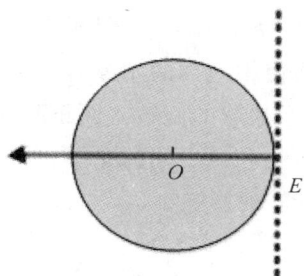

图 3-11　力的作用线通过球心　　　图 3-12　力的作用线不通过球心

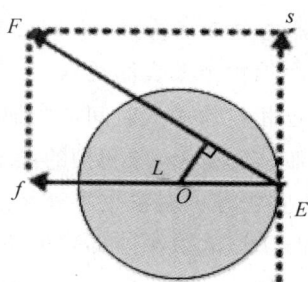

2. 旋转性质（见图 3-13）

（1）上旋球：球着台时给台面一个向后的摩擦力，台面给球体一个大小相等、方向相反（向前）的反作用力，从而使球的反弹角度减小，在空中飞行时下降得较快，从而增大了弧线曲度，缩短了打出距离，球着台后前冲速度加快，上旋越强越明显；平挡时球向上飞行。

（2）下旋球：球着台时给台面一个向前的摩擦力，台面给球体一个大小相等、方向相反（向后）的摩擦反作用力，从而使球的反弹角度增大，在空中飞行时下降得较慢，从而缩小了弧线曲度，延长了打出距离，球着台后前冲速度减慢，且具有较弱的前冲力，下旋越强越明显；平挡时向下飞行。

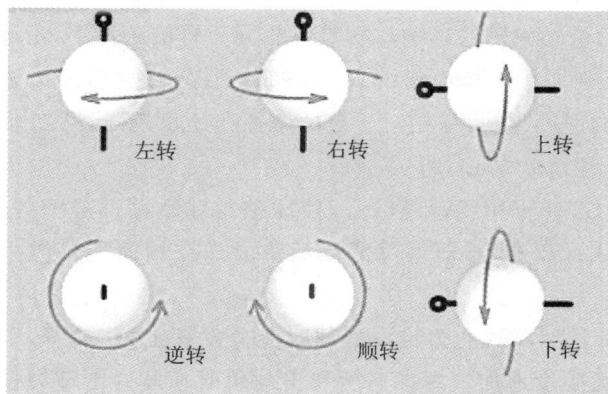

图 3-13　旋转性质

（3）左侧旋：球呈左侧旋向前飞行时，左侧的空气压力比右侧大，球在空中飞行时会向右偏斜，球着台后略向右拐；因而平挡时向左反弹明显。

（4）右侧旋：球呈右侧旋向前飞行时，右侧的空气压力比左侧大，球在空中飞行时会向左偏斜，球着台后略向左拐；因而平挡时向右反弹明显。

（5）顺旋：球着台时给台面一个向右的摩擦力，台面给球体一个向左的摩擦反作用力，球在空中的飞行对弧线的影响不大，球着台后明显向左拐；平挡时较难借到来球的前进力，因此球容易下网。

（6）逆旋：球着台后明显向右拐，其他情况同顺旋。

3. 影响击球旋转的因素

（1）器材对旋转的影响。球拍的黏性越大，摩擦力越大，因而旋转也越强。比如反胶海绵拍由于表面柔软，黏性好，不仅能使拍与球的摩擦力增大，而且还能使拍与球相互作用的时间适当加长，有利于增加球的旋转。而正胶和长胶由于球拍软胶体的变形，球和拍的接触时间加长，拍和球之间的摩擦力小，不容易制造旋转，在击球的时候也不容易吃发球，受旋转的影响小。

（2）击球时球拍触球部位的不同对旋转的影响。球拍远离手的一端比近手端的运动速度大，击球时给球的动量大，所以在挥拍速度相同的情况下，用靠近球面的上部触球，半径小，触球点的线速度就小；反之，半径大，触球点的线速度也大，即 $V_3 >$ $V_2 > V_1$（见图 3-14）。因此，用靠近拍头部位击球时旋转性更强。

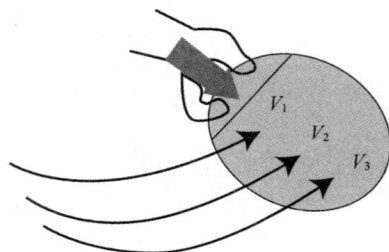

图 3-14　球拍不同部位触球的速度

（3）力臂对旋转的影响。在同等击球力量的条件下，力臂越大，摩擦力也越大，旋转就越强；反之则越弱。摩擦力的大小，与击球挥拍时的用力方向有很大关系，力的作用线越是远离球心，力臂就越大，摩擦力就会相对增强，前进速度会相对减慢；反之，力的作用线越接近球心，力臂就越小，摩擦力也会相对减小，前进速度则会相对加快。

（4）击球力量对旋转的影响。在具有相同力臂的条件下，击球力量越大，旋转也越强；反之则弱。击球力量的大小，取决于挥拍速度，挥拍速度越快，尤其是在击球瞬间的速度越快，球拍对于球的摩擦作用也越强；反之则越弱。

4. 提高旋转质量的方法

（1）加大力臂使作用线远离球心，使球拍与球摩擦得薄一些。但不能无限制地使作用力线远离球心，切得过薄反而造成球在拍面上打滑，从而使球的旋转减弱。

（2）加大挥拍摩擦球的力量。击球时充分发挥上臂、前臂、手腕及腰、腿的协调力量。最大限度地加快挥拍速度和击球瞬时速度。击球力量越大，挥拍速度越快，拍对球的摩擦作用越强。

（3）用球拍适当部位击球。当球拍的摆速一定时,球越靠近球拍的远端,则半径越长,线速度越大,用线速度较大部位击球,使旋转强度加大。

（4）使用黏性较好的球拍。球拍黏性大,可以加大摩擦系数,以利于增大摩擦力,使球转得更快。

（5）适当利用对方来球的速度,合理借用对方来球的旋转。

（6）采用向球内摆动的弧形挥拍路线,增加球拍摩擦球的时间（见图 3-15）。

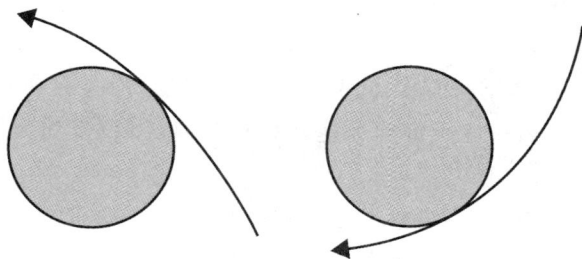

图 3-15　增大旋转的挥拍路线

5. 回击旋转球的方法

（1）用改变拍面角度、用力方向和拍面方向的方法来对付旋转。击球下网时,拍面角度后仰一些,用力方向向上一些;击球出界时,做法相反;球从球台侧出界时,拍面应前倾些,向前发力多一些;处理下旋来球时,球拍拍面角度应比处理上旋球前倾角度小些或稍后仰,向上发力多一些。

（2）用力量处理旋转。当来球过高时,可做近似直线的扣杀,大力扣杀的力量大大超过来球,可以克服来球的旋转作用力;在回击低球时主动发力越大,就越能使来球旋转作用相对减弱。

（3）以转制转,以不转制转。顺着来球旋转击球时,可以借用来球的旋转力,减少球在拍面的滚动,提高自己回球的旋转强度;逆着来球旋转击球时,主要靠自己发力,对于使用黏性较大球拍的人效果更好,因此逆着来球旋转击球时,拍与球之间切向相对速度显著加大,使球在拍面的滚动作用大大加强;采用避转法击球时,任何种类的旋转球靠近旋转轴的部位转速越慢,旋转则越弱,远离旋转轴的部位转速越快,旋转则越强,因此可以采用改变击球部位的方法来避开强转区,以减少"吃转球"。

（四）击球的力量

一切击球技术都是以力量为基础的。加大击球力量,不仅能加快球的飞行速度,缩短对方准备击球的时间,增加对方接球的难度,而且可以直接得分。现代乒乓球技术对力量的要求日益提高。

1. 击球力量的力学原理

击球力量是指球拍对球的作用力。根据力学原理:力＝质量×加速度（即 $F=ma$）,如果物体质量（m）不变,那么它的加速度（a）就跟作用力（F）成正比,作用力越大,则加速度越大。而作用力的大小和人体的生理机能以及动作结构又有密切的关系。

结合乒乓球运动的特点来分析,大学生学员的体重、乒乓球和球拍的重量相对是比较固定的。因此,击球力量的大小,主要是由手臂挥拍的击球幅度、身体其他部位的协调配合和加速度的大小来决定的。力量是产生加速度的基础,要增大击球力量就要加快击球瞬间的挥拍速度,特别是击球时的爆发力和全身的协调用力,挥拍时加速度越大,击球的力量越大,球速就越快。

2. 加大击球力量的方法

(1)击球前,身体略向前移,同时及时移动步伐,抢占有利的击球位置。尽可能使身体与击球点保持一定的加速及挥拍距离,以利于加大击球加速度,增大击球的力量。

(2)击球前,必须向后引拍,使手臂、腰、腿各部分的肌肉适当拉长,以利击球时进行快速收缩,加大挥拍手臂的摆速。

(3)击球时,选择正确的击球点是十分重要的。正确的击球点,有利于手臂的充分发力,使挥拍速度加快。例如,正手攻球(削球)时,击球点应在身体的右侧前方。

(4)击球时,要掌握好发力时机。击球时结合脚、腿部蹬地力量,同时转体、重心前移、挥臂击球等全身各部位肌肉协调配合,并将它们的力量集中在击球一瞬间,提高挥臂动作的加速度。

(5)在不影响左右摆速的情况下,适当增加球拍的重量和弹性,有利于增加击球力量;多打发力球,少借力打球,培养发力意识;经常进行各种提高力量素质的辅助练习,使击球爆发力不断加强。

(五)击球的落点和线路

击球落点是指击球者以合法手段将球击到对方台面的点,即着台点。从击球点到落台点之间所形成的线,叫击球路线。乒乓球击球落点和击球线路的好坏,决定着击球的质量。因此,增强落点意识,提高线路控制能力,不仅有利于提高击球质量,同时有利于增大战术效果。

1. 击球落点和线路的运用

(1)扩大对方移动的范围。通过左、右两大角变化,长球至端线、短球至近网的落点变化,增大落点间距,迫使对方大幅度移动,为自己进攻创造更多机会。

(2)增大对方移位击球的难度。运用追身落点,使对方不能及时占据合理的击球位置,难以发力,造成失误或影响击球质量。

(3)声东击西。结合假动作使回击球的落点和线路与对方的判断和步法移动方向相反时,效果最好。打两条直线时,由于球速比较快,迫使对方失去足够的击球时间,导致击球质量下降或失误。

三、乒乓球击球的节奏

（一）对击球节奏的理解

节奏是动作的时间、空间、力量互相配合的集中表现，是运动技术特征的一个重要方面。运动节奏的精确性对掌握、提高运动技术有着非常重要的影响。乒乓球不同的击球动作均有着相对稳定的时间，节奏感要求很高。掌握正确的击球节奏，对提高乒乓球技术有非常重要的作用。

所谓击球节奏就是指相邻两次击球间隔时间的长短和力度的强弱。乒乓球是一个连续而又有间歇的隔网对击项目，动作与动作之间的衔接就形成了击球节奏。从力学的角度讲，乒乓球运行的空间越大、时间越长，则速度越慢；反之，时间越短，则速度越快。而相同的空间球体受力越大，运行的时间越短，则速度越快。从这个意义上讲，时间、空间、力量这三因素中，时间是引起节奏变化的主要因素，它也反映了乒乓球运动的特点。从技术的角度讲，弧线、速度、力量、旋转、落点这五个要素的其中之一有变化都会使节奏发生改变，而大学生学员的每一次击球，在上述五个方面都不可能绝对一样，总会存在某些差异。

乒乓球击球节奏分为快、慢两种。击球节奏快可以起到唯快不破的效果，其主要目的是使对方的防御形同虚设。击球节奏慢可以起到四两拨千斤的作用，其主要目的是使对方的攻击受到影响，增加其失误率。一个是破坏对方的防守，另一个是破坏对方的进攻。

（二）改变击球节奏的方法

1. 击球的时机

击球的时期分为上升前期、上升后期、高点期、下降前期、下降后期。击球时机越早，节奏越快；击球越晚，节奏越慢。虽然速度慢了，但是可以大大提高球的旋转。

2. 击球的力量

力量越大，越主动发力，节奏就越快。

3. 击球的角度

击球角度越大，撞击成分越大，节奏就越快。

在比赛中，如果对方属于力量型的就尽量通过节奏的变化遏制对方的进攻，如果对方属于控制型的就应该采用发力使速度提起来从而减弱对方的防守。

四、乒乓球击球技术结构

（一）判断

判断来球是打乒乓球首要的一个环节，是决定脚步移动的方向和还击方向的依据。它包括判断来球的路线、旋

小贴士

乒乓球击球技术结构（四环节）：判断、移位、击球、还原。

51

转性质、旋转强弱、速度快慢以及落点的远近。判断是决定步法移动、选位和采用何种技术动作击球的前提,判断的准确与否直接影响到步法技术动作和手法技术动作的使用效果。

1. 对发球的判断

所谓对发球的判断,就是判断对方发什么性质的球,是对对方的站位、接发球能力和接发球的战术意图进行判断。对方站位远或不善于接短球时,发球时可考虑以近网为主、底线长球为辅;对方站位近或不善于接长球时,发球时可考虑以底线长球为主、近网为辅。对方接上旋球能力差,就以发上旋球为主;对方接下旋球能力差,就以发下旋球为主。

2. 对接发球的判断

所谓对接发球的判断,就是要准确地判断对方发球的基本思路、发球的性质以及旋转和落点。

(1)从发球者的站位及其发球方式,可大体判断出对方的发球性质。发球者站在球台的左角用正手发球,一般是左侧上、下旋球,但也可能发出直线急长球,突袭空当。

(2)从发球者的挥拍方向和拍面角度来判断来球的路线和旋转性质。拍面所朝的方向,就是来球的方向,所以由后往前挥拍时多为急长球;由右向左下挥拍时多为左侧下旋球;若想做上臂带动则为左侧上旋球。

(3)从发球者挥臂幅度的大小和手腕抖动程度来判断来球速度的快慢和旋转的强弱。挥臂幅度大,手腕抖动快速,说明来球急且旋转性强;反之则弱。

(4)从来球在空中飞行的轨迹和球落台反弹后的情况来判断来球的旋转性能。来球弧线若向本方左方偏拐,球落台后沿着弧线方向向左上(下)方反弹,则为左侧上(下)旋球;反之则是右侧上(下)旋球。来球飞行弧线偏拐程度越大则旋转越强。

(5)从发球的第一落点距离端线的远近来判断来球落点的长短。第一落点靠近端线,来球落点长;反之则短。

3. 对来球路线的判断

(1)根据对方击球时拍面的方向判断来球的路线。一般来说,对方球拍触球时,拍面所朝的方向,即为对方的来球路线。例如,对方在正手一侧击球,球拍触球时,拍面正对自己的右角,为斜线球;拍面正对自己的左角,为直线球。

(2)根据来球通过网顶的位置来判断来球的路线。例如,对方在正手一侧击球,球从网的中部或中部偏右的位置越过,球将飞向自己台面的右方;来球从网的左边越过,球将飞向自己台面的左方。

(3)根据自己打出球的旋转性能,预先判断来球路线。例如,自己发反手加强右侧上(下)旋球,对方回球易飞向自己的右方;自己发正手强烈左侧上(下)旋球,对方回球易飞向自己的左方。

(4)根据自己打出球的落点,预先判断来球路线。例如,反手重压对方反手斜线大角度球,对方很难回击直线球,一般回球路线多在自己左半台或靠中间的位置。

4. 对来球旋转性质的判断

(1) 根据对方击球时挥拍的发力方向和摩擦球的部位来判断来球的旋转性质。一般来说:

① 对方由上向下发力挥拍击球为下旋球。

② 对方由下向上发力挥拍击球为上旋球。

③ 对方由左(右)向右(左)挥拍击球为右(左)侧旋球。

④ 对方由左上(右上)向右下(左下)挥拍击球为右(左)侧下旋球。

⑤ 对方由左下(右下)向右上(左上)挥拍击球为右(左)侧上旋球。

(2) 根据球的飞行情况和着台反弹情况判断来球的旋转性质。

呈上旋状的球在空中飞行时,前段慢,后段快,着台反弹冲力大;呈下旋状的球在空中飞行时,前段快,后段慢,着台反弹冲力小。

旋转越强,以上现象越明显。下旋越强,球着台后有时还会出现回跳现象。例如,快攻球与加转弧圈球相比,快攻球在空中飞行时和着台反弹后的速度变化不大,而加转弧圈球在空中飞行时的速度较慢,球着台反弹后的速度加快;加转弧圈球与前冲弧圈球相比,前冲弧圈球的飞行弧线较低,速度较快;加转下旋球与不转球相比,加转下旋球在空中飞行时的速度较快,球着台反弹后下沉,前进速度较慢;不转球在空中飞行时的速度较慢,球着台反弹后往前冲;左、右侧旋球在空中飞行时其弧线沿挥拍方向产生顺向偏拐。

5. 对来球旋转强弱的判断

根据对方击球时的触球情况来判断来球旋转的强弱。对方击球时,摩擦多,撞击少,则来球旋转较强;若撞击多,摩擦少,则来球旋转较弱。

6. 对来球速度快慢的判断

(1) 根据对方击球时的站位来判断。对方击球时的站位基本有三种情况:即网前、中场和后场。如果对方在网前击球,球距本场距离短,落到本场区所需时间少,速度就快;如果在后场击球,球距本场距离远,球落到本场区所需时间要长,速度就慢。

(2) 根据对方击球点的高低来判断。击球点高于网时,来球的速度大部分时候是快,因对方从上向下击球,可以杀也可以吊,而且能打到前场,又能打到中场和后场,击球时也能用上力,所以来球速度会快;击球点低于网,因其发力受到限制,击球方法受到限制,所以来球速度大部分时候是不太快。

(3) 根据对方击球时的发力来判断。对方击球时,引拍动作大,击球时将全部用力作用在球上,这时球的速度就会快。若轻轻击球,球的速度就要慢些。有些大学生学员假动作比较多,因此在看对方击球时,重要的一点是看球拍触球瞬间的用力情况,切不可被其击球前的假动作所迷惑。

(4) 根据对方击球时球从球拍弹出的速度、方向来判断。若球从球拍弹出的速度快,则球在空中飞行的速度亦快,来球的速度快;若球从拍弹出的速度较慢,则球飞行的速度就要慢,来球的速度慢。出球的方向决定了弧线的高低。弧线曲度大,来球速度就要慢;相反弧线曲度小,来球速度就要快。出球方向还可看出是斜线,还是直线。一般讲,来球是斜线要比来球是直线慢。

7.对来球落点的判断

(1)根据挥拍动作幅度的大小和力量的轻重来判断来球落点的长短,例如,快推、加力推、减力挡等。这些技术动作差别较明显,易判断。

(2)根据来球飞行弧线来判断来球落点的远近。来球飞行弧线的最高点若在对方球台上空则落点距网较近;若在本方台区上空,则落点离网较远。

(3)接发球时,根据对方第一落点的位置来判断来球落点的长短。对方发球的第一落点离端线近,来球多为长球,反之则多为短球。

判断来球的路线、旋转和落点的方法虽有多种,但主要的是从对方球拍触球时的瞬间动作来作判断,在这一基础上再辅以其他的判断方法,对来球的性质也就能判断得更为准确。因此我们在判断来球时,一定要把速度的几个因素及旋转结合起来看,根据看到的情况综合分析,只有这样才能判断及时、准确。

(二)移动和选位

移动和选位是以对来球的预先估计及实际判断为依据,以满足自己准备采用的击球方式为要求,以抢占有利的击球位置为目的的。为此,移动的距离越短越好,移动的速度越快越好,移动的方法与击球的手法越一致越好。要达到这些要求,一旦对来球做出正确判断后,起动越快越好。而起动的快慢,除与反应速度相关外,还与起动前两脚的运动状态有关。一般来说,从静止中开始起动比从动态中起动要慢。因此,步法好的大学生学员,经常是在用小碎步做不停顿的重心交换,一旦需要做大幅度的移动时,其起动格外敏捷,步法也显得十分轻松。

由于乒乓球的速度较快,变化较复杂,还击方法较多,因而在完成移位时反应要快,判断要准,确定还击方法要果断,起动要及时,步法与手法的配合要协调。在教学和训练中,不仅要努力提高起动速度和位移速度,而且要重视反应判断能力的提高,并注意把步法练习与手法练习紧密结合起来。

在还击过程中,移位具有重要意义。移位好,能够迅速抢占有利的击球位置,提高回球的命中率和击球质量;反之,便难以占据有力的击球位置,被迫勉强击球,必然破坏正确的击球动作,影响回球的命中率和击球质量。对于初学打球的大学生学员,要特别注意加强移位能力的培养和训练。

(三)击球

击球是基本环节中的中心环节。击球时,应根据对方的回球情况和自己的打法特点来确定最佳还击方法。在击球过程中,要特别注意把握好击球动作、击球点、击球距离、击球时间、击球部位与用力方向、触拍部位、力量运用等。

1. 击球动作

乒乓球的击球动作一般包括摆臂引拍、迎球挥拍、球拍触球、随势挥拍与放松等五个部分。

（1）摆臂引拍。摆臂引拍是指迎球挥拍之前，为拉开击球距离而顺着来球方向所做的摆臂动作。引拍的作用主要在于保证击球时能够更好地发力。

① 引拍动作的正确与否，直接影响着击球动作及击球质量。

② 引拍是否及时，是能否保持合理击球点的重要条件。

③ 引拍是否充分，是能否发挥击球力量的重要因素。

④ 引拍的方法和引拍的结束姿势如果不正确，必然导致整个击球动作出现错误。

⑤ 引拍的方向与挥拍方向紧密联系，关系到回球的旋转性质。

⑥ 引拍动作的正确与否，直接影响击球的命中率和效果。

> **小贴士**
>
> 击球七要素：
> - 击球动作
> - 击球点
> - 击球距离
> - 击球时间
> - 击球部位与用力方向
> - 触拍部位
> - 力量运用

（2）迎球挥拍。迎球挥拍是指从引拍结束到击中来球前这段过程的动作。

① 挥拍动作的正确与否，对回球的准确性和击球的质量均具有较大的影响。

② 挥拍的方向决定回球的旋转性质，并影响回球的飞行弧线与击球线路。

③ 挥拍的速度决定击球力量的大小，从而影响球速的快慢、旋转的强弱。

（3）球拍触球。球拍触球是指球拍与球体相触及时的动作，是整个击球动作中的核心部分。球拍触球时的击球点、击球时间、拍面角度、拍面方向、触拍部位、用力方向、发力大小等，直接决定着回球的出手角度、出球速度和旋转性质。

（4）随势挥拍。随势挥拍是指球拍触球后顺势前送的那一段动作，有助于在击球结束阶段保证击球动作的完整性、协调性和稳定性。

（5）放松。放松是指击球过程中身体与整个击球动作的协调配合用力。击球动作完成后，随着挥拍的结束而出现的一个短暂的放松阶段，它是保证有节奏地连续击球的关键。

2. 击球点

击球点的确定有助于击球动作的协调、击球力量的发挥和对回球弧线的控制。为此，在确定击球点时应注意以下两点：

（1）合理选择击球点。无论采用哪种技术击球，都要注意将击球点选择在身前（躯干远离球网一侧的前面），切忌在身后击球。同时，击球点应与击球者的身体保持适宜的位置。击球点不能偏后，也不可过前；既不能太低，也不能过高；既不能靠身体太近，也不可离身体过远。

（2）相对固定击球点。不同技术对击球点的要求各有差异。例如，弧圈球的击球点比攻球的击球点略后、略低；攻球的击球点比削球的击球点略前、略高。但是，各种技术的击球点必须各自相对固定，击球时始终保持在某一合适的位置上。对于初学打球的大学生学员，这一点尤为重要。

要取得合理的击球点，必须加强脚步移动，及时抢占有利的击球位置，否则难以达到此目的。

3. 击球距离

击球距离的长短，与还击时的击球方法和发力大小有密切关系。如用推挡球技术击球，其击球距离稍短；用弧圈球技术击球，其击球距离稍长；用削球技术击球，其击球距离更长。又如，加力推时，其击球距离比快推要长；发力攻时，其击球距离比快攻要长；发力拉时，其击球距离比轻拉要长。此外，击球距离的长短与打法类型、技术风格等有一定联系。例如，以速度、落点见长的选手，击球时的击球距离一般较短；以力量、旋转为主的选手，击球时的击球距离相对较长。在击球时，应注意根据还击方法的不同要求，选择合适的击球距离。

适宜的击球距离，应以合理的击球点为基准，通过正确的引拍动作而取得。绝不能采用随意改变击球位置的方法，去加长或缩短击球距离。因此，击球时应注意把握好引拍的时机、方向、方法、幅度和节奏。

4. 击球时间

击球时间可分为上升前期、上升后期、高点期、下降前期、下降后期五个时期。各种技术动作的击球时间各不相同。例如，快推时击球时间为上升期，加力推时击球时间为高点期；近台攻球击球时间为上升期，中远台攻球击球时间为下降前期；拉加转弧圈球击球时间为下降前期，拉前冲弧圈球击球时间为上升后期或高点期；近台削球时击球时间为高点期前后，中远台削球击球时间为下降后期。另外，不同类型打法在击球时间上也各具其特点。快攻打法以速度为主，击球时间多在上升期；弧圈类打法以旋转为主，其击球时间多在高点期前后；削攻类打法主要是后发制人，击球时间多在下降期。因此，在还击来球时，应注意根据自己的击球方法和打法特点选择好击球时间。

5. 击球部位与用力方向

击球部位是指在击球瞬间，球拍击在球体上的位置。用力方向是指击球时球拍的挥动方向。击球部位与用力方向的有机结合，是提高回球准确性和击球质量的关键点。击球时，主要通过调节击球部位和用力方向来控制回球的飞行弧线。在保证飞行弧线合理的前提下，还需根据来球的不同情况和还击方法的不同要求，有机地把击球部位与用力方向结合起来，以求取得最佳击球效果。击球部位与用力方向的结合有以下几种方式：一种是相对固定用力方向，以调节击球部位为主，譬如推挡技术就多采用此法；另一种是相对固定击球部位，以调节用力方向为主，譬如弧圈球技术就多采用此法；再一种就是同时调节击球部位和用力方向，譬如攻球、削球技术就多采用此法。

采用不同技术,还击何种来球,其击球部位与用力方向结合的一般情况如下:

(1) 攻球对攻球:一般击球中上部,向前方或前上方用力。

(2) 攻球对削球:一般击球中部或中下部,向前上方用力。

(3) 削球对攻球:一般击球中下部,向前下方用力。

(4) 搓球对搓球:一般击球中下部,向前下方用力。

(5) 拉弧圈球、拉加转弧圈球:一般击球中部,向前上方用力。

(6) 拉前冲弧圈球:一般击球中上部或上中部,向前上方用力。

还击来球时,击球部位由触球时的拍形所决定,用力方向由击球时的挥拍路线所决定。因此,在教学和训练中,不仅要努力提高反应判断能力和脚步移动能力,而且要注意培养手上调节能力。

6. 触拍部位

触拍部位是指击球瞬间球体触及在球拍上面的位置。合理的触拍部位不仅有助于控制来球,提高回球的准确性,而且有助于增强击球的力量,提高旋转变化和回球的攻击力。采用不同的技术动作击球,对触拍部位的要求各不相同。一般来说,采用上旋技术击球时,应用球拍的中上部位触球,向球拍的中上部位摩擦。

7. 力量运用

合理运用击球力量,有助于提高回球的准确性,增强击球的攻击力,丰富战术的变化。不同技术、战术和打法,击球力量的运用各不相同。

(1) 不同技术的力量运用

① 还击近网短球:击球点多以手腕发力为主,如攻台内球摆短等。

② 在近台或中近台还击来球:采用以速度为特点的技术击球,多以前臂发力为主,如快推、快拨、近台攻球、近削等;采用以力量为特点的技术击球,多以上臂为主带动前臂发力,如扣杀、前冲弧圈等。

③ 在中台或中远台还击来球:击球多以上臂为主带动前臂发力,如中远台攻球、弧圈球、远削等。

(2) 不同战术的力量运用

在各种战术中,力量的运用可分为发力、借力、减力三种。

① 发力:击球时主要依靠己方发出的力量把球还击过去。发力击球是比赛中的主要得分手段,其难度较大,对技巧和素质的要求比较高,因而需要经常练习,努力提高。

② 借力:击球时主要借用对方发出的力量把球还击过去。借力击球有一定的速度,有利于控制落点,比较稳健,是相持阶段的重要技术。

③ 减力:击球时缓冲对方来球的反弹力,使回球的速度减慢,打出距离缩短,在对方离球较远时,运用减力击球的方法可以起到削弱对方攻势和调动对方位移的作用。

（3）不同打法的力量运用

以速度为主的各种打法，击球时多以撞击为主，如快攻类打法；以旋转为主的各种打法，击球时多以擦击为主，如弧圈类、削攻类打法。

乒乓球击球力量的运用，应注意处理好上臂、前臂与手腕，发力、借力与减力，撞击与擦击等各种复杂关系。既坚持以我为主、特长突出，又做到技术全面、变化多样、适应性强，把较高的准确性与较强的攻击力有机地统一起来，力求取得最佳的击球效果。

（四）还原

每次击球后都必须迅速还原。迅速还原指的是击球动作完成后，球拍、身体重心和基本站位的还原，以便为下一次击球做好准备。及时地还原是连续击球的重要保证。

基本姿势的还原主要包括身体重心的还原和执拍手动作的还原，这是每次击球后所必不可少的。击球后身体重心的还原，几乎是每次击球后所不可缺少的。执拍手动作的还原，应注意击球后的迅速放松和还原动作的简洁实用。

在乒乓球比赛或练习中，双方的击球位置和战术运用总是在不断地发生变化，因而其基本站位也绝不会一成不变。所以，在教学和训练中应正确理解和灵活处理基本站位的还原。

第二节　乒乓球运动的握拍方法、站姿及基本步法

一、握拍方法

不同的握拍方法与击球动作的完成情况有着密切的关系，往往对击球技术的动作质量产生影响。握拍方法的正确与否，影响着技术动作的合理程度，大学生学员在进行乒乓球技术的学习时，一定要注意握拍方法的正确性，对击球时的引拍位置、拍形角度、拍面方向、发力方向和位置等都具有重要意义。选用何种握拍方法，可根据每个人不同的技术特点加以选择。但握拍法也不是一成不变的，而应根据个人特点进行微调。

正确的握拍方法，一般应具备五个要素，即有利于击球时身体协调合理用力、正反手技术在交替运用过程中的合理转换、有利于实施对不同性质来球的控制、有利于自身特长的发挥、有利于战术的运用。因此，正确的握拍方法与掌握乒乓球基本技术和提高乒乓球技巧都有着密切的关系。

（一）直拍握拍方法与应用

1. 直拍标准握拍法（见图 3-16）

（1）拍前：用拇指和食指握住球拍拍柄与拍面的结合部位，拍柄右侧贴在

食指的第二关节内侧(以右手执拍为例),食指的第二关节压住球拍的右肩,其第一关节自然弯曲,拇指的第一关节压住球拍的左肩。拇指和食指深浅适宜地握在拍肩两侧。

(2)拍后:中指的第一指节顶在球拍的背后,形成一个支点,无名指和小指自然弯曲斜形重叠于中指之上。

直拍标准握法是直拍近台快攻打法最常用的握法。

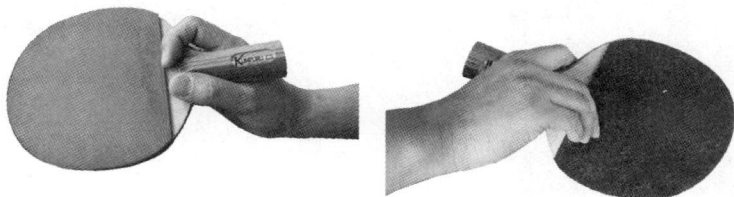

图 3-16　直拍标准握拍法

2. 弧圈球型打法的握拍法(见图 3-17)

(1)拍前:正手拉弧圈球时,大拇指紧贴在拍柄的左侧,食指扣住拍柄,形成一个小环状紧握拍柄。

(2)拍后:无名指、中指和小指自然伸直,中指第一指节顶住球拍的背面中间。

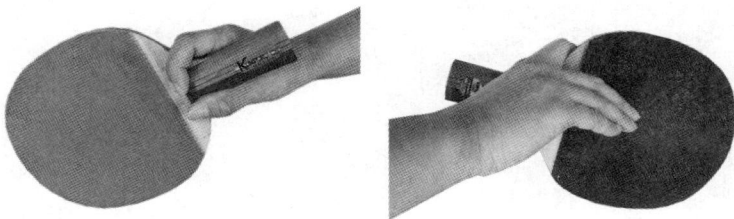

图 3-17　弧圈球型打法的握拍法

3. 直拍横打握拍法(见图 3-18)

(1)拍前:拇指和食指较浅地握在拍肩的两侧,拇指和食指间距较小,握拍稍浅。这时,拇指较直,食指比较放松。这种握法手腕较灵活。

(2)拍后:中指、无名指和小指较直,用指头顶住底板,便于反面击球。

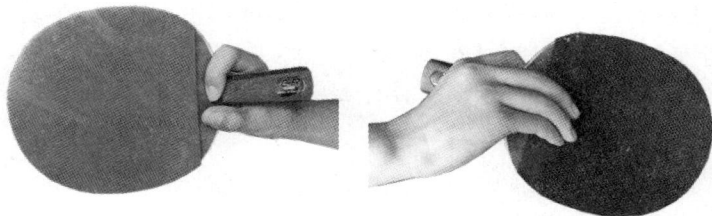

图 3-18　直拍横打握拍法

4. 直拍削球握拍法（见图 3-19）

（1）拍前：拇指弯曲紧贴拍柄的左侧肩部，并用力压拍。

（2）拍后：食指、中指、无名指和小指托住球拍的背面。

此握法在削球时引拍至肩高，为减少来球冲力，拍形稍竖立或稍后仰；反手削球时，拍后四指灵活地把球拍兜住，使拍柄向下压住来球。

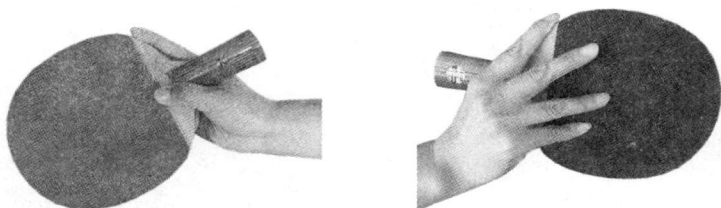

图 3-19　直拍削球握拍法

5. 直握球拍的应用

正手攻球时，拇指与中指协调用力控制好拍形，食指放松，中指、无名指指尖顶住底板背面，保持持拍和发力的稳定（见图 3-20）。

推挡时，食指和中指协调用力控制拍形，拇指相对放松（见图 3-21）。

图3-20　直拍正手攻球握拍调节　　图 3-21　直拍推挡握拍调节

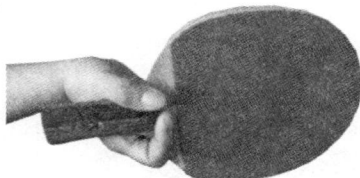

直拍反面反打时，拇指压拍，食指浅握球拍且放松（见图 3-22），手腕内收，中指、无名指的指尖顶住底板，前臂外旋。反面推拨时，肘关节下垂；反撕、反带、反打时，肘关节略提起；反拉和侧拉台内球时，肘关节前顶。

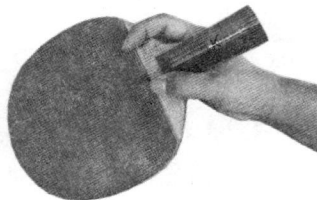

图 3-22　直拍反打握拍调节

6. 直拍单面打法的优缺点

优点：正反手用球拍的同一面击球，出手时相对较快，手指与手腕比较灵活，易于调节拍形角度和拍面方向，在发球的变化、台内球和近身球的处理时相对有利。

缺点：防守时，照顾面较小，反手不易发力，回接弧圈球时尤显被动。

7. 直拍双面打法的优缺点

优点：直拍横打技术较先进，直拍双面打法的进攻性强，回球角度变化多端，旋转好。

缺点：直拍反打或者直拍反拉的爆发力稍逊横拍，防守能力稍弱。

（二）横拍握拍方法与应用

横握球拍因手指动作相似,均称"八字式"握法,有"大刀握法"的美誉。

1. 横拍标准握拍法（见图 3-23）

虎口压住球拍右上肩,中指、无名指和小指自然地握住拍柄,拇指在球拍的正面轻贴于中指旁边,食指自然伸直斜贴在球拍的背面。

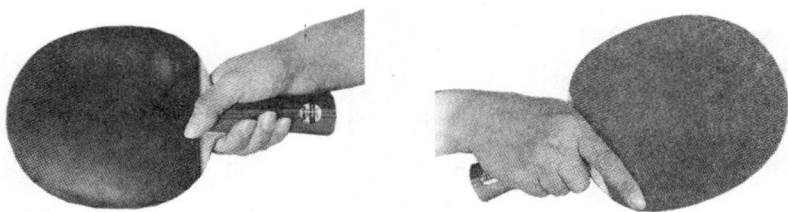

图 3-23　横拍标准握拍法

深握球拍:深握时,虎口稍紧贴拍柄正侧面,拍形较稳定,发力相对集中,扣杀球比较有力,削球容易控制。但这种握法手腕不灵活,台内球和中路偏右的球处理起来较困难(见图 3-24)。

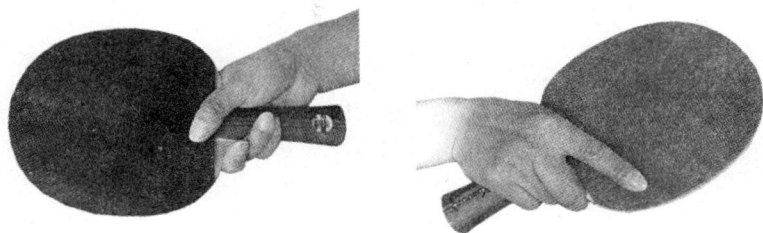

图 3-24　深握球拍

浅握球拍:浅握时,虎口处稍离开拍柄肩侧,手腕较灵活,有利于制造球的旋转变化,对台内球的处理更多样化,进攻低球较容易,左右结合更富协调性。这种握法因手腕较活,拍形不固定,尤其削球时较难控制,发力相对略差一些(见图 3-25)。

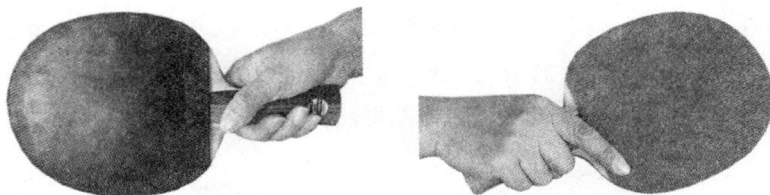

图 3-25　浅握球拍

2. 拳式握法（见图 3-26）

拳式握法是指拇指与食指夹握拍柄,中指、无名指与小指拳起的握拍方法。这种握法力量不大,因缺乏手指夹住球拍来辅助手腕用力,所以不易正确掌握拍形,往往容易影响击球的准确性。目前,拳式握法多用于正手发球。

图 3-26　拳式握法

3. 横拍握法的应用

横拍握法在完成各种动作时手指的位置和用力应做适当调整。

正手攻球时,要注意食指用力压拍,以拇指第一指节为支点,与中指协调用力控制拍形,并传递力量。必要时可以将食指向球拍中部移动,以帮助压拍(见图 3-27)。

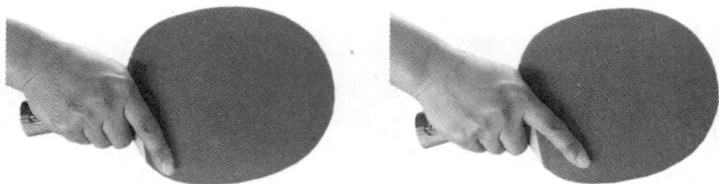

图 3-27　横拍正手攻球握拍调节

反手攻球时,以食指根部为支点,拇指加力压拍,控制拍形,并传递力量,必要时可以将拇指稍微向上移动,以便于压拍(见图 3-28)。

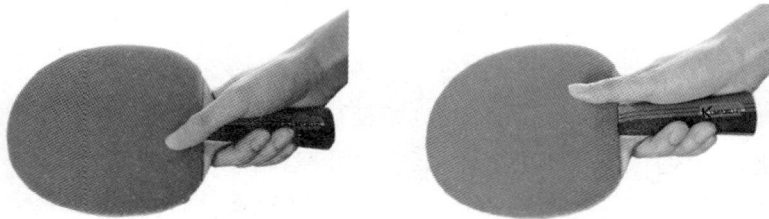

图 3-28　横拍反手攻球握拍调节

正手发球时,可将拇指与食指夹握拍柄,中指、无名指与小指拳起,从而有效地增大了横拍握法手腕的运动角度,加大手腕的灵活性,增强发球的旋转度(见图 3-29)。但发球后需迅速还原标准握法。

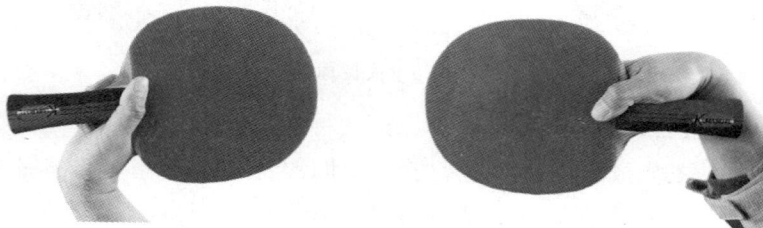

图 3-29　拳式握法手腕的伸展更充分

4．横拍握法的优缺点

优点：手指、手掌与球拍的接触面积稍大，故握拍相对稳定，左右的控球范围也较大，反手进攻易于发力，也适于拉弧圈球或由相持转入进攻。

缺点：回接左右两边的来球时，需要变换拍面，因此挥拍的摆速稍慢，中路球处理较弱，正手处理台内球和发球的变化不及直握球拍。

（三）直握球拍与横握球拍的对比

直握球拍总体上手腕比较灵活，可以较充分地运用手腕动作，台内球处理较好，侧身进攻比较灵活。其关键在于：直拍握法时，前面的拇指和食指主要用于调整拍形，转换击球方式，而后面的三个手指则起到辅助和支撑的作用，缺一不可；否则就会出现球拍不稳、拍形调节不便、发力不集中、击球加转困难等问题。中指是将击球力量作用于球的主要传递者，发力瞬间必须用力顶住球拍背面，而且，为了保证握拍的用力支点，拍柄背面应靠在虎口的食指根部关节上，而不是靠在虎口中间，否则会令整个虎口把拍柄握死而影响灵活性。

横握球拍的握法比较简单，而且动作容易固定，易于发力，但灵活性略差一些。其关键在于：正手攻球时，食指压拍，以拇指第一指关节作为支点，与中指协调控制拍形并传递出击球的力量，甚至可将食指略向球拍中部移动，以使其压拍的用力点与球拍正面的击球点更为接近；反手攻球时，则是以食指根部关节位置为支点，拇指压拍控制拍形并传递击球力量，也可同时将拇指向上移动，接近正面的触球点，注意避免中指、无名指、小指和手掌将拍柄攥得过紧，否则会使手臂用力的传递不够敏锐，调节不够精细而影响击球的准确性。

二、站位和准备姿势

（一）站位

1．站位的特点

站位是指大学生学员与球台之间的距离和所处的位置。比赛中大学生学员站位的合理性，直接影响大学生学员技、战术水平的发挥。站位正确有利于大学生学员保持稳定的击球姿势和快速移动的能力。选择站位时应考虑到技术特长的发挥，因此，不同类型打法的大学生学员其基本站位的范围大小也不同。

2．不同类型打法的基本站位

乒乓球的打法类型较多，选择站位时要考虑到大学生学员技术特长的发挥，应根据大学生学员自身的打法、技术特点以及身体特点来选定，因此基本站位也各不相同。

（1）左推右攻型打法，其基本站位在近台偏左1/3处，距离球台端线30～40厘米。

（2）直拍两面攻型打法，其基本站位也在近台偏左，距离球台端线40～50

厘米。

（3）弧圈球型打法，其基本站位在中台偏左，距球台 50～70 厘米。直拍单面拉弧圈打法在距离球台端线偏左 1/3 处；横拍两面拉弧圈打法则稍偏中间位置；快攻结合弧圈打法与球台的距离介于近台快攻与弧圈球打法之间。

（4）横拍攻削结合型打法，其基本站位在中台偏左，距离球台端线 70～100 厘米处。

（5）削球结合进攻型打法，其基本站位在远台。

（二）准备姿势

1. 准备姿势的特点

准备姿势是指击球者准备击球或还击球时的身体各部位姿势。大学生学员在每一次击球之前，均应当使身体保持合理正确的姿势，有利于脚、腿用力蹬地和腰、躯干各部位的协调配合与迅速起动。保持正确的击球姿势，提高击球的命中率，制造出最大的击球力。

2. 准备姿势的动作要领

（1）下肢：两脚左右开立，约与肩同宽。身体稍向右侧，面向球台，保持身体重心平稳，两膝自然弯曲，提踵，重心置于两脚之间。

（2）躯干：含胸收腹，上体略前倾，下颌微收，两眼注视来球。

（3）上肢：持拍手和非持拍手均应自然弯曲置于身体前侧方，保持相对平衡状态。

准备姿势中关键是做到身体重心低，起动快。两脚略比肩宽和屈膝内扣是为了保持身体重心的稳定性；脚掌内侧着地和微提踵是为了保证快速起动。横握球拍时肘部向下，前臂自然平举（见图 3-30、图 3-31）。

图 3-30　直拍握法准备姿势　　　　图 3-31　横拍握法准备姿势

三、基本步法

步法是乒乓球击球环节中的重要组成部分，是指乒乓球大学生学员为选择合适的击球位置所采用的脚步移动方法。如果大学生学员具有良好的步法，就能够保持合理的击球位置，也就能够使击球的速度、力量、旋转得到充分的发挥，有利于提高击球技术的质量。随着乒乓球技术的快速发展，步法也越来越显示出其重要性,是及时准确地使用与衔接各项技术动作的枢纽,也是执行各项技术的有力保证。

在打乒乓球时,对步法的要求基本有两条:一是反应判断要快,二是脚步移动要灵活。也就是在合适的时间,跑到合适的位置,以便在该技术所要求的最佳击球时间、最适宜的击球点位置击

> **小贴士**
>
> 基本步法:
>
> 单步、并步、跨步、跳步、交叉步、侧身步和小碎步。

球。因此,不断加强大学生学员下肢的肌肉力量,增强整个身体的灵活性和柔韧性,是提高乒乓球大学生学员步法移动速度的一个重要条件。

乒乓球基本步法的区分从移动范围来说,有大、中、小三种不同范围;从移动方向来说,有向前、向后、向左、向右、斜前方、斜后方等不同移动方向;从移动形式来说,有平动、滑动、跳动等。因此,乒乓球基本步法的种类包括:单步、并步、跨步、跳步、交叉步、侧身步和小碎步移动技术。

(一) 单步

1. 特点

单步是各种类型打法的大学生学员常用的步法之一,是乒乓球步法中简单而有效的技术。其特点是移动速度比较快,移步简单、灵活,重心转换比较平稳。一般是在来球离身体不远的小范围内运用,在还击近网短球或追身球时常采用此步法。

2. 运用

一般是在来球距离身体较近的小范围内运用,其运用方法是:

(1) 持拍手同侧脚前插,用正手回击正手位近网短球(见图3-32)。

(2) 持拍手同侧脚平行迈出,用正手回击正手位的出台球。

(3) 持拍手同侧脚向后迈出,用正手回击正手位的底线长球(见图3-33)。

(4) 持拍手异侧脚向前迈出,用正手回击侧身位的来球。

(5) 持拍手异侧脚向侧前迈出,用反手回击反手位的近网短球(见图3-34)。

(6) 持拍手异侧脚平行迈出,用反手回击反手位的出台球。

(7) 持拍手异侧脚向后迈出,用反手回击反手位的底线长球(见图3-35)。

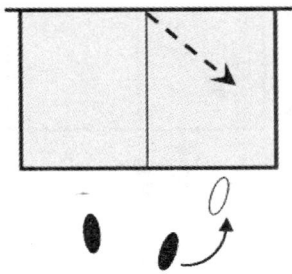

图 3-32　单步向右前方移动　　　　图 3-33　单步向右后方移动

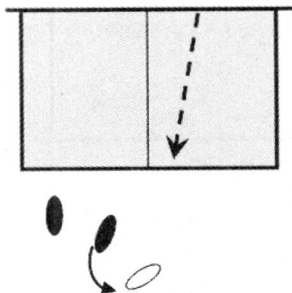

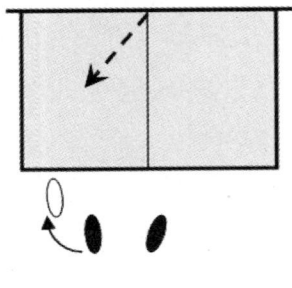

图 3-34　单步向左前方移动　　　　图 3-35　单步向左后方移动

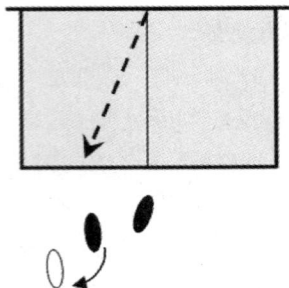

3．动作要领

以一只脚的前脚掌为轴，另一只脚向前、后、左、右等不同方向移动，当移动完成时身体重心也随之落到摆动脚上。

4．动作练习要点

移动时身体重心向击球方向移动，击球后注意用移动脚的前脚掌内侧蹬地，使身体还原。

（二）并步

1．特点

并步的特点是移动幅度比单步大，没有腾空，有利于保持身体重心的平衡和稳定，移动范围不如跳步大。

2．运用

进攻型选手或削球型选手在左右移动时经常采用此步法。

（1）向正手方向平行并步移动，用正手回击正手位的来球（见图 3-36）。

（2）向正手侧后方向并步移动，用正手回击正手位的底线长球。

（3）向反手位侧前方向并步移动，用正手回击侧身位的来球。

（4）向反手位方向平行并步移动，用反手回击反手位的来球（见图 3-37）。

（5）向反手位侧后方向并步移动，用反手回击反手位的底线长球。

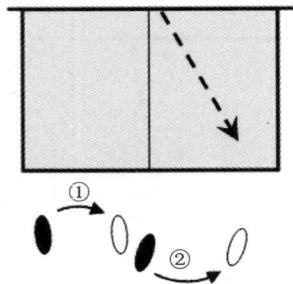

图 3-36　从左向右并步移动　　　　图 3-37　从右向左并步移动

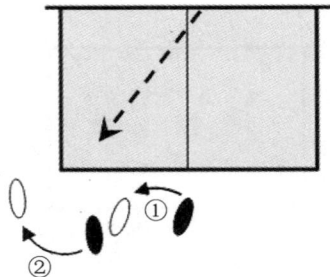

3．动作要领

用来球方向的异侧脚前脚掌内侧蹬地,在发力脚向另一脚并拢的同时,另一脚向来球前或后、左或右方向跨出一步,身体重心不要起伏过大;在持拍手的同侧脚落地时挥拍击球,脚一落地,即可制动,击球后快速还原。

4．动作练习要点

向击球方向移动时步法幅度不宜过大,击球后注意用移动脚的前脚掌内侧蹬地,使身体还原。

(三) 跨步

1．特点

跨步的特点是移动幅度较大,常会降低身体重心,故多采用借力还击,移动速度比较快。

2．运用

近台快攻打法是大学生学员在还击正手位大角度来球时常用的打法之一;削球大学生学员有时也会用它来对付对方突然攻击;如要运用发力击球,则不宜采用跨步。其运用方法是:

(1) 持拍手同侧脚平行跨出,用正手回击正手位的来球(见图 3-38)。

(2) 持拍手同侧脚向后跨出,用正手回击正手位的底线长球。

(3) 持拍手异侧脚向侧前跨出,用正手回击侧身位的来球。

(4) 持拍手异侧脚向侧前跨出,用反手回击反手位的近网短球(见图 3-39)。

(5) 持拍手异侧脚平行跨出,用反手回击反手位的出台球。

(6) 持拍手异侧脚向后跨出,用反手回击反手位的底线长球。

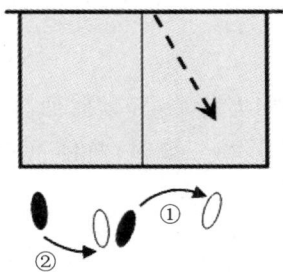

图 3-38　向右侧跨步移动　　　图 3-39　向左前侧跨步移动

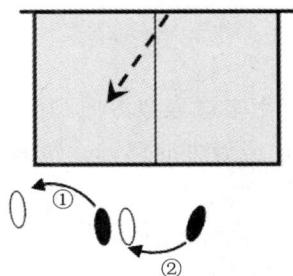

3．动作要领

用来球方向的异侧脚用力蹬地,另一只脚向来球前或后、左或右方向侧跨一大步。向来球方向移动时,另一只脚也迅速滑动半步跟上后挥拍击球,球一离拍后应立即还原,保持准备姿势,身体重心不宜起伏过大。

4．动作练习要点

向击球方向移动时跨步幅度不宜过大,且另一脚要及时跟进,击球后注意用移动脚的前脚掌内侧蹬地,使身体还原。

(四)跳步

1. 特点

跳步的特点是移动时的幅度比单步、跨步都大,会有短暂的腾空时间,通常是依靠落地时膝关节、踝关节的缓冲来缓解身体重心的上、下起伏。

2. 运用

跳步是弧圈球打法大学生学员在中台向左、右或侧身移动时常用的步法,快攻打法大学生学员也常用跳步侧身正手攻。在左、右大范围移动时,常将小跳步与跨步、小跳步与交叉步结合起来运用。其具体运用方法是:

(1)向正手方向平行跳出,用正手回击正手位的来球(见图3-40)。

(2)向正手侧后方向跳出,用正手回击正手位的底线长球。

(3)向反手位侧前方向跳出,用正手回击侧身位的来球。

(4)向反手位方向平行跳出,用反手回击反手位的来球(见图3-41)。

(5)向反手位侧后方向跳出,用反手回击反手位的底线长球。

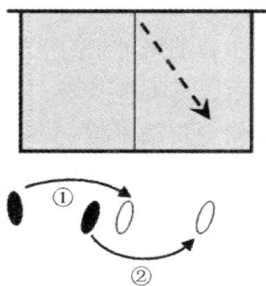

图 3-40　向右跳步移动　　　图 3-41　向左跳步移动

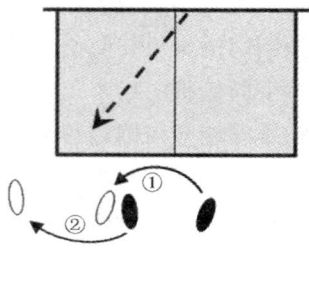

3. 动作要领

起动时用来球异侧方向脚的前脚掌内侧用力蹬地,移动时两脚同时离地,向左或右、前或后方向移动。蹬地脚先落地。移动完成时,身体重心也随之落在持拍手侧的脚上,同时挥拍击球,击球后注意还原。

4. 动作练习要点

移动时要尽量保持身体重心平稳,在持拍手同侧脚落地的同时击球。

(五)步法移动的练习方法

1. 练习顺序

步法移动的练习顺序是:单步—并步—跨步—跳步—交叉步—侧身步—小碎步。

2. 练习步骤

(1)徒手结合步法练习。平时多做一些徒手练习,以熟练掌握常用各种步法的动作要领。

（2）死线活练结合步法练习。球往返运行一条线路,落点固定,然后使用两种步法进行练习。球往返运行两条线路,但球落点仍有规律,然后多种步法结合运用,综合性练习,如一点对两点、两点对一点,两斜对两直、两直对两斜的线路练习。

（3）无规律击球结合步法练习。在变化线路的训练中,根据不同来球,及时采取合理步法,以促进和保证击球的连续性。

（4）应急步法练习。在练习和比赛中,意外的突然性来球无法使用正规的步法回击,就要采用应急步法,但是应急步法在练习的安排上比较困难,无章可循。通过练习,可以提高学生的应变能力,增加击球难度,加快移动速度,为应急步法的使用打好基础。

（5）多球单练结合步法练习。练习的核心是上轻下快,侧重在步法,步法的移动速度要快,保证一个球有较多的板数。然后可根据学生掌握的情况逐步加快速度,在规定的时间内完成一定的指标。

3. 注意事项

对于步法移动练习必须做到以下两条:一是反应判断要快要准;二是脚步移动快速灵活及时到位,否则就谈不上接球和攻球。所以,在平时的练习中要注意以下几点:

（1）对初学的大学生学员学练准备姿势和步法移动时,在练习中要严格要求动作的规范化,由易到难,由慢到快,循序渐进不断提高。

（2）应充分认识到步法移动在乒乓球运动中的重要性。在乒乓球比赛中,身体不到位而勉强击球,势必降低击球的力量、速度和准确性。

（3）大学生学员要树立既重视手臂手腕上的训练,又重视步法移动的思想,知道步法训练不容忽视。只有做好正确的准备姿势和快速灵活准确的步法移动,才能争取主动,提高打球水平。

（4）步法移动时,要做到身体重心平稳,不要上下波动。只有保持好身体的平衡,才能有效地完成好击球动作。所以,要加强腿部和腰部的力量素质练习,腰、腿部的力量增强了,移动时的身体平衡才有保障。

（5）步法若要运用得好,首先要集中精神,全神贯注,然后按准备姿势的动作要求,做到提踵,屈膝,含胸收腹,头摆正,收下颌,两眼注视对方。只有这样才能保证对方来球时起动快,及时到位。

（6）所有的步法都是为了挥拍击球,所以,移动中应完成击球的准备动作,击球后又要立即准备移动。这就要求大学生学员有良好的协调性,要重视身体柔韧性、协调性的素质练习。

4. 步法移动技术动作易犯错误与纠正方法

常见的步法移动技术动作易犯错误与纠正方法如表 3-1 所示。

表 3-1　步法移动技术动作易犯错误与纠正方法

序号	易犯错误	现象	原因	纠正方法
1	起动移步时,身体重心未移至蹬地脚上	影响起动速度和位移速度	身体重心转换不及时	反复进行各种步法练习,体会身体重心转换
2	移动过程中身体重心起伏过大	移步时两脚离地过高,影响位移速度和击球的稳定性	身体移动时向下蹬地过大	反复进行各种步法练习,强调移动时两脚贴近地面,身体重心平衡

第三节　乒乓球运动初级水平基本技术

大学生学员已是青年人,身体的肌肉组织已经定型,练习乒乓球有一定的局限性,灵活性相对差一些,可塑性不太好,因此在练习中首先要使击球动作规范化。对于初级水平的大学生学员来说,首先要进行基本功的练习,基本功的练习过程就是一个培养手感、了解球性的过程,因此着重从以下几个方面来介绍乒乓球运动初级水平基本技术。

一、发球技术

在乒乓球技术中,发球技术是唯一不受对方控制的技术,具有极强的主动性,选择自己最适合的站位,按照自己的意图把球发到对方球台的任何位置,因此它就成为乒乓球竞赛中创造得分机会的主要技术。

小贴士

高质量发球:

速度快、旋转强、落点准确。

在发球的质量上面要求做到速度快、旋转强、落点准确;在发球的变化方面力求做到出手快、动作隐蔽。在同一位置上,用相似的手法,在接触球的一刹那灵活地运用手腕去摩擦球拍的不同部位,发出各种变化的球,是乒乓球选手一直以来追求的目标。实践证明,发球在比赛中对于"扬己之长、攻彼之短"均有着技术和战术上的意义,它是连接整个乒乓球技、战术的重要环节。

从发球的性能上看也呈现出以速度、落点为主配合旋转,动作快,落点准的特点,长球则长至端线底边,短球则短至近网处,而发球动作又很相似。

发球的方法是多种多样的,分类标准也有多种:按照抛球的高低来划分,可分为高抛发球和低抛发球;按照发球的旋转性质来划分,可分为平击球、奔球、转与不转球和侧旋球;按照方位来划分,可分为正手发球、反手发球和侧身发球。

尽管发球的种类繁多,但都离不开发球的速度、旋转和落点的变化。下面从发球技术动作产生的不同变化选择几种主要的发球技术进行学习和分述。

(一) 平击球

1. 特点

平击发球发出的球一般是旋转比较弱、速度比较慢、力量比较轻的上旋球。其击球动作简单易学,是初学者最基本的发球方式,也是掌握其他复杂发球技术的基础。平击发球包括正手平击发球和反手平击发球两种(以下以右手持拍发球为例)。

2. 动作要领

(1) 正手平击发球的动作要领(见图 3-42、图 3-43)

站位:近台偏右处,两脚开立,左脚稍前,身体略向右转,左掌心托球置于身体右侧前方,右手持拍于身体右侧。

引拍:抛球的同时,持拍手向后上方引拍,拍面略前倾。

击球:在球的下降期击球的中上部,使球的第一落点在球台的中间附近。

还原:手臂向前挥拍击球后迅速还原。

图 3-42　直拍正手平击发球

图 3-43　横拍正手平击发球

(2) 反手平击发球的动作要领(见图 3-44、图 3-45)

站位:球台中间偏左处,两脚平行站立或右脚稍前,身体稍向左转,含胸收腹,左手掌心托球置于身体左侧前方。

引拍:将球抛至身体左侧前方的同时,右臂外旋,球拍拍面稍前倾,并向身体左侧后方引拍。

击球:在球的下降期击球的中上部,并向右前方发力。球击出后的第一落点在球台中间区域。

还原:持拍右臂随势向右前方挥动,并迅速还原。

图 3-44　直拍反手平击发球

图 3-45　横拍反手平击发球

3．动作练习要点

（1）抛球和引拍的时机要准确。

（2）挥拍击球时有一个略微向前下方向压球的动作。

（二）奔球

1．特点

具有球速快、落点长、冲力大、球的飞行弧线低、突击性强的特点。常常通过偷袭对方正手位，来实施牵制对方侧身抢攻的战术意图。奔球包括正手发奔球和反手发奔球两种。

2．动作要领

（1）正手发奔球的动作要领

站位：左脚稍前，身体略向右转，近台站位。

引拍：向上抛球的同时，持拍手向右后上方引拍，拍形稍前倾，腰向右转，身体重心移至右脚。

击球：球下降至接近网高时，腰带上臂，上臂带动前臂由后方向左前方挥拍，击球的中部并向中上方摩擦。球击出后的第一落点尽量在接近本方球台端线处。

还原：手臂随势前挥，身体重心由右脚向左脚移动，并迅速还原。

（2）反手发奔球的动作要领

站位：右脚稍前，身体略向左转，近台站位。

引拍：向上抛球的同时，持拍手随即向左后方引拍，上臂自然靠近身体右侧，手腕适当放松，身体重心在右脚。

击球：当球下降至网高，以肘关节为轴，上臂带动前臂由左后方向右前方挥动，击球左侧中上部，拍面稍前倾，手腕抖动使拍面摩擦球。发力时以腰部带动前臂发力为主。球击出后第一落点接近本方球台端线。

还原：手臂随势向右前上方挥动，并迅速还原。

3．动作练习要点

（1）击球点比较低，与网高基本相同。

（2）第一落点要靠近本方球台的底线附近。

（3）用手腕的弹击力击球。

（三）发转与不转球

发转与不转球的技术特点是旋转反差比较大，在使用旋转变化方面，不转发球的使用是以能够发出比较强烈的下旋球为前提；在落点方面，往往以发近网短球为主，兼顾长球。发转与不转球包括正手发转与不转球和反手发转与不转球。

1．正手发转与不转球

（1）特点

这种发球方法所发出的球速度慢、前冲力小、旋转变化大、手法近似、动作隐蔽。使用时转与不转结合使用，通过旋转变化来迷惑对方，造成对方判断上的失误，为自己抢攻或直接得分创造有利条件。

（2）动作要领（见图3-46、图3-47）

站位：近台，左脚在前，右脚在侧后，左手掌心托球置于身体右前方。

引拍：抛球的同时执拍手向右后上方引拍，拍面后仰，手腕适当外展，腰向右转。

击球：当球下降至网高时，以腰带臂向前下方做浅弧形的挥拍，触球时拍面后仰，手腕加力，身体微向前下压，充分运用身体的发力。

还原：发球后，挥拍动作尽可能停住，以利于还原。

图 3-46　直拍正手发转与不转球

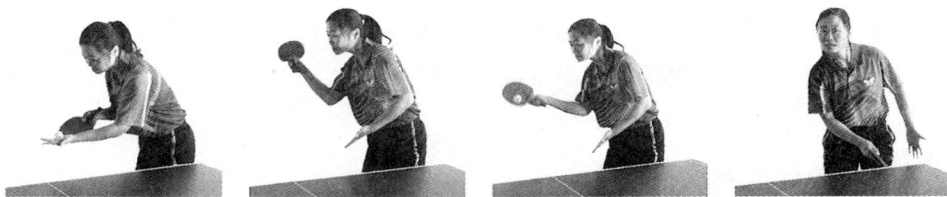

图 3-47　横拍正手发转与不转球

（3）动作练习要点

①发下旋球时，用球拍的下半部摩擦球的中下部，触球瞬间，拇指、食指和手腕加强用力，充分爆发力量。

②发不转球时，用球拍的中上部去摩擦球的中下部，触球瞬间加速。

③注意体会球拍吃不住球的感觉。

2．反手发转与不转球

（1）特点

与正手发转与不转球的特点基本相同，只是反手的难度比正手大，一般较适合于横拍两面攻选手。

（2）动作要领（见图3-48、图3-49）

站位：近台，右脚稍前或两脚平行，重心稍低，持拍手的肩部略低于对侧肩。

引拍：抛球时，持拍手向后上方引拍，拍面后仰，同时身体向左侧转动，以便于发力。

击球：球从高点下落时，持拍手向前下方挥拍迎球，当球落至网高时，持拍手前臂加速，以前臂和手腕发力，击球中下部并向底部摩擦球。

还原：控制动作幅度，注意还原。

图 3-48　直拍反手发转与不转球

图 3-49　横拍反手发转与不转球

3．动作练习要点

（1）发下旋球时，用球拍的前半部去摩擦球的中下部，手腕发力。

（2）发不转球时，用球拍的后半部去摩擦球的中下部，手腕和前臂有送球的感觉。

（四）发球的练习方法

1．练习顺序

发球技术动作的练习顺序是：平击发球→发奔球→发转与不转球→发左

（右）侧上（下）旋球→用同一手法发不同旋转的球。

2. 练习步骤

发球变化莫测，常使对方不知所措，而且每位大学生学员的发球都有自己的特色，所以大学生学员在进行乒乓球发球练习时，应遵循由易到难、由浅入深、循序渐进的原则，首先学习平击发球的技术，熟悉和掌握发球技术的几个关键环节——抛球与击球动作的配合关系、第一落点与长短球的关系、旋转球与急球的关系。在提高了发球准确性的基础上，再进行发球的旋转、弧线以及落点的变化训练。教师在指导学生练习时也应做到因材施教，区别对待，不能千篇一律。

发球练习的步骤如下：

（1）模仿练习。持拍做发球动作的模仿练习，体会发球时抛球与挥击的动作配合。

（2）抛球练习。学员了解竞赛规则中对抛球的要求后进行抛球练习，体会、掌握抛球动作技术以及击球的协调性。

（3）两人一组在台上进行单一发球练习。

（4）用多球进行发球练习。

（5）先练习发斜线球，后练习发直线球，先练习发定点球，后练习发不定点球。

（6）练习发各种旋转性能的球。

（7）练习用同一手法发出不同落点、不同旋转的球。

3. 注意事项

（1）注意发球动作要符合规则。一方面抛球离手高度不能低于 16 厘米，在球台端线外、高于台面且需垂直上抛；另一方面不能遮挡两侧居中的裁判员和对方大学生学员的视线，使裁判员和对方大学生学员能看清动作。

（2）发球技术应有特长。初学者首先掌握全面的发球技术，然后依据个人情况，选择适合自己的发球方法进行练习，要求精益求精，形成自己的风格和特长，要防止发球技术过于平淡与单调。

（3）注意发球的针对性。发球时必须针对对方技术、优点和缺点，以及站位等情况来决定自己应当运用的发球方法。了解对手是直拍还是横拍、是左手还是右手、球拍的性能、打法等方面，了解对方的特长以及发球、击球、落点规律和球路，以利于有针对性地发球，争得主动权。

（4）注意发球的隐蔽性。运用同一手法发出不同性能的球，能够取得很好的发球效果。因此，发球手法越相似，越能隐蔽发球意图，造成对方判断上的失误，赢得主动。

（5）注意为发球抢攻做准备。在激烈对抗中发球直接得分的机会毕竟不多，因此，掌握发球权时，不仅要发出高质量的球，还应了解对方接发球的回球规律——即球过来时的旋转与落点的变化规律，形成预见性，为下一步抢攻争取主动。

（6）注意发球的力量性。发球的力量控制是发好球的关键，也是制胜的关键。适当增加球在球拍上摩擦时的螺旋线的长度、减少摩擦厚度、适当延长球在球拍上摩擦的时间，就可以达到控制力量的效果。

（7）注意发球的旋转性。乒乓球旋转的多样性和由此产生的曲线的丰富性，在所有的球类运动中是独一无二的。因此在发球旋转性上应注意：能发出强烈旋转的球、能以相同的动作发出不同旋转的球、能以不同的动作发出相同旋转的球的各自特点，在发球的环节上力争主动。

（8）发球应养成良好的习惯。

4. 发球技术动作易犯错误与纠正方法

发球技术动作易犯错误与纠正方法如表 3-2 所示。

表 3-2　发球技术动作易犯错误与纠正方法

序号	易犯错误	现象	原因	纠正方法
1	发球违例	判罚失分	不懂规则，要求不严谨	学习规则，按照规则练习
2	没有将球向上抛起	合力发球	抛球线路控制不好	练习抛球与挥拍结合动作
3	击球点高	球易出界	球拍举得过高	降低引拍位置
4	击球点过低	球易下网	发球时不向后上引拍	提高引拍位置
5	击球点离身体过远	球不转，速度慢	抛球离身体过远	抛球尽量靠近身体
6	拍面前倾过多	发不出下旋球	害怕击不到球	增大拍面后仰角度
7	击球时向前力量小	球不过网	向上引拍过多	向后引拍多一些
8	发球只用手腕力量	球旋转性不强	注意力在手腕上	引拍挥拍要结合腰腿和手臂的力量
9	发球只用手臂力量	球旋转性不强	注意力在手臂上	触球时抖腕
10	发球后第一落点不好	球不过网、出界	击球不正确	弄清第一落点，调节击球拍面角度

二、推（拨）技术

推挡和拨球是反手（直拍、横拍）的主要技术之一，是乒乓球主要的控制和防御技术。比赛中常用快速推挡或拨球结合力量、落点及旋转的变化来控制

小贴士

推（拨）技术的特点：

站位近、动作小、速度快、变化多、稳定性高。

和调动对方,为正手抢攻和侧身抢攻创造有利条件;在被动防守时,推挡也可以起到积极防御的作用。推拨技术包括平挡球技术、快推球技术、加力推技术、减力挡技术、推下旋球技术、推侧旋球技术、横拍反手快拨技术等。

(一)正手平挡球

1. 特点

击球动作幅度小,速度比较慢,弧线比较高,动作比较简单,容易掌握,是初学的大学生学员的入门技术。正手平挡也是对付正手较快的上旋球或离网较近的加转弧圈球的技术,常常是在本方位置不合适时使用的过渡技术。

2. 动作要领

站位:身体距离球台30~50厘米,左脚稍前或两脚平行约与肩同宽,两膝微屈,手臂自然弯曲,前臂与台面几乎平行。

引拍:身体前引,重心升高,前臂提起。

击球:前臂内旋,在来球的上升期向前盖住球的右侧中上部,手腕相对固定。球离开拍后,顺势挥拍。

还原:迅速还原成击球前的准备姿势。

3. 动作练习要点

(1)挥拍方向向前上方。

(2)注意借力击球。

(二)反手平挡球

1. 特点

击球动作幅度小,速度比较慢,弧线比较高,力量较轻,旋转变化小,动作比较简单,容易掌握,是初学的大学生学员的入门技术。同时,反手平挡也是对付上旋球或离网较近的加转弧圈球的技术,常常在本方位置不合适时使用的过渡技术。

2. 动作要领

站位:身体距离球台30~50厘米,左脚稍前或两脚平行,约与肩同宽,两膝微屈,手臂自然弯曲,球拍置于腹前,前臂与台面几乎平行。

引拍:身体前引,重心升高,前臂提起,球拍高度与来球高度相当。

击球:前臂外旋,前臂向前迎球,在来球的上升期或高点期向前盖住来球的中上部,手腕相对固定。球离开拍后,顺势挥拍。

还原:迅速还原成击球前的准备姿势。

3. 动作练习要点

(1)挥拍方向向前上方。

(2)注意借力击球。

(三)直拍快推球

1. 特点

动作小、击球速度快、变化多、稳定性比较好、控制球的能力强,能够为进攻制造机会。

2．动作要领（见图 3-50）

站位：左脚稍前，上臂内收，自然靠近身体右侧。

引拍：击球前手臂适当后撤引拍，前臂稍外旋，肘关节靠近身体胸腹侧。球拍稍前倾，右肩稍沉，拍头向前下方。

击球：向前上方挥拍击球的中上部，食指用力，拇指放松。击球时，肘关节快速展开便于手腕发力。

还原：击球后手臂、手腕继续向前随势挥动，距离要短，快速还原。

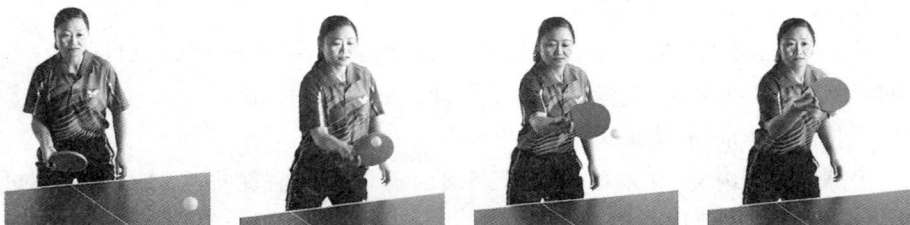

图 3-50　直拍快推球

3．动作练习要点

（1）肘关节靠近胸腹前，便于发力。

（2）手腕发力动作要准确，不要乱用力。

（四）横拍快拨球

1．特点

动作小、速度快、落点变化多是反手快拨球的特点。横拍快拨球是横握球拍进攻型选手的一项相持性技术。

2．动作要领（见图 3-51）

站位：两脚平行，两膝微屈，重心在两脚之间，身体距离球台约 40 厘米。

引拍：肘关节稍前倾，手腕内收，右肩稍沉，球拍向后下引。

击球：拍面稍前倾，以肘关节为轴在来球的上升期击球的中上部，向前上方弹击，触球时腰、髋配合发力。

还原：挥拍不易过大，并迅速还原成准备姿势。

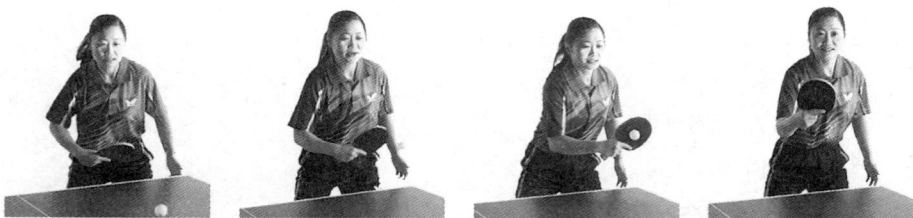

图 3-51　横拍快拨球

3．动作练习要点

（1）肘关节略提起,手腕略下压。

（2）击球时前臂和手腕略用弹击的方式发力。

（五）推（拨）球的练习方法

1．练习顺序

推（拨）球的练习顺序是：平挡（拨）—快推（快拨）—发力推（发力拨）—减力挡—推下旋—推挤。

2．练习步骤

（1）做徒手的挡（拨）球或推挡（快拨）球的模仿动作,体会动作要点。

（2）反手对墙做挡（拨）球的练习。

（3）两人在球台上对练挡（拨）球,不限落点,要求动作正确并能击球过网。

（4）左半台推挡练习,限制击球落点,要求动作正确并能连续对推 20 板以上。

（5）球台中线上对练挡（拨）球的技术动作,再练挡（拨）斜线,要求逐渐加大力量；体会前臂和手腕的推挡（拨）球动作。

（6）挡球和快推结合练习。

（7）球台上反手推挡（快拨）斜线练习,逐渐加大速度,体会快推（快拨）技术动作。

（8）一人加力推、发力拨、反手弹打,另一人用均匀力量推挡,然后互换。

（9）两人发力推（发力拨）。

（10）一人用均匀力量推挡（快拨）,另一人在推挡中结合减力挡和下旋推。

（11）一人用均匀力量拉球,另一人在推挡（快拨）中结合推挤（侧切）。

（12）推挡（快拨）与进攻技术结合练习。

① 一人攻（拉）球,打上升期,另一人推挡（快拨）、发力推（发力拨）,然后互换。

② 一人攻（拉）球,打上升期,另一人做加力推（拨）结合减力挡的练习,然后互换。

③ 左推（拨）右攻（拉）的结合练习。

④ 推（拨）后侧身攻扑练习。

3．注意事项

（1）在练习推挡（拨）球的基本技术动作中,一定要注意掌握正确的推挡（拨）球的基本技术要领。

（2）准备挡（拨）球时,要注意含胸、收腹,两脚自然分开,两膝在推挡（快拨）时自然弯曲。

（3）推挡时要注意肘关节应尽量贴近身体,击球点在胸腹前,便于前臂向前发力。

（4）快拨时,要注意肘关节不宜贴近身体,击球点在胸腹前,便于击球时前臂向前发力。

（5）推挡球时，要注意食指用力，拇指放松，手臂的前推动作幅度不宜太大，以免影响回收速度。

（6）发力推、减力挡、推下旋，推挤时，要注意击球时机和引拍发力方向。

（7）弹打时肘关节要注意提起和前顶，手腕略微内收。

（8）在推拨技术使用时，要注意用身体重心的移动和略微前顶，来增加击球力量。

4．推挡（拨）球技术动作易犯错误与纠正方法

推挡（拨）球技术动作易犯错误与纠正方法如表3-3所示。

表 3-3　推挡（拨）球技术动作易犯错误与纠正方法

序号	易犯错误	现象	原因	纠正方法
1	挡球时拍形掌握不好	球下网或出界	对来球的落点判断不准	调整板形，提高判断能力
2	推挡时拍形前倾过大	球下网	出手位置偏低、拇指不放松	球拍稍立起，击球的高点期
3	推挡时击球时间过早	球下网	出手过快	在高点期击球
4	推挡时拍形前倾不够	球出界	拇指压拍	拇指放松，食指压拍
5	发力推肘关节远离身体	发力不集中	发力点不固定	肘关节贴近身体
6	减力挡动作过于僵硬	控球不好	击球时机过早或过晚	手腕放松，上升期借力击球
7	推下旋球拍后仰	球出界	拇指压拍过多	使拍形立起，向前下方发力
8	推挤压拍不够	球出界	食指压拍和向侧方用力不够	拍形略前倾，上升期击球
9	弹打击球时手腕不稳	失误多	手腕固定不好	在手腕控制下发力弹打
10	拨球像推挡动作	击球力量、速度差	肘关节贴近身体	肘关节位置在体侧前方
11	拨球时拍头翘起	球易下网	手腕没有放松下垂	略抬高肘关节位置并垂腕
12	拨球时在体侧击球	发不出力	与直拍反手攻动作混淆	强化在腹前击球的动作练习
13	拨球弹打时发不出力	类似于拨球	没有顶肘和弹腕动作	在顶肘基础上用腕弹击发力

三、攻球技术

攻球是乒乓球技术中最重要的基本技术,是进攻型学员比赛中争取主动、克敌制胜的主要手段,也是其他类型打法的学员必须掌握的重要技术。

攻球技术主要分为正手攻球技术、反手攻球技术和正手发力抽球技术,其中又包括快点、快攻、快拉、快带、突击、扣杀和中远台对攻等技术。每种技术的特点不同,所起的作用也不一样。作为以进攻为主要打法的大学生学员,必须掌握比较全面的攻球技术,而且特长要突出,才能获得主动,赢取比赛的胜利。对于初级水平的大学生学员来说,主要掌握正手近台攻球技术和反手近台攻球技术。

(一)正手近台快攻

1. 特点

站位近、动作小、球速快、借反弹力还击是正手近台快攻的主要特点。结合控制落点,可以直接得分或打乱对方防守,为扣杀创造条件。

2. 直拍动作要领(见图3-52)

站位:左脚稍前,站位近台偏右,身体离球台50厘米,两膝微屈,上体略前倾,两眼注视来球。

引拍:引拍时,重心向右脚移,引拍至身体右侧成半横状,手臂自然弯曲并内旋,右肩稍沉,拇指用力,食指放松,拍面稍前倾。

击球:向左前上方挥拍,在来球的上升期击球的中上部,前臂做内旋转动,身体重心由右脚移至左脚。

还原:击球后随势挥拍至前额,并迅速还原。

图3-52　直拍近台攻球

3. 横拍动作要领(见图3-53)

站位:左脚稍前,站位近台偏右,身体离球台50厘米,两膝微屈,上体略前倾,两眼注视来球。

引拍:转腰带动手臂向后引拍,引拍至身体右后侧成半横状,重心移至右脚。

击球:蹬地、转腰,重心从右脚转移到左脚,上臂带动前臂向前上方挥拍,拍面稍向前倾,在高点期或上升期击球的中上部,拍触球时前臂旋内、屈肘。击球后随势挥拍至左前额。

还原:调整重心,并迅速还原。

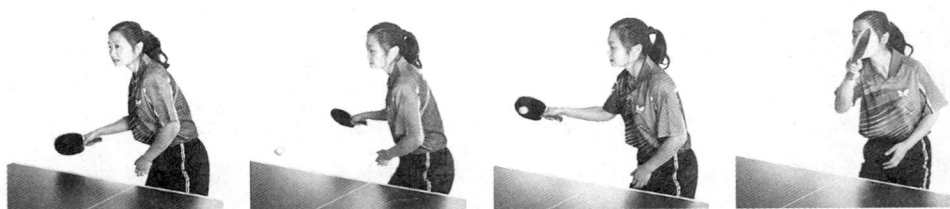

图 3-53　横拍近台攻球

4. 动作练习要点

(1) 引拍动作不宜过大,注意运用腰的转动。

(2) 击球点在身体的侧前方。

(3) 要主动迎击来球。

(二) 反手近台攻球

1. 特点

反手近台攻球具有站位远、动作大、球速快、力量重等特点,是还击的一种方法,是得分的主要手段,一般在发球、相持取得的机会中运用。

2. 直拍动作要领(见图 3-54)

站位:两脚开立,右脚稍前,前臂外旋,距离球台约 70 厘米。

引拍:腰、髋向左转动,并向左后方引拍,拍面稍垂直,上臂贴近身体,重心在左脚上。

击球:腰、髋向右转,拍面前倾,拍柄略向下,上臂带动前臂向右前方挥,肘关节内收、屈,食指压拍,拇指放松,中指顶住球拍背面,在来球的高点期击球的中上部。

还原:击球后随势挥拍,重心移至右脚,并迅速还原成准备姿势。

图 3-54　直拍反面攻球

3. 横拍动作要领

站位:两脚开立,右脚稍前,距离球台约 70 厘米。

引拍:腰、髋向左转,拍面稍前倾,肘关节向前突出,手腕内收、屈,手臂向左后方引拍,将球拍引至身体左侧,球拍高度视来球的情况而定,一般应低于球,使球拍与球保持一定距离,以便发力。

击球:腰、髋向右转动,上臂带动前臂向前上方挥拍,肘关节伸、旋外,手腕伸、外展,在高点期击球中上部,根据球的长短和高度,发力将球击出,击球时注意力的传递。

还原:击球后顺势挥拍。调整重心,并迅速还原成准备姿势。

4.动作练习要点

(1)站位要正确。

(2)引拍动作和腰的转动结合起来。

(3)注意前臂和手腕的用力。

(三)直拍反面(直拍横打)近台攻球

1.特点

直拍反面技术(直拍横打)是指直拍运动员用球拍反面来发动进攻的方法。随着世界乒坛技术的发展,运动员直拍反手进攻能力较弱的缺点越来越明显,严重妨碍了直拍打法的进一步发展。到20世纪90年代,我国选手刘国梁首先在国际大赛中使用直拍横打技术,之后我国新一代的直拍运动员基本都掌握了该技术,甚至我国一些运动员如王皓等,已用直拍横打技术取代了推挡技术。

直拍横打技术具有动作小、球速快、线路活等特点,是运用横打技术对付近台上旋球的一种技术。

2.动作要领(见图3-55)

站位:两脚开立,右脚稍前,距离球台约50厘米。

引拍:腰、髋向左转,拇指压拍、食指放松,拍面稍前倾,肘关节向前突出,手腕放松,拍头朝下,手臂向左后方引拍,将球拍引到身体左侧。

击球:腰、髋向右转动,上臂带动前臂向前上方挥拍,肘关节伸、旋外,手腕伸,在上升期击球中上部,根据球的长短和高度,发力将球击出,击球时注意力的传递。

还原:击球后顺势挥拍,调整重心,并迅速还原成准备姿势。

图3-55 直拍反面(直拍横打)近台攻球

3.动作练习要点

(1)站位要正确。

(2)引拍动作和腰的转动结合起来。

（3）注意前臂和手腕的用力。

（四）攻球的练习方法

1. 练习顺序

攻球技术动作的练习顺序是：近台攻球—中远台攻球—扣杀球。

2. 练习步骤

（1）徒手练习

① 根据正反手攻球的技术要求，先做徒手模仿练习，体会挥臂、腰部扭转和重心交换等动作要领。

② 在徒手练习的基础上，结合步法移动做正反手攻球的徒手练习。

（2）单个动作练习

规定一人发球一人练习攻球，打一板球后再重新发球。

（3）攻推练习

① 一人挡球，一人练习正（反）手攻球。先轻攻，待动作基本掌握后可以用中等力量攻，熟练后再练发力攻。

② 一人推挡，一人练习正（反）手攻球。先攻斜线再练攻直线；先练定点小范围左右移动中攻，再练定点 1/2 台、2/3 台范围内左右移动中攻球；先练不定点 1/2 台范围内左右移动中攻，再练 2/3 台范围内左右移动中攻。推挡球的落点在规定范围内有所变化，攻球者要在步法移动中练习攻球。

③ 两点攻一点。对方把球推到攻球者两点（球台的左、中或中、右或左、右），而攻球者在左右移动中将球击到对方一点。练习时可先有规律，落点变化小一些。然后逐渐增加难度，变成推无规律变化线路的球。

④ 一点攻两点。攻球者从固定点上将球攻至对方两点。练习时先可以有规律地攻两点，然后变为无规律地攻两点。

（4）对攻练习

① 正手对攻斜线。

② 侧身正手对攻斜线。

③ 正手对攻中路。

④ 一方正手攻直线，一方侧身正手攻斜线。

⑤ 一方反手攻斜线，一方侧身正手攻斜线。

⑥ 一方反手攻直线，一方正手攻直线。

（5）推和攻结合练习

① 双方对推斜线，推中侧身攻。从固定一方推中侧身攻到双方侧身抢攻。

② 一方反手一点推或攻对方左、右两点，另一方左推右攻或正、反手两面攻，两点打一点。

③ 一方正手一点攻对方左、右两点，另一方左推右攻或正、反手两面攻，两点打一点。

④ 一方左、右两点,左推右攻或正、反手两面攻,打两条直线;另一方左、右两点,左推右攻或正、反手两面攻,打两条斜线。

⑤ 双方对推中结合反手攻。

⑥ 推中反手攻结合侧身攻。

⑦ 推中或反手攻结合侧身攻,然后扑打正手来球。

3. 注意事项

(1)在练习攻球基本技术动作过程中,要注意正确掌握攻球基本技术要领,以保证在技术水平提高过程中不走或少走弯路。

(2)教师在教学过程中,要注意遵循循序渐进原则。攻球方法很多,学员在学习时应先学正手攻球再学反手攻球,先慢打再快打,先轻再重,先稳再凶,由易到难,逐渐掌握。

(3)由于攻球是在快速运动中进行的,所以动作方法难以定型,练习时要注意按照动作结构反复进行台下徒手模仿练习。

(4)由于乒乓球练习、训练或比赛,讲究手法与步法的配合,所以要注意加强步法的移动。防止只注意上肢动作,忽视下肢的移动,同时还要注意加强腰、髋、身体重心移动等辅助力量的运用。

(5)要注意在移动中练习攻球,做到"死球活练,死线活练",结合实战。

(6)要注意重点技术经常练,反复练,做到精益求精。

4. 攻球技术动作易犯错误与纠正方法

攻球技术动作易犯错误与纠正方法如表 3-4 所示。

表 3-4　攻球技术动作易犯错误与纠正方法

序号	易犯错误	现象	原因	纠正方法
1	正手攻球手腕下垂	动作松软、发不出力	握拍不正确	手腕略上提,徒手模仿练习
2	正手攻球手腕上翘	动作僵硬、发不出力	握拍不正确	手腕略放下,徒手模仿练习
3	正手攻球时抬肘	动作僵硬、发不出力	食指过于用力	食指放松,拇指压拍
4	直拍反手攻球推挡	击球位置让不开	没有转腰动作,引拍不到位	球拍置于体侧,通过转腰引拍
5	横拍反手攻球拨球	发力不充分	肘关节没有前顶	固定肘关节
6	判断球的落点不准	击不准球	对来球的观察不够	多球练习,强化来球落点判断
7	击球后球拍立停	动作僵硬	动作不协调	多球练习改进

四、搓球技术

搓球是近台和台内回击下旋球的一种比较稳健的技术。各种类型打法都不可缺少它。搓球可以使球的线路短、球弹起后多在台内,缺乏前进力,对方不易发力进攻,它属于控制球的技术,为进攻制造机会。

搓球技术种类繁多,按击球位置的不同可划分为正手搓球和反手搓球;按击球时间的早晚可划分为快搓和慢搓;按球的旋转强度的不同可划分为搓"转"与"不转";按旋转方向的不同可划分为搓下旋和搓侧旋等。

(一)反手搓球

1. 特点

反手搓球具有动作小、球速快、弧线低、落点变化丰富,带下旋,能缩短对方击球的准备时间等特点,与慢搓相结合,可改变击球节奏,是下旋控制技术中的基本技术。

2. 直拍动作要领(见图 3-56)

站位:站位稍偏左,离台约 40 厘米。右脚稍前,两膝微屈,收腹含胸,身体向前或略向左转。

引拍:身体微左转,前臂略外旋并向左上方提起,引拍至身体左前上方,手腕屈。

击球:身体右转,拍面稍后仰,来球从台面弹起后,前臂和手腕向右前下方挥拍摩擦球,击球时手腕发力击球的中下部,食指略用力。击球后,前臂和手腕顺势向右前下方挥动。

还原:迅速还原成准备姿势。

图 3-56 直拍反手搓球

3. 横拍动作要领(见图 3-57)

站位:站位稍偏左,离台约 40 厘米。右脚稍前,两膝微屈,收腹含胸,身体向前或略向左转。

引拍:身体微左转,前臂内旋,球拍稍后仰,以肘为轴,前臂上提,同时手腕外展,引拍至身体左前上方。

击球:身体右转,拍面稍后仰,来球从台面弹起后,前臂和手腕伸向右前下方挥拍摩擦球,击球时手腕发力击球的中下部。击球后,前臂和手腕顺势向右前下方挥动。

还原:迅速还原成准备姿势。

图 3-57　横拍反手搓球

4. 动作练习要点

(1)击球时应根据对方来球情况进行适当的调整,来球下旋旋转较强时,应触球偏底部的位置,并多向前发力;反之应触球偏中部,并多向下用力。

(2)慢搓时击球的下降期,慢搓是搓球的入门技术;快搓时,击球的上升期,快搓是比赛中常用的搓球技术。

(3)注意借力发球。

(4)摩擦球的力量要集中。

(二) 正手搓球

1. 特点

球的速度较慢,旋转较强。技术作用是控制对方,试图从正手位获得抢攻机会,为自己创造进攻机会的技术。

2. 直拍动作要领(见图 3-58)

站位:站位稍偏右,离台约 40 厘米。左脚在前,两膝微屈,收腹含胸,身体略向右转。

引拍:球拍稍后仰,以肘为轴,前臂内旋上提将球拍引至身体右上方,同时手腕伸。

击球:来球从台面弹起后,前臂和手腕向左前下方挥拍迎球,用球拍的下半部摩擦球的中下部。击球时前臂、手腕适当加力,拇指用力明显。击球后,手和前臂顺势向左前下方挥动。慢搓时,击球的下降期;快搓时,击球的上升期。

还原:迅速还原成准备姿势。

图 3-58　直拍正手搓球

3．横拍动作要领（见图 3-59）

站位：站位稍偏右，离台约 40 厘米。左脚在前，两膝微屈，收腹含胸，身体略向右转。

引拍：球拍稍后仰，以肘为轴，前臂外旋上提将球拍引至身体右上方。

击球：来球从台面弹起后，前臂伸，手腕外展，前臂和手腕向左前下方挥拍迎球，用球拍的下半部摩擦球的中下部。击球时前臂、手腕适当加力。击球后，手和前臂顺势向左前下方挥动。

还原：迅速还原成准备姿势。

图 3-59　横拍正手搓球

4．动作练习要点

（1）注意借力发力。

（2）身体前迎，帮助手臂发力。

（3）触球时，手腕快速发力摩擦球。

（三）搓球的练习方法

1．练习顺序

搓球技术动作的练习顺序是：慢搓—快搓—摆短—搓长。

2．练习步骤

（1）用球拍进行摩擦球的练习。

（2）徒手做正反手搓球动作练习。

（3）自抛球于球台，弹起后用正反手搓回对方球台。

（4）一人发下旋球，一人搓回。

（5）一人发下旋球，一人进行正反手的慢搓或快搓练习。

（6）两个人进行正反手的对搓练习，可以慢搓也可以快搓。

（7）对搓斜线练习。

（8）一人反手慢搓或快搓，一人进行正反手的摆短或搓长练习。

（9）固定球路正手和反手结合搓球练习。

（10）慢搓与快搓相结合的练习。

（11）搓转与不转球相结合的练习。

（12）两人相互进行正反手的摆短或搓长练习。

（13）搓球和攻（拉）结合练习。

（14）搓球与突击起板相结合的练习。

3．注意事项

（1）在练习搓球技术基本动作过程中，要注意掌握正确的搓球技术要领，以保证在技术水平提高过程中不走或少走弯路。

（2）搓球动作多在台内进行，因受台面阻碍，搓球动作不宜过大，发力要集中，要注意充分利用前臂和手腕的力量。

（3）搓球虽然移动范围较小，但一定要做到步法到位。这不但能提高搓球质量，而且能随时发动进攻。

（4）搓转球时要注意使球拍从后往前下摩擦球，搓不转球时要注意使球拍多撞击球，或使用球拍的上缘部位摩擦球，其他动作要力求相似。

（5）要注意正手和反手搓球在动作上的细小差别，正手搓球时，身体和击球点保持适宜距离，避免过远。

（6）练习搓球，一方面要认识到它是一项为进攻服务的过渡技术，另一方面又要认识到，只有提高搓球质量，才能争取主动，真正为进攻服务。

4．搓球技术动作易犯错误与纠正方法

搓球技术动作易犯错误与纠正方法如表 3-5 所示。

表 3-5　搓球技术动作易犯错误与纠正方法

序号	易犯错误	现象	原因	纠正方法
1	引拍动作不够大，重心偏高	回球下旋力不强	担心击不到球	徒手挥拍练习，注意引拍时要降低身体重心
2	球拍没上引，击球时前臂由后上向下动作不明显	球的下旋性不强	担心击不到球	多做徒手模仿练习
3	击球时，拍面后仰角度不够	球下网	对来球旋转判断不准	练习用慢搓接对方发来的下旋球，体会拍面后仰前送的动作
4	击球时，球拍与球接触部位不准	球不过网	拍没有对准来球	做对搓练习，体会拍面与球的关系
5	击球后，前臂前送不够	球不过网	击球点偏前，拍面过于后仰	慢搓练习，击球点后移，体会击球后前臂前送

第四节　乒乓球运动初级水平组合技术

一、左推右攻

（一）特点

左推右攻打法是以近台正手攻球为进攻，以反手推挡为防守和助攻的主要手段，其风格是"快、准、狠、变、转"。

（二）动作要领

站位近台中偏左，判断准确，及时移动抢占合理的击球位置，用适当的击球手法回击来球（见前述的推挡球和正手攻球）。

左推右攻的重点难点是灵活熟练地移动步法和正确击球手法的协调配合（见图 3-60）。

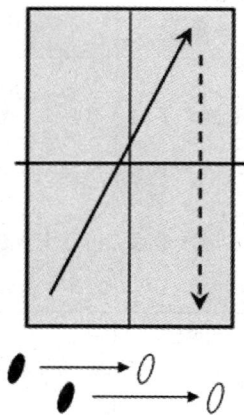

图 3-60　左推右攻练习

（三）常见错误

（1）推挡和正手攻球技术转换不熟练，导致动作变形，影响进攻效果。

（2）步法移动不到位，导致手上动作变形，影响击球效果。

（3）手上动作和脚步配合不协调。

（四）练习方法

（1）结合单步步法徒手模仿练习，结合并步步法徒手模仿练习。

（2）两人台上练习，平击发球，互换练习。

二、推挡侧身攻

（一）特点

推挡侧身攻是用推挡压住对方反手或中路,然后侧身正手攻击的一种方法。

```
小贴士
➤  站位要靠近球台
➤  注意手上的动作和步法的配合
```

（二）动作要领

站位近台偏左,左右脚替换要及时适当,身体右转舒展适宜,击球手法要正确。推挡侧身攻的重点难点是右脚向左脚后面熟练移动,侧身舒展,保持正确的击球点(见图 3-61)。

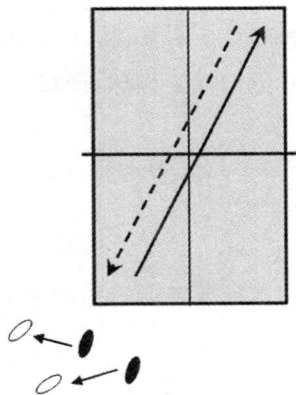

图 3-61　推挡侧身攻练习

（三）常见错误

(1)推挡和正手攻球技术转换不熟练,导致动作变形,影响进攻效果。

(2)技术动作和步法配合不熟练,常出现手、脚同时移动的情况。

（四）练习方法

(1)徒手结合并步步法模仿练习。

(2)两人台上练习,甲平击发球左方斜线,乙推挡甲左方斜线;甲推挡中路,乙侧身攻球。同上,甲平击发球左方斜线,乙推挡甲左方斜线,甲推乙中路直线偏左,乙侧身攻球,互换练习。

第五节　乒乓球运动游戏

乒乓球游戏就是用活跃的练习形式来激发大学生学员的练习欲望,它包括两个因素:一是趣味性,二是竞争性。乒乓球游戏的练习方法和组织形式既要符合大学生的心理特点,也要符合乒乓球竞技的要素。在乒乓球游戏中,游戏双方应以密切配合共创好成绩为主,通过队与队之间的游戏性比赛,使初学的大学生学员更多地重复板数,达到熟悉球性和提高技术质量的目的。乒乓球运动游戏主要针对大学生学员创编,游戏应以简单易行为原则,要选择一些可以熟悉球性、增强球感的练习。

一、个人击球游戏

(一) 目的

游戏目的在于提高对落点的控制能力。

(二) 方法

1. 向上颠球游戏

在练习者球拍上用粉笔画一个十字,将球拍分成四个小区域,要求学生用这四个区域分别依顺、逆时针方向向上颠球,计板数。

2. 对墙不同区域弹击球游戏

在墙上画出 A、B、C 三个区域,练习者将球击到相应区域,计每次连续击球时命中目标区域的成功率。

3. 对墙弹击落地球游戏

练习者对墙碰击球,当球落地反弹后再击球碰墙,反复做,计板数。

二、两人击球游戏

(一) 目的

游戏目的在于提高击球速度、力量、旋转和弧线控制的能力。

(二) 方法

1. 两人对击球游戏

练习者相距 2～3 米站立,用球拍直接对击有较大弧线的球,并用计数法进行对与对之间的比较。

2. 两人移动中对击球游戏

练习者相距 2～3 米站立,用球拍直接对击较大弧线的球,同时向前移动或向侧移动,在不掉球的情况下,先完成规定距离那一对为胜。

三、多人击球游戏

(一) 转体传球游戏

1. 目的

提高腰部的灵活性,提高控制球的能力。

2. 方法

将队员分为两组,纵队站好,前后相距一臂,左右间隔 2 米,排头队员用右手持拍将球停于拍上,然后左转体将球传于第二人的球拍上,第二人要求左手持拍,球停于拍上然后右转体,将球传于第三人,依次类推传到队尾。如掉球,从掉球的传球人重新开始。

（二）颠球看号游戏

1. 目的

提高控制球的能力及灵敏性。

2. 方法

将练习者分成两队,两组队员面对面站立结成比赛的对子,教师在每位队员的背后贴一个号码,不让对方知道。比赛开始后,双方用球拍颠球,互相看对方背后的号,先看到号者为胜,或者先掉球者为负,全部完成后,胜者多的队为胜。

（三）运球游戏

1. 目的

提高控制球的能力和移动能力。

2. 方法

将练习者分成两队,第一位队员持球拍托球绕障碍跑,并交接给第二位队员,依次接力,先完成的队为胜。如掉球,掉球的队员从出发线重新开始。

（四）三人轮转击球游戏

1. 目的

提高控制球的能力和移动速度。

2. 方法

两人站球台的一边,一人站球台的另一边,由两人边的第一人开始将球弹击向对方,第一人击球后迅速跑向另一边,第二人将球击向对方后也迅速跑向另一边,第三人击给第一人后也迅速跑向另一边,依次绕台跑依次轮转击球。

（五）多人轮转击球游戏

1. 目的

提高控制球的能力和移动速度。

2. 方法

将练习者分成两队,每队 10 人左右,两队人数要求相同。并排放两张球台,间隔一定距离。每队在自己的球台绕台上轮转击球。每掉球一次,两队同时停止,掉球者出局。两队继续轮转击球游戏,直至剩下两人无法继续绕台轮转击球游戏。先剩下两人的队为负。

（六）截球游戏

1. 目的

提高判断能力和控制球能力。

2．方法

队员围成一圈，中间站一人，圈外人用球拍传球，中间队员用球拍截住传球。传球者可空中传，也可在球弹地一次后再传球。截球者只能在空中截球。

第六节　大学乒乓球初级水平考核内容与评分方法

一、制定大学乒乓球技术考核内容的依据

大学乒乓球技术考核是按照技术原理与技术规格，对大学生练习者掌握的技术程度进行定性与定量评定的一种手段。大学乒乓球技术考核主要包括技评和达标，它是大学体育乒乓球教学过程中检查教学效果和练习质量的重要内容之一。考核内容不仅有助于大学生练习掌握基本技术、提高技术水平，而且通过考核提供的反馈信息，使教师及时发现教学过程中存在的问题并进行有针对性的改进。

二、大学乒乓球初级水平技术动作考核的分类

（一）预先考核

预先考核是指在学期之初对学生基本技术和素质进行了解性测验，做到心中有数，以便制订出更为符合实际的教学计划。测验的重点是基本技术和身体素质，也可对其学习态度和学习兴趣进行了解。

1．基本技术测定

教师不做任何技术指导，只规定一个或两个基本技术动作，如对正手攻球或反手推挡等进行测定。

2．身体素质测定

主要观察学生身体协调能力、反应能力，并判断其接受能力。

预先考核要安排在第一次课，教师应对每个学生都有一个评定，但不作为成绩计算，只作为了解学生起步程度和学期末衡量技术进步、改善身体状况的参考依据。

（二）平时检查

平时检查要随堂进行，内容包括本学期所学教材全部内容，每学完一个技术动作，教师都应进行测验，了解学生掌握程度，每次测验结果都要记录在案，以引起学生的重视和认真对待。其成绩可作为学期末总评定成绩的参考成绩。

平时检查应放在技术评定上，要严格要求动作规范和质量，注重动作的节

奏感、连贯性和准确性等乒乓球运动技术特点和要求。

平时检查还要对学生的学习态度、思想品德的表现等方面进行观察,并给予恰当的评定。教师要有计划地在每次课中,观察几个学生的行为表现,分期分批进行,这样才会对每个学生有一个较完整的印象,其目的是引起教师在教学中对教育因素的重视,并有的放矢地进行表扬、批评、鼓励和教育。平时检查还要注意时间上的掌握,不应影响课的正常进行。每人的测验时间应控制在3～5分钟,除被测验的学生外,其他学生应按教师所规定的内容进行练习。

(三)定期考核

定期考核是对身体素质项目进行的测验。身体素质的成绩为总成绩评定内容之一,所以在制订教学计划和进度时,应把测验时间定好,这是预先计划之内的定期考核。上课之初要把测验时间、项目和要求告诉学生,使之有充分的心理准备。

(四)总成绩评定

总成绩评定是指学期末学习内容全部结束时对学生进行总的综合评定。其主要内容包括三个方面:乒乓球基本技术考核、身体素质考核、乒乓球运动基本知识考核。将这三个方面的具体成绩,按一定比例计算,所得结果就是一学期乒乓球课总成绩评定。例如,乒乓球基本技术考核占70%、身体素质方面考核20%、乒乓球运动基本知识考核占10%。

三、大学乒乓球初级水平技术动作考核的方法和要求

在教学中进行不同形式的检查和考核,都应力求做到既客观准确地体现学生个体差异和不同水平,又要真实地反映学生在学习过程中的进步情况,在方法和要求上应该全面和符合实际。

(一)量的要求

学会和掌握乒乓球技术与达到一定量的要求是密不可分的,没有量的要求就不可能完成对所学动作的检验。在学习过程中要有量的要求,考核中量的评定更是硬的指标。例如,正手攻球连续攻球次数越多说明这项技术掌握得越熟练,连续攻球次数就是量。

(二)技术评定

一定量的完成并不能完全体现对技术较完美的掌握,还要注意动作是否规范、是否协调,应该在技术比较规范的基础上加大量的要求。

(三)经验评定

经验评定主要是凭借教师主观经验和感受,通过观察给予恰当的评定,这在一定程度上能反映学生学习和表现的基本状态,如在学习态度、思想品德和

动作规范等方面。教师的主观评定应该具有权威性,这也是对教师水平和能力的考核。

(四)做好检查和考核的组织工作

任何检查和考核的内容、时间都要提前向学生宣布,临考前更要把具体要求和标准讲解清楚,使学生目标明确。在组织考核时要注重对学生的思想教育,使之正确认识考核的意义,加强课堂纪律,组织好考核或测验的顺序,统筹安排考核课的内容和要求。

(五)做好准备活动

在考核或测验课上,教师要注意调节好学生的兴奋性和临考前的紧张气氛,要使学生的身体和心理都处于最佳状态。为此教师要把准备活动的内容和时间做到恰到好处,以期引导学生进入应考的最佳状态。检查和考核是教学中的重要一环,运用得好能促进教学水平的提高,也是教师改进教学的依据;但如果运用不当也会影响教学进程,甚至会使教学不能正常进行。

四、大学乒乓球初级水平基本技术考核的内容与评分方法

大学乒乓球初级水平考核内容是乒乓球初级水平练习的内容,主要检测学生乒乓球各项技、战术组合的技术水平。考核前教师需向考核学生讲清考核内容、方法及技术规格,如击出的球具有合适的弧线、速度、力量、旋转、落点等因素要求,以保证击球的技术质量(见表3-6)。

(一)反手攻球(推挡)

1. 考核方法

两人反手位对推1分钟,累加计算考核人击球板数,同时计算考核人的失误次数,每次失误倒扣1板球的分数,依次类推。掉球后可以重发球继续累加。

2. 评分标准

(1)达标:个数达60个计满分,同时扣除失误的分数。

(2)技评:满分10分,按四级评分。

优秀:动作完整、协调,节奏好,落点稳,控制球的能力强。

良好:动作完整、较协调,节奏较好,落点稳,控制球的能力较强。

及格:动作基本完整、协调,节奏较好,落点较稳,控制球的能力一般。

不及格:动作不完整、不协调,节奏不好,落点不稳,控制球的能力差。

(二)正手攻球

1. 考核方法

两人正手斜线对攻1分钟,累加计算对攻的板数,同时计算考核人的失误次数,每次失误倒扣1板球的分数,依次类推。掉球后可以重发球继续累加。

2．评分标准

（1）达标：个数达 60 个计满分，同时扣除失误的分数。

（2）技评：满分 10 分，按四级评分。

优秀：正手攻球技术动作完整、协调，节奏好，落点稳，控制球的能力强。

良好：正手攻球技术动作完整、较协调，节奏较好，落点稳，控制球的能力较强。

及格：正手攻球技术动作基本完整、协调，节奏较好，落点较稳，控制球的能力一般。

不及格：正手攻球技术不完整、不协调，节奏不好，落点不稳，控制球的能力差。

（三）搓球

1．考核方法

两人反手位对搓 1 分钟，累加计算考核人击球板数，同时计算考核人的失误次数，每次失误倒扣 1 板球的分数，依次类推。掉球后可以重发球继续累加。

2．评分标准

（1）达标：个数达 40 个计满分，同时扣除失误的分数。

（2）技评：按四级评分。

优秀：搓球技术动作完整、协调，控制球能力强。

良好：搓球技术动作完整、较协调，控制球能力强。

及格：搓球技术动作基本完整、协调，控制球能力一般。

不及格：搓球技术动作不完整、不协调，控制球能力差。

（四）左推右攻

1．考核方法

陪考人员将球依次推向左右台区，考核人连续做左推右攻 1 分钟，累计击球组数。同时计算考核人的失误次数，每次失误倒扣 1 组球的分数，依次类推。掉球后可以重发球继续累加。

2．评分标准

（1）达标：个数达 30 组计满分，同时扣除失误的分数。

（2）技评：按四级评分。

优秀：正、反手动作结合自如，步伐移动迅速、准确。

良好：正、反手动作结合较自如，步伐移动较迅速、准确。

及格：正、反手动作结合基本自如，步伐移动基本迅速、准确。

不及格：正、反手动作结合不自如，步伐移动不迅速、不准确。

表 3-6　大学乒乓球初级水平基本技术考核评分表

分　值	达　标				等级	技评
	反手推挡	正手攻球	搓球	左推右攻		分值
	板数	板数	板数	组数		
100	60	60	40	30	优+	95—99
95	57	57	38	28		
90	54	54	36	26	优-	90—94
85	51	51	34	24		
80	48	48	32	22	良+	85—89
75	45	45	30	20		
70	42	42	28	18	良-	80—84
65	39	39	26	16		
60	36	36	24	14	中+	75—79
55	33	33	22	12		
50	30	30	20	10	中-	70—74
45	27	27	18	8		
40	24	24	16	6	及格	60—69
35	21	21	14	4		

思考题

1. 阐述乒乓球击球动作结构。

2. 正手攻球教学时应注意哪些方面？

3. 搓球时易犯的错误有哪些？应如何纠正？

4. 左推右攻的常见错误有哪些？应如何纠正？

第四章　　大学乒乓球中级水平教学指南

◎ **本章导读**

　　乒乓球有各种各样的打法特点和战术特点，不管如何变化都离不开五个基本因素：击球弧线、速度、旋转、力量和落点。要使自己的乒乓球水平有所提高，就必须要充分利用这五个基本因素，这是比赛制胜的关键。通过本章的学习，你将学习步法、发球与接发球、进攻性技术、控制球技术的提高技术，学会基本竞赛方法，帮助你提升乒乓球技战术水平。掌握乒乓球运动专项身体素质的练习方法，可为运动体能提供保障。通过对比大学乒乓球中级水平考核内容与评分方法，更好地提升乒乓球运动水平。

第一节　　乒乓球步法中级技术

　　步法是大学生学员为选择合适的击球位置所采用的脚步移动的方法，是衔接各项技术动作的枢纽，也是执行各项战术的有力保证。步法的好坏，直接关系到大学生学员的技术水平和发展前途。

　　在比赛中对步法的要求是：一是在合适的时间，移动到合适的位置，以便在该技术所要求的最佳击球时间、最佳击球位置击球；二是移动距离短，速度快；三是移动中保持身体重心的平稳，能够迅速还原。

一、交叉步

（一）特点

交叉步主要是用于接离身体较远的来球，它的移动幅度和范围都比较大。

（二）运用

（1）弧圈球和快攻型打法在侧身进攻后扑正手位大角空当。

（2）从正手位返回到反手位大角度。

（3）削球手在做前、后移动时。

（三）动作要领

交叉步应以靠近来球方向的脚作为支撑脚，使远离来球的脚迅速向前、后、左、右不同的方向跨出一大步，而原本作为支撑的脚跟着前脚的移动方向再迈一步。在移动时，膝关节始终保持弯曲，与来球方向同侧脚外旋、异侧腿内旋，

乒乓球运动

腰、髋迅速转向来球方向,步法的移动与挥拍击球同步进行(见图4-1)。

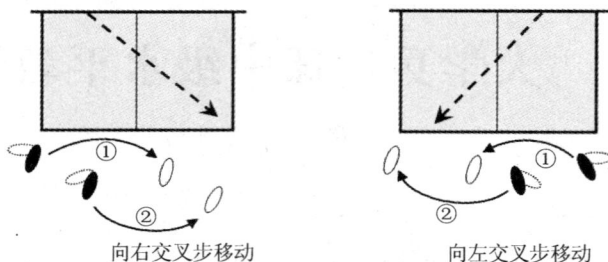

向右交叉步移动　　　　　向左交叉步移动

图4-1　交叉步

二、侧身步

(一)特点

侧身步并不是一种独立的步法,它是根据乒乓球实战的具体情况在侧身位的应用。常用的侧身步有单步侧身、跨步侧身、跳步侧身、交叉步侧身等。

(二)运用

当来球逼近大学生学员身体或反手位时,可以采用侧身正手进攻的方法。

(三)动作要领

1. 单步侧身(见图4-2)

右脚向左脚后方跨一步。这种侧身步法移动速度较快,移动幅度小,通常在来球处于身体中间附近的位置或与对方相持的情况下使用。

2. 跨步侧身(见图4-3)

左脚向左侧跨一步,右脚向左侧后方移动,同时上体收腹侧转腰,重心落在右脚上。这种步法具有移动快,距离短,侧身充分,便于身体发力等特点,因此快攻打法较多采用此法。

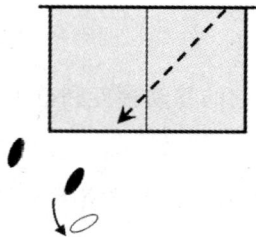

图4-2　单步侧身移动　　　图4-3　跨步侧身移动

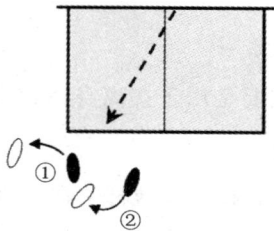

3. 跳步侧身(见图4-4)

要点基本上同正常的跳步动作,跳动中腰、髋向同侧腿方向转动。它的移动速度比单步和跨步侧身要慢一些,但移动的范围较大,让位较充分,有利于正手发力攻球或发力拉、冲弧圈球。

4. 交叉步侧身(见图 4-5)

在移动的同时要注意腰、髋关节配合向右后方转动让位。它主要是在来球离身体较远时采用,其移动的范围比跳步大,让位更充分,对于弧圈球选手的发力冲抢比较有利。

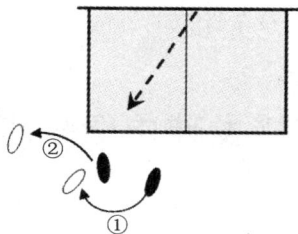

图 4-4　跳步侧身移动　　　　图 4-5　交叉步侧身移动

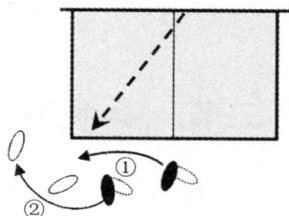

三、小碎步

(一)特点

小碎步是一种频率较高的步法,它在其他很多步法中起到一定的连接作用,并能调节身体重心、接球位置和时间。对各种技术动作、战术运用都起着衔接的积极作用。小碎步是所有步法中尤为重要的步法,同时也是衡量一名大学生学员步法是否合理、协调的一个重要因素。

(二)运用

如果运用单一的步法技术还是不能很好地找准击球位置,可以先用小碎步进行调整,以保证步法移动的有效性。

(三)动作要领

用两脚前脚掌内侧蹬地,两脚尽量靠近地面,在身体重心起伏不大的情况下,向需要的方向进行移动。

四、影响步法移动速度的因素

(一)准备姿势

准备姿势要到位,这里也包括打完上一板球的还原动作要迅速到位。大学生学员要养成每打一板球就适当调整一下重心的习惯。

(二)判断与反应

判断与反应准确而及时,脚步的移动就迅速而准确。

(三)两脚的蹬地力

两脚蹬地的力量大,身体移动的速度就快。

（四）重心的交换与腰的灵活性

重心的交换是脚步移动的灵魂。在重心的交换中，腰的灵活性具有极其重要的作用。

（五）脚步的移动方法

脚步的移动方法正确，可以最经济地达到移步选位的目的。

第二节　乒乓球发球与接发球中级技术

一、发球中级技术

在乒乓球所有的技术中，发球技术是唯一不受对方制约的技术，是唯一根据大学生学员自己的意志，以任何速度、力量、旋转、落点、线路击到对方球台的技术。发球是乒乓球比赛中每一回合的开始，大学生学员可根据自身技术特点最大限度地施展自己的战术意图，其主动性显而易见。

发球技术是由抛球和挥拍击球两个部分组成，因此在练习过程中应特别注意二者的配合。

（一）正手发左侧上（下）旋球

1. 特点

侧旋发球主要以旋转变化为主，左侧下（上）旋球的飞行弧线向对方球员的左侧拐弯，对方回接时球易向右下（上）反弹。左侧上旋球与侧下旋球的发球动作相似，只是在触球瞬间，手腕的用力方向和触球部位不同，造成截然相反的两种旋转。相似的动作在比赛中易于迷惑对方，造成对方直接失误或给自己创造进攻的条件。但是与左侧下旋球相比，侧上旋球对方更易强攻，因此在发球时就应做好充分的思想准备。

2. 动作要领

身体站在球台偏左侧，距离台面 15 厘米，左脚在前，右脚在右后侧，身体侧向球台，降低重心，抛球的同时，向右后上方引拍，同时向后转腰，球拍稍后仰，手腕外展。当球下落时，转腰的同时，手臂自右上方向左下方挥拍，在触球的瞬间，加大前臂和手腕的爆发力，以增强球的旋转。随势挥拍的幅度不易过大，以利于还原。

发左侧下旋球时，击球拍形略后仰，用球拍的前下部从球的中下部向左侧下部摩擦击球，击球瞬间，前臂手腕加速内收（见图 4-6）。

发左侧上旋球时，击球拍形略直一

> **小贴士**
> ➤ 前臂和手腕放松，以利于摩擦球时发力
> ➤ 收腹
> ➤ 上旋球击球点不可远离身体

些,球拍从球的中下部向左侧中上部摩擦击球,腰部配合向左转动,动作尽量一致,发力要集中(见图4-7)。

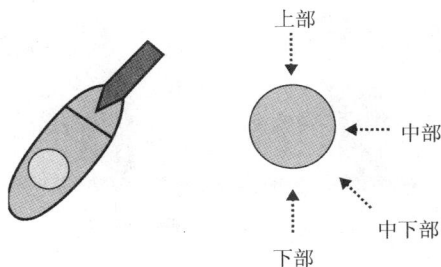

图 4-6　击球的不同部位

图 4-7　正手发左侧上旋球

(二)反手发右侧上(下)旋球

1. 特点

反手发右侧上(下)旋球以旋转变化为主,飞行弧线向左偏拐,对方回球向右侧上(下)反弹。由于运用近似手法可以发出两种不同旋转的球,故能起到迷惑对手的作用。与正手发左侧上(下)旋球类似,如果对手是削球打法或对方接发球技术比较保守(接发球喜欢搓球),则可首先使用发侧上旋球,这样对方回球比较容易冒高出机会球或者直接回球出界,己方可首先占据主动。但是如果对方能力较强且技术先进,比如喜欢用挑打技术,还是要小心使用,避免遭到直接攻击。

2. 动作要领

站位左半台,右脚稍向前或平站,身体略向左偏斜,左手掌心托球置于身体左前方。引拍时,左手将球向上抛起,同时手腕稍内旋,使拍面几乎垂直,向左后方引拍,腰部略向左转动。迎球时右臂从左后方向右方挥动。当球从高点下降至接近网高时,前臂加速向右上方挥摆。直握拍手腕伸出,横握拍手腕内收,腰部配合向右转动。击球中部向右上方摩擦会发出右侧上旋球,击球中部向右侧下方用力摩擦侧面会发出右侧下旋球。根据发球落点调整球的第一落点远近。发力部位以前臂和手腕为主,腰部辅助。动作过程中身体重心从左脚移至右脚。手臂继续向右上方随势挥动并迅速还原。

发右侧下旋球时,击球拍形略后仰,用球拍的前下部从球的中下部向右侧下部摩擦击球,击球瞬间,前臂手腕加速外展。发右侧上旋球时,击球拍形略直一些,球拍从球的中下部向右侧中上部摩擦击球,腰部配合向右转动,动作尽量一致,发力要集中(见图 4-8)。

图 4-8 反手发右侧上旋球

(三)正手发下旋加转与不转球

1. 特点

它是指发球者用正手以相似的动作发出旋转强度差异较大的球。加转球和不转球的旋转有明显的差别,发球时整个挥拍动作相似,具有较好的迷惑性。比赛中,通过旋转的变化迷惑对方,造成对方回球失误。

2. 动作要领

身体距离台面约 15 厘米,双膝微屈,站在球台的左侧,左脚在前,右脚在侧后。当非执拍手抛球时,执拍手向后上方引拍,手腕适当外展,腰向后转,拍面后倾。当球下落时,以腰部的力量带动手臂迅速由后上方向前下方挥拍,触

> **小贴士**
> ➤ 抛球不易太高
> ➤ 第一落点应靠近发球方台区的端线附近
> ➤ 击球瞬间,注意加转球与不转球的触拍部位

球时,手腕迅速内收,身体微向前倾。球出手后,尽量控制动作幅度,以利于还原。

发加转球时(见图 4-9),用球拍拍面的下半部分摩擦球的中下部,在触球的瞬间手腕加速内收,做下切的动作,以增加球的旋转。

发不转球时(见图 4-10),用球拍拍面的中上部碰击球的中下部,在触球的瞬间,注意体会加速碰击,而不是用力下切。

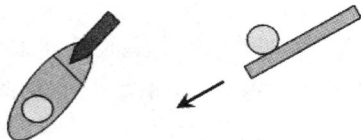

图 4-9 发加转球   图 4-10 发不转球

(四)反手发下旋加转与不转球

1. 特点

它是指发球者用反手以相似的动作发出旋转强度差异较大的球。不转球和加转球的旋转有明显的差别,发球时整个挥拍动作相似,通过旋转的变化迷惑对方,可造成对方回球失误。

2．动作要领

站位近台,重心稍低,身体微前倾,右脚在前,左脚在后,身体稍向左转。抛球时,持拍手向左侧后上方引拍,拍面后仰,同时身体向左侧适当转动,以便于用力。当球下落时,以腰部的力量带动手臂,向前下方挥动,控制好拍面的角度。控制动作幅度,并快速还原。

发下旋加转球时(见图 4-11),用球拍的前半部分去摩擦球的中下部,触球时,手腕加速,增加摩擦力。

发不转球时(见图 4-12),用球拍的后半部分去摩擦球的中下部,触球瞬间,注意体会手腕和前臂向前推送的感觉。

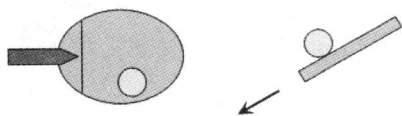

图 4-11　发下旋加转球 　　　　　图 4-12　发不转球

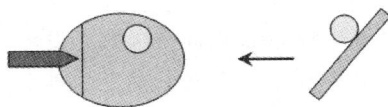

二、接发球中级技术

在乒乓球比赛中,接发球是一项在被动中求主动的技术,每局比赛双方接发球与发球的机会相等,每人每局都有约 5～10 分的接发球机会。在比赛中,相对其他技术而言,接发球的难度最大。因为接发球方对发球者在技术上没有任何限制,这样一来就大大增加了接发球的预测难度。

好的接发球可以破坏对方的发球抢攻,限制对方特长技术的发挥,而且还可以为自己特长技术的发挥创造条件,甚至还能直接得分。接发球不好,不仅会直接失分,或给对方抢攻的机会,而且会造成自己技术上的被动和心理上的恐惧。因此,提高接发球技术成为比赛制胜的关键。

（一）判断来球旋转性质和旋转强度的主要办法

乒乓球发球中常出现的旋转主要有左侧上、下旋,右侧上、下旋,转与不转等,并通过发球者利用各种发球方式,将这些旋转性质表现出来,如用正手发球、反手发球、高抛发球和下蹲发球。在判断旋转时,可以从以下几个方面进行考虑:

1．板型

一般情况下,发上旋球时拍形都比较竖,发下旋球时比较平、斜,发侧上旋和不转球时需要接触球的侧部,而发侧下旋和下旋球时需要摩擦球的中下部或者底部。

2．动作轨迹

发上旋和不转时,球与球拍接触的一瞬间手腕摆动的幅度一般不是很大,并时常和假动作配合；在发侧下旋和下旋球时手腕摆动相对大一点，这样容易"吃"住球，动作也比较固定。击球后常有一个停顿，即使加上假动作，也不会像发侧上旋和不转球那么连贯。

3. 弧线

上旋球和不转球的运行一般比较快，弧线相对来说比较高，侧下旋和下旋球速度比侧上旋和不转球要慢、弧线要低。

（二）判断来球落点的主要方法

1. 对长球的判断

一般情况下，发球者想把球发到对方的底线，第一落点多在本方台面的端线附近（见图4-13）。如果是力量差不多，球的运行速度侧上旋和不转球明显要比侧下旋和下旋球速度要快；如果是发侧上旋、侧下旋斜线长球，要注意球的第二弧线有侧拐的特点；如果是直线长球，要特别注意平推过来，或是略带外拐的球，因为这种球除了有很快的速度外，容易发出比较直的球，客观上增加了球的角度，给接发球者造成了较大的难度。

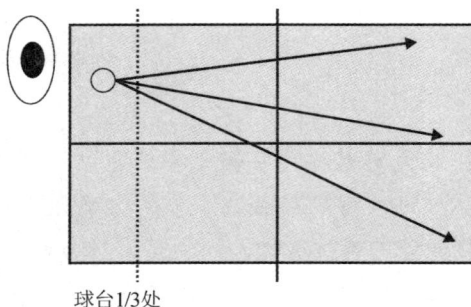

球台1/3处

图 4-13　对长球的判断

2. 对短球的判断

发球者想要把球发短，手上就不能用很大力，手腕力量要收住，主要判断发球的第一落点。想发出短球，第一落点很重要，基本是在发球者球台的中间位置（见图4-14）。在接短球时要特别注意手臂不要过早地伸入台内，以免侧上旋

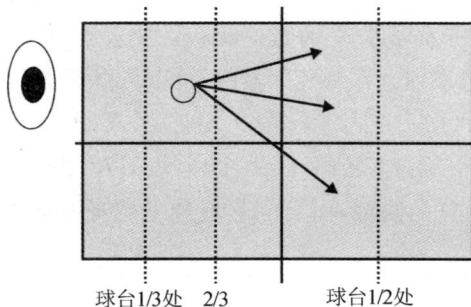

球台1/3处　2/3　　　球台1/2处

图 4-14　对短球的判断

球的第二弧线往前"拱",顶在板上,使手上失去对球的控制,以及来球可能是"小三角"位置,击球时从近网的边线出台,手来不及拿下来,对不准球。

3. 对半出台球的判断

半出台球的判断是接发球判断中难度比较大的一项,判断这种球时,一是视其旋转性质而定,一般而言侧上旋和不转球比侧下旋和下旋球容易出台。二是根据发球者的特点而定,要仔细观察发球者在发半出台球时,到底哪种容易出台,哪种不容易出台,是正手容易出台还是反手容易出台等。这样就会增加接半出台球选择手段的针对性。另外,在接半出台球,对长短的判断不是很清楚时,一定要有意识地"等"几个长球,并且出手要果断,这样可以给发球者增加心理压力,在紧张的情况下球更容易出台,发球质量也会下降,从而使接发球更从容些。

（三）接左、右上（下）旋球的基本方法

接发球的方法很多,它是由点、拨、推、拉、搓、削、摆短、撇侧旋、挑等多种综合技术组成的。接左、右上（下）旋球,既要注意抵消来球的侧旋,又要设法克服来球的上、下旋。如接左侧上旋,拍形应偏向对方的右角并稍前倾,接触球时稍向对方右下方用力。右侧上旋,拍形应该偏对方的左角并前倾,接触球时稍向对方左下方用力。接好左、右上（下）旋球的前提是,判断好发球,在接发球的同时注意根据旋转把握好出手方向。

进入 20 世纪 90 年代后,除原有的接发球技术手段和质量有所提高外,还出现了不少新的接发球技术,如晃接、撇接、劈长、拧、台内抢拉等。所以接发球技术是各项基本技术的综合运用,只有全面地掌握各项接发球的方法,才能在比赛中减少被动,掌握主动。

1. 接下旋球的基本方法

（1）搓接:一般用于接左、右侧下旋的长球或短球,专业大学生学员不提倡接长球用搓接。由于搓球的动作小、出手快、隐蔽性强,在长期的运用实践中大学生学员根据自身的特点,对这一技术进行了很细致的划分,有快搓、慢搓、摆短、劈长、晃接等。

（2）摆短:摆短是快搓短球的一种方法。它最大的特点是出手快,突然性强,能有效限制对手的拉、攻和上手。在用摆短接发球时,有三点要特别注意:其一是在上升期接触球的中下部,以体现速度;其二是手臂离身体要近一些,手臂离很远就很难控制住球,影响准确性和质量;其三是手臂不要过早伸入台内,这样不能形成较合理的节奏感,难以体现摆短出手快的特点。

（3）搓长:现在优秀大学生学员一般运用的搓长技术,是和摆短配合运动的快搓底线长球。它是以速度和突然性取胜,搓长时,很重要的是手法要尽可能与摆短相似,以前臂发力为主,手腕的摆动不要过大,以免影响手上感觉。

（4）挑接：挑接是接左、右（上）旋短球的一种方法，分为正手挑和反手挑。从目前优秀大学生学员的实际运用情况来看，反手挑主要用于横拍大学生学员和直拍横打大学生学员。

面对正手位短球，当球即将过网时，右脚向右方前跨步，左脚跟上，同时将手伸进台内，在来球的高点期，击球的中后部，以前臂发力撞击球为主。在击球的一瞬间手腕突然微小内收，适当给球一点摩擦，以增加稳定性。

面对反手位短球，用反手挑接时，当球即将过网时，手伸进台内，根据来球的方位不同，选择不同的脚向前跨步，在来球的高点期击球的中后部，击球时要以手腕（外展）发力为主，适当给球一点摩擦，以保证稳定性。

挑接是接短球的一种比较主动的方法，运用得好，可以化解对方的进攻使被动转为主动。在开始练习时，适当增加挑接的训练比重，将在今后的比赛过程中受益匪浅。

（5）晃撇：晃撇一般是在侧身位正手搓侧旋球、斜线球，常在接短球和侧身挑直线配合时运用，可使对手不敢轻易侧身，进行有威胁的正手抢攻。晃撇接发球时最好能在来球的高点击球，球拍接触球的中下部，手腕略外展，向左侧前下方摩擦球，使球带有左侧下旋，落台后向外转弯，让对手不容易对准球。

2. 接上（下）旋长球的基本方法

（1）反手攻球（推挡）：当对方把球发到反手位底线长球时，可用反手攻球（推挡）接发球。这项技术是最简单的接发球方式，接发球时应注意，动作不宜太大，接触球时不易发力，注意用力的方向。

（2）拉接：拉接也叫接发球抢攻，是运用正、反手的拉球进行接发球，主要用于左、右侧上（下）旋长球以及半出台球。在拉接长球时，主要预先判断球的落点以及旋转，一般长球速度比较快，落点比较刁钻，需要快速地步法移动。接半出台球，要对来球判断精准，在击球过程中掌握好发力方向和力量调节。首先要降低身体重心，放低球拍位置。击球时，需要更多地利用前臂的动作去摩擦球，控制球的弧线和落点。拉半出台球要减小动作幅度，这样才能更好地找到合理的击球点，提高拉球的命中率。

第三节　乒乓球进攻性中级技术

一、正手提拉球

正手提拉球是直板的经典动作，是中国于 20 世纪五六十年代对付削球的主要技术之一。这种球的攻击性本身并不强，作用就是把对方的下旋球变成上旋，具有站位近、速度快、动作小、线路活和稳定性好的特点。

（一）特点

正手提拉球动作小，速度快，以前臂发力为主。

（二）动作要领

离台四五十厘米，击球动作与正手攻球相似，但引拍时球拍低于球。当来球至身体右侧，并处在下降期时击球。击球时，腰部带动前臂向前上方用力，向上多于向前，摩擦多于击打，发力以前臂发力为主，手腕为辅。

小贴士
➤ 在球的下降期击球
➤ 充分摩擦

（三）常见错误

1. 提拉时抬肘关节，在击球时前臂没有摩擦，容易造成下网。在练习时应多做徒手动作练习，体会击球前前臂的挥动，等动作定型后再上台练习。

2. 没有收紧前臂和手腕，在击球时摩擦不住球，容易导致提拉球时下网。

二、正手快点球

正手快点是在乒乓球比赛中为了限制对手进攻常常采用的台内小球技术，其特点是动作小、速度快、线路活，乒乓球快点技术是防中带攻的技术策略。

（一）特点

站位近、动作小、速度快、线路活、带上旋、击球点在台内，具有突击性，是对付台内球的进攻技术，它是近台快攻打法必备的技术之一。其他技术类型的选手也常使用它。

（二）动作要领

站位靠近球台，回击右方大角度进网球时，右脚向右前方上一步，身体朝向来球方向，右臂自然弯曲，前臂前伸，将球拍伸至台内。若来球上旋或不转，则前臂内旋，使拍面前倾或垂直，在来球的高点期击球的中部。击球瞬间，前臂和手腕向前用力为主，适当向上用力，同时食指放松，拇指压拍，前臂内旋。若来球下旋，则前臂外旋，使拍面后仰，在来球的高点期击球的中下部。击球瞬间，以前臂和手腕为主向前上方发力，同时，前臂适当内旋，击球后手臂顺势挥拍，动作要小，以利迅速后退还原。

小贴士
➤ 站位要靠近球台
➤ 击球时，手臂要伸进台内
➤ 接上转或不转球时，拍面前倾或垂直
➤ 接下转球时，拍面稍后仰

（三）常见错误

1. 不看来球旋转、高低，用同样动作、拍形攻球。必须在思想上明确：依不同来球变化击球动作，采用对球练习，提供不同旋转和高低的来球，要求大学生学员依球变化动作和拍形。

2. 上身不前移,只出手臂击球,常导致手臂伸得过直,控制球能力低、难发力。

3. 在台前先做徒手动作练习,强调上身、右足和前臂应在同一时间到达球台右前方。待徒手动作熟练后,再用多球训练,依不同来球变化击球动作。发现上身不前移时,需做几个徒手动作练习,再转入多球训练。供球者可有意多供一些特别短的小球,以促进大学生学员改正上身不前移的错误动作。

4. 手腕僵硬,妨碍发力,影响调节弧线。引起手腕僵硬的原因很多,应对症下药。如因为握拍方法有问题,应适当改进握拍方法;因手腕关节不灵活,应加强腕关节灵活性的训练;因引拍时手腕过分上翘或下吊,应适当改进引拍动作。

三、弧圈球

弧圈球是一种旋转强、速度快、稳定性高的快攻型技术。它能制造出适宜的击球弧线,不但能回击对方的上旋球,而且能回击低而转的下旋球,相对于攻球而言,有更多的发力击球的机会。不论来球是处在上升期、高点期或下降期,不论站位在近台、中台或远台,不论是回击攻球还是削球,都能用弧圈球发起进攻。比赛中运用不同的弧圈球技术可以主动攻击,也可以过渡或相持。

进攻性弧圈球技术可分为正手加转弧圈球和反手加转弧圈球。

(一)弧圈球的主要技术

1. 正手加转弧圈球

(1)特点

球的飞行弧线较高,速度较慢,上旋转很强,球落台后向前下滑落。球拍击球后第一弧线较高,第二弧线较低,回击球时易出高球或出界。

正手加转弧圈球是对付削球、搓球或出台的下旋发球的一种有效手段。在比赛中当自己击球不到位或回击难度较大不便于抢攻时,可运用加转弧圈球来调整。也可用它来打乱对方的节奏,为下一板创造进攻的机会。

(2)动作要领(见图4-15)

引拍阶段时,左脚在前,右脚稍后,两膝微屈,身体略右转并带动手臂向右后下方引拍,右肩下沉,重心在右脚上,手腕稍向后拉,球板低于来球。击球时,右脚掌内侧蹬地,稍伸膝,以身体的左转带动手臂由后下方向前上方挥动。击球瞬间,拍面稍前

小贴士
➢ 击球时,注意左右脚之间的重心转换
➢ 击球瞬间,摩擦球的中上部位
➢ 击球时间是高点期或下降前期

倾,用球拍的上半部分摩擦球的中部或中上部,在摩擦球的瞬间迅速收缩前臂和转动手腕来加大摩擦的力度。击球时间为高点期或下降前期。

球出手后,身体稍向上抬,随势挥拍至头部高度,重心随之移至左脚。

图 4-15　正手加转弧圈球

（3）常见错误

① 击球时只有手臂发力,而无腰部和腿部的配合,拉球时较费力,旋转不强,且难以连续。

② 引拍时手臂伸得过直,拍形过分前倾,整个动作向上用力过多,向前用力不够,造成击球时间晚,易漏球,发力难。

③ 拉球时不用手腕,导致拉球的速度、力量和旋转受到限制。

④ 击球点离身体过远或过近,造成击球动作变形,回球不稳定。

⑤ 击球时撞击多,摩擦少,造成弧圈球旋转不强。

2. 反手加转弧圈球

反手加转弧圈球可分为横拍反手加转弧圈球（见图 4-16）和直拍反手加转弧圈球,在空中的运行时间及落台后的飞行特点与正手弧圈球相同。反手加转弧圈球常用来针对下旋发球、搓球,以及中远台相持时的对拉。反手加转弧圈球技术掌握得好,更有利于在比赛的开局和相持中争得主动。对于直拍选手而言,反手加转弧圈球丰富了反手位的技术,缓解了反手进攻的不足,取得了较好的效果。

（1）特点

反手加转弧圈球的速度比正手加转弧圈球稍快,但力量和旋转略逊于正手。反手加转弧圈球可用于接发球、搓中转拉、中远台对拉等。运用得好,不仅可以直接得分,而且还可以为正手的进攻创造机会。

（2）动作要领

引拍时,两脚平行或右脚稍前,间距略大于肩宽,两膝微屈,腰髋略向左转,前臂自然弯曲,向左后下方引拍,拍面稍前倾,手腕稍向内收。

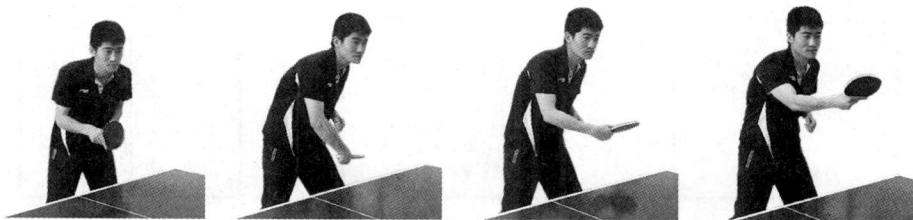

图 4-16　横拍反手加转弧圈球

击球时,两脚用力蹬地,腰髋略向右转,并带动手臂同时向右前上方用力,手腕外展,摩擦球的中部或中上部,击球时间为上升期或高点期。

击球后,身体稍向上抬,因惯性作用球拍挥至右肩前停住,并迅速还原,准备下次击球。

(3)常见错误

① 只有手臂用力或手臂和身体的力量运用不协调,拉球费力且旋转不强。

② 引拍距离过大,错过最佳击球时间,导致出手慢或发不出力。

③ 击球点离身体过远或过近,造成动作不稳定。

④ 击球时撞击多、摩擦少,造成回球旋转不强。

(二)练习方法

弧圈球技术是一项具有较高难度的乒乓球技术。在学习弧圈球技术之前,必须要有一定的攻球基础,这样便于较快地掌握弧圈球技术。在练习的顺序上应先练习正手弧圈球,再练习反手弧圈球。

1.具体练习方法

(1)观摩优秀大学生学员拉弧圈球的动作,并听教师的讲解,建立正确的技术动作的概念。

(2)在球台旁做徒手模仿练习或进行徒手的步伐加手法的结合练习,教练从旁指导,纠正错误动作。

(3)单线一拉一挡(推)练习,在反复的练习中体会身体和手臂的配合用力、击球的时间和摩擦球的感觉。

(4)1/2台、2/3台或全台拉球练习,主要体会步伐和手臂的配合。

(5)拉弧圈球与其他技术相结合的练习。

(6)结合上述练习内容进行多球练习。

2.具体的线路、落点变化

(1)一点对多点的练习,主要是提高拉球过程中控制落点的能力(见图4-17至图4-22)。

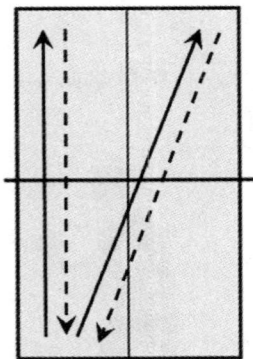

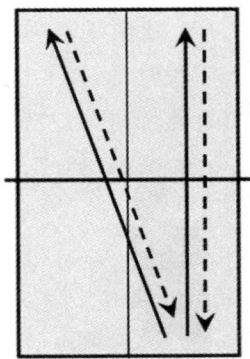

图4-17　左方一点对两点　　图4-18　中间一点对两点　　图4-19　右方一点对两点

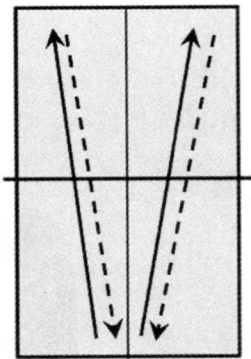

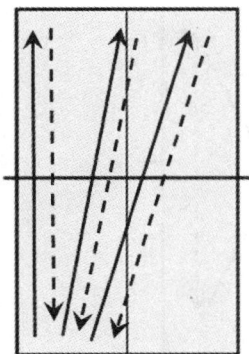

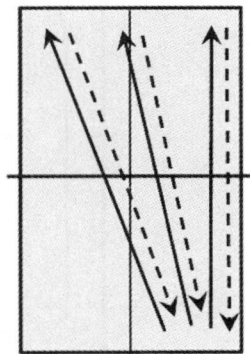

图 4-20　左方一点对三点　　　图 4-21　中间一点对三点　　　图 4-22　右方一点对三点

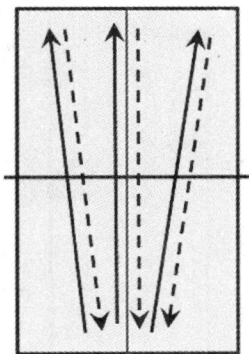

（2）多点对一点、两点对两点的练习，主要提高脚步的移动以及控球的能力（见图 4-23 至图 4-30）。

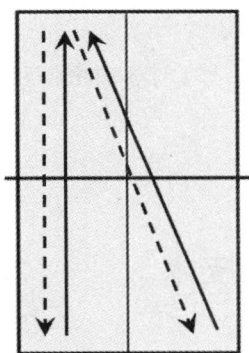

图 4-23　两点对右方一点　　　图 4-24　两点对中间一点　　　图 4-25　两点对左方一点

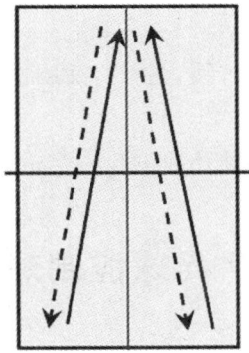

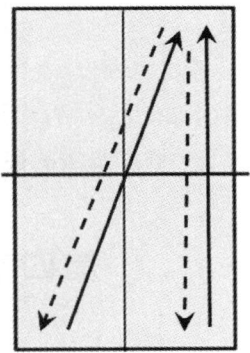

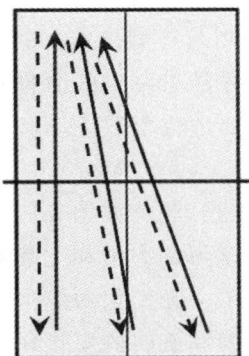

图 4-26　三点对右方一点　　　图 4-27　三点对中间一点　　　图 4-28　三点对左方一点

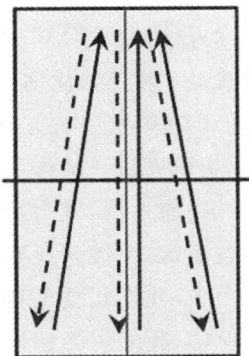

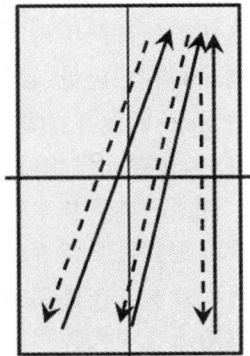

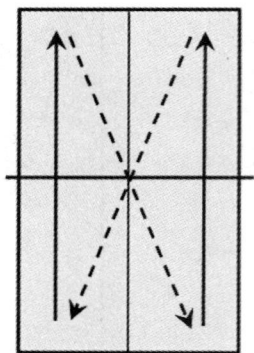

图 4-29   两直对两斜   图 4-30   两斜对两直

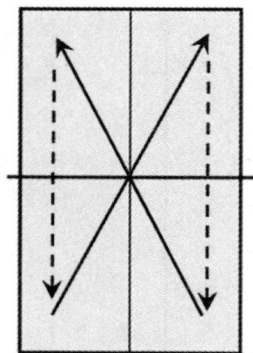

3. 练习时注意事项

（1）拉球时手臂要放松，注意上臂、前臂、手腕、腰部与腿部力量的协调，按自下向上的发力顺序进行。击球瞬间快速挥动手臂并结合手腕，将力量传递到球上。

（2）拉球时注意控制球的弧线，包括合适的击球时间、适宜的球拍角度和摩擦球的部位。

（3）做好步法的移动和迅速还原。

第四节   乒乓球控制球中级技术

一、推挡中级技术

推挡球是推球与挡球的总称，是直板左推右攻型打法的主要技术之一，也是其他类型打法不可缺少的技术，同时是乒乓球主要的控制与防御技术。由于推挡球具有站位近、动作小、速度快、落点变化多等特点，并具有一定的力量及旋转变化，因此在比赛中能主动调动和压制对方，为自己的进攻争取主动和创造机会，在被动或相持时又可起到积极防守的作用。

常用的推挡技术有平挡、快推、加力推、减力挡、下旋推挡、侧旋推挡等。初学阶段主要是掌握平挡和快推技术，在中级阶段我们主要学习加力推和下旋推挡两项技术。在推挡技术的运用中，我们需要明确的是：单一无变化的推挡早已不能适应现代乒乓球发展的形势，我们应当特别重视力量和旋转的变化在推挡中的运用。推挡是我国直拍快攻打法的独特技术，应当予以继承和发展，一定要纠正推挡吃亏的认识，树立推挡的信心。

（一）加力推

1. 特点

加力推具有回球力量大、速度快、力量重、落点活的特点，主要用于助攻，常迫使对方后退离台，令对方陷于被动防守的局面。加力推与减力挡配合使用，能更好地控制和调动对方，取得主动权。

2. 动作要领（见图 4-31）

站在球台中间或偏左，身体离台面约 40～50 厘米，左脚稍前，两膝微曲，含胸收腹。准备击球时，前臂提起，上臂和肘关节后收并贴近身体，食指用力，拇指适当放松，引拍位置稍高，拍面前倾。击球时，上臂、前臂和手腕加速向前下方推压，同时腰和髋向左转动协助用力，在上升后期或高点期击球中上部。击球后，手臂和手腕继续向前下方随势挥拍，并迅速还原。

图 4-31　加力推

3. 常见错误

（1）击球时，急于发力，击球点离身体太远，造成用力点提前，没有用在击球瞬间。

（2）站位偏后，造成击球时间过晚，发不出力。

（3）球拍引拍过低，造成发不出力或球易下网。

（二）减力挡

1. 特点

反手减力挡回球力量轻，落点短，回球低，但必须在对方远离球台时使用方可奏效。减力挡是直拍左推右攻打法必须掌握的一项技术，在比赛中常常将加力推与减力挡配合使用，由于两项技术在力量和落点上的差距较大，可以调动对方，使对方在移动中回出质量较差的球或露出破绽，从而为自己得分铺平道路。

2. 动作要领

判断来球，选好站位，站位应在近台。前臂外旋，球拍前倾，不用做过多的引拍动作，身体重心略升高，前臂稍收使球拍略高，放在身前即可。当来球刚刚弹起即触球中上部，借力回击，拍触球一瞬间手臂和手腕稍向后收，以缓冲撞击球拍的力量。调整重心，并迅速还原动作。

3．常见错误

（1）挡球时，判断球的落点、速度、力量不准，拍形掌握不好，球不过网或出界。

（2）站位偏后，造成击球时间过晚，拍形前倾不够，球出界。

（3）拍触球一瞬间手臂和手腕未向后收，拍形前倾过大，击球时间过早，球不过网。

（三）下旋推挡

1．特点

下旋推挡具有力量重，弧线低，回球落点长，带急下旋，落台后迅速下沉的特点。在相持过程中，改变球的旋转，使对方攻、推时下网，或回球不易发力而陷于被动，故能遏制对方进攻，为自己创造进攻机会，是一种威力比较大的推挡技术。

2．动作要领

站在球台中间或偏左的位置，身体离台面约 40 厘米，两脚平行或左脚稍前，两膝微屈，含胸收腹，前臂上提，上臂后引，拍面稍后仰；上臂和肘关节贴近身体，引拍至身前，比球网略高。在高点期或下降前期击球的中下部，前臂向前下方加速推切以增加球拍对球的摩擦。击球后，手臂随势挥拍，并迅速还原。

3．常见错误

（1）引拍过低，由于拍形是稍后仰的，易造成回球出界或出高球。

（2）击球时，手腕晃动，易造成回球不稳定或力量分散。

（3）击球时机过早或过晚，易造成回球失误或发不出力。

二、搓球中级技术

搓球是近台或台内还击下旋球的一种基本技术，各种类型的打法都不能缺少。搓球是用类似削球的动作回击对方发过来或削过来的下旋球。

它的技术特点是动作幅度小，出手较快，旋转和落点变化多，球速相对较慢，过网后球的弧线也较低。用它来对付下旋球是一种比较稳妥的方法，常用于接发球或过渡球，以等待、寻找或创造进攻机会。

搓球种类繁多，按击球时间不同，可分为快搓和慢搓；按击球位置不同，可分为正手搓球和反手搓球；按搓球的落点不同，可分为搓长球和搓短球；按搓球的旋转不同，可分为搓球转与不转球。本节主要介绍搓球的旋转变化。

（一）搓旋转与不转球

1．特点

用相似的手法搓出转与不转两种旋转的球来迷惑对方，并与搓球的其他技术结合使用,使对方判断错误或直接失误,或为抢攻创造条件。搓旋转与不转球具有旋转强度差异大的特点。

2．动作要领

站位离球台约 40 厘米,左脚稍前,两膝微屈,含胸收腹。拍面稍后仰,向后上方引拍,动作不易过大。击球时,球拍向前下方挥动,以前臂的力量为主,击球的中下部。触球时,手腕加速向前摩擦。击球后,球拍自然向前送出并还原。

搓旋转球时,相对加大引拍的距离和拍面后仰的角度,在球的高点期或下降前期,用球拍的下半部分摩擦球的中下部位,前臂和手腕加速用力向前下方切球。

搓不转球时,相对缩短击球距离,减小拍面后仰的角度,在球的上升期和高点期,用球拍的中部和上半部碰击球的中下部。

3．常见错误

（1）站位较远,错过击球最佳时机。站位的远近应根据来球落点的远近及时调整,以确保最佳的击球时机。

（2）手腕和前臂用力不协调,加转球与不转球的旋转变化不明显,又容易造成回球失误。

（3）不依来球的旋转、高低和长短变化调整动作,容易搓出高球或直接失误。

第五节　乒乓球运动中级水平组合技术

组合技术的学习应以学过的单项技术为基础,在练习好单项技术的基础上,适时地学习综合技术,以便进一步巩固单项技术,并充分提高单项技术的实效性。

一、推挡、侧身扑正手

（一）特点

推挡、侧身扑正手是用推挡压住对方反手或中路,然后侧身攻击,再迅速移动到正手位连续正手进攻的一种方式。

（二）动作要领

站位近台偏左,先用加、减力或下转推挡压制对方的反手位,然后利用侧身步调整身体位置,正手攻球,接着利用交叉步扑到正手位在中近台进行回

小贴士
➢ 步法移动时注意身体重心的转换
➢ 控制好击球的节奏

117

击。这样可以增强连续进攻的能力。推挡侧身攻后,身体重心已在左脚,当从左向右跑位时,右脚应先右移一小步,重心随之转入右脚,然后迅速向右做交叉步移动。在脚落地的同时,腰部转动并带动手臂向前挥击,在来球的高点期击球的中上部。击球的同时,右脚迅速向右移动(见图4-32)。

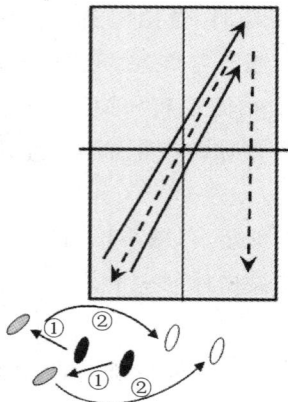

图4-32　推挡、侧身扑正手步法

(三)常见错误

(1)步法移动不熟练,导致手上动作不能够连续。

(2)在步法移动中,对对方来球落点判断不准确。

(四)练习方法

(1)结合步法徒手模仿练习。

(2)两人台上练习,一人平击发球,一人练习;一人推挡,一人练习。

二、搓中提拉

(一)特点

搓球是进攻型选手的一项辅助技术,利用搓球的旋转和落点变化来控制对方的进攻,然后寻找机会提拉,改变球的旋转和节奏,使对方陷入被动。

(二)动作要领

站位近台偏左,搓球过程中,调节好自己的重心和站位,利用侧身步或滑步等步法移动调节击球点,在来球至身体右侧,并处在下降期时击球。击球时,腰部带动前臂向前上方用力,向上多于向前,摩擦多于击打,发力以前臂发力为主,手腕为辅(见图4-33)。

> **小贴士**
> ➤ 搓球质量的高低直接影响后面提拉球的技术发挥
> ➤ 步法移动前需准确判断来球的旋转和落点

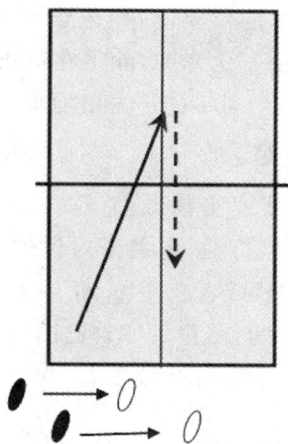

图 4-33　搓中提拉步法

（三）常见错误

（1）步法移动没有到位，导致手部动作变形，影响击球效果。

（2）搓球质量不高，导致提拉球的难度增大。

（3）在击球时摩擦不住球，容易导致提拉球时下网。

（四）练习方法

（1）结合步法徒手模仿练习。

（2）两人台上练习，一人发下转球，对搓然后侧身提拉，互换练习。

第六节　乒乓球运动中级水平基本战术

一、战术制定的基本原则

运动技术水平的提高程度是通过比赛成绩来衡量的。在乒乓球比赛中，运动成绩好坏不仅和技术水平有关，而且还和比赛战术的运用、战术的安排及临场战术指导有着密切的关系。因此，在制定比赛战术时，应遵循以下基本原则：

（一）知己知彼，有的放矢

比赛前，不但要对自己的技术状况心中有数，而且必须了解对手的球拍性能、技术战术特点，以制订出正确的作战计划。在比赛开始阶段还必须注意观察对手的技术特点，摸索对手的战术规律，以迅速制定自己的有利战术。只有"知己知彼"，才能"百战不殆"。

（二）机动灵活，随机应变

战术的制定和运用必须灵活多变，要避免单调呆板。例如，侧身发一个左侧旋球到对方的左角,初试可能效果不错,但当对方逐渐适应后,就应改发右角,这样才会收到良好的效果。比赛中,除了在落点上要有变化外,在旋转、力量和速度上亦应灵活多变,以给对手的还击增加难度。

(三)以己之长,制彼之短

每个大学生学员不论技术水平高低,总有长处和短处,有优点和缺点。有的大学生学员善于对付快攻型打法,不善于对付削攻型打法;有的大学生学员可能正手技术好,反手技术差,或者反手好、正手差。因此,比赛时在技术运用上就要根据不同情况,扬长避短,尽量发挥自己的特长,抓住对手技术上的弱点进行攻击,使对手的长处不能得到有效发挥,从而掌握主动权,取得比赛的胜利。

(四)善于观察,善于分析

战术运用必须善于观察战局的变化,分析对方的心理,及时决定对策,果断地给予对手出其不意的攻击,不仅可以破坏对方的作战计划,而且在心理上会给对手造成很大的威胁。

(五)勇猛顽强,敢打敢拼

战术的制定和运用必须具有勇猛顽强、敢打敢拼的精神。只有在比赛中大胆、果断地运用各种战术,才能使战术取得预期的效果。因此,在日常训练中,大学生学员必须刻苦地进行各种锻炼(包括技术训练、身体训练和参加比赛),培养坚强的意志品质和良好的战斗作风。

以上基本原则是有机联系、互为条件、辩证统一的。制定和运用战术的前提条件是必须了解对手的技术特点和打法。因此,大学生学员在培养自己战术意识的同时,应着重培养观察对方技术、战术特点和打法情况的能力,才能在比赛中在较短的时间内迅速掌握对手的技术、战术情况,及时制定出战术方案,在比赛中灵活运用战术,争取主动,最终赢得比赛的胜利。

二、战术与技术的关系

大学生学员在比赛中,根据自己和对手的具体情况,正确而有目的、有意识地运用所掌握的各种技术,充分发挥自己的特点限制对方长处,紧紧抓住对方的弱点,为战胜对手而采取合理有效的方法,就形成了战术。战术是以基本技术为基础的,技术掌握越全面、越纯熟、越实用,越能更好地完成比赛中的战术实施。在运用战术过程中,要体现以我为主、积极主动、机动灵活的思想,打出风格、打出水平。在乒乓球比赛中,进攻与防守、主动与被动、进攻与反击经常在短时间内交替出现、相互转化,因而在平时的教学训练中应着重从战术和比赛的角度练习技术,才能在比赛中取得最理想的效果。基本技术与战术,既有明显的区别又紧密联系在一起,相互制约,相互依存,又相互促进。一般说来,技术的发展必然带来新的战术,而后战术又促进技术的提高和发展。

三、乒乓球运动中级水平基本战术

乒乓球的基本战术适用于各种打法类型的大学生学员。不同类型及打法的大学生学员在具体的比赛过程中,使用的战术方法也不同。

(一)发球抢攻战术

1. 特点

它是直握拍大学生学员的主要战术之一。它充分利用"前三板"的进攻技术,进行抢攻得分或直接发球得分。想要充分发挥发球抢攻在比赛中的效果,主要取决于发球的质量和进攻能力。

2. 常用的发球抢攻战术

(1)长、短球结合的发球抢攻战术

以发侧下旋短球为主配合侧上旋发球至对方台面近网处,迫使对方难以抢攻,为自己抢攻制造机会。在此基础上配合底线长球,牵制对方的注意力,以增加发球抢攻的成功率。

(2)发近身球或底线长球的抢攻战术

以发侧上或侧下旋长球至对方反手位,迫使对方难以侧身,或回球质量不高,自己抢先上手进行抢攻。在此基础上配合发奔球或侧上旋或侧下旋长球至对方正手位,牵制对方。

(3)依靠旋转、落点变化的发球抢攻战术

以发台内短球为主,配合突发长球,以连发转与不转或先发转后发不转进行抢攻。主要依靠变化获得抢攻机会。

3. 注意事项

(1)抢攻时必须根据回球的落点、长短及旋转,调整步伐,获得最佳的进攻位置和时机。

(2)抢攻时应向对方空当攻击,获得最佳的进攻效果。

(3)对付防守型大学生学员(削球或长胶选手)时,最好采用突然袭击的方法。

(二)接发球战术

1. 特点

接发球质量的好坏对整个战局能否获得主动起着主要作用。比赛中,双方大学生学员都力争主动,如果接发球处理得不好,就会陷入被动。它的难度是通过判断分析对手的发球意图及其旋转、落点、速度等因素,决定自己的回击方法。接好发球,就可以在比赛中变被动为主动。

2. 常用的接发球战术

(1)以快打、快拉、快推、快拨等手段回击所有的长球,以连续进攻的方式获得主动。

（2）用快搓、摆短等手段回击，使对方无法抢攻或降低对方抢攻威力，为自己的主动进攻争取机会。

（3）用快点回击不同旋转的台内短球，伺机进攻，争取主动。

3．注意事项

（1）判断来球旋转和落点时应果断，不能犹豫不决。

（2）根据具体情况灵活选择回接球的方式。

（三）对攻战术

1．特点

对攻战术主要适用于快攻类型和弧圈球类型打法的大学生学员，他们依靠正、反手攻球或弧圈球等技术，充分发挥速度和旋转的优势，调动和压制对方以达到攻击的目的。

2．常用的对攻战术

（1）压制对方反手，结合变线，伺机抢攻（见图4-34）

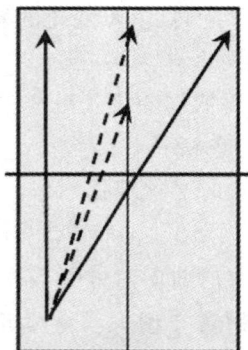

先用推挡或反手攻、拉技术压制对方反手位，迫使对方不能轻易侧身抢攻或强拉，通过连续压反手后快速变线到对方的正手位空当，伺机抢攻。

（2）加、减力压制对方中路，攻两角，伺机抢攻（见图4-35）

比赛中，击球力量的轻重变化对战术运用有非常重要的作用，时常会收到事半功倍的效果。先压制对方中路，然后攻击对方左右两角。

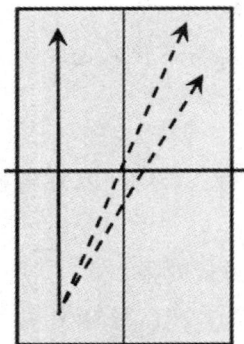

图 4-34　压制对方反手，　　　　图 4-35　加、减力压制对方中路，
　　　　结合变线，伺机抢攻　　　　　　　　攻两角，伺机抢攻

3．注意事项

（1）留意对方的进攻特点，多攻击对方的空当处。

（2）进攻的过程中，根据对方的意图，灵活掌握变线时机。

（3）不同线路、不同轻重的的打法结合运用，达到事半功倍的进攻效果。

（四）搓攻战术

1．特点

利用搓球的旋转和落点变化来控制对方，为进攻创造条件。在搓球中遇到机会球时进行扣杀，常常带有突然性，往往可以直接得分。搓攻战术是乒乓球各种打法都不可缺少的辅助战术。

2．常用的搓攻战术

（1）搓对方反手，再变直线，伺机进攻。

主要用来对付反手不擅长进攻的选手。先逼住对方反手大角，根据对方准备侧身攻或将注意力都放到反手位的时候，变线至正手，伺机抢攻。

（2）搓加转与不转球结合，伺机反攻。

以搓加转球为主，然后利用相似的动作搓不转的球，造成对方不适应或出现失误，为自己创造进攻机会。在运用旋转变化时，最好能结合落点的变化。

（3）搓短球为主，配合劈两个角长球，伺机抢攻。

搓加转短球，增加对方抢攻的难度，然后配合线路、长短的变化，为自己创造抢攻的机会。

3．注意事项

（1）判断来球旋转和落点时应果断，不能犹豫不决。

（2）根据具体情况灵活选择回接球的方式。

（3）不同线路、不同轻重的打法结合运用，达到事半功倍的进攻效果。

第七节　乒乓球运动专项身体素质

乒乓球运动属于技能主导类项目，具有球小、速度快、旋转强、变化多的特点。球从本方台面击到对方台面的时间不到 0.5 秒，在这样短暂的时间内，需要大学生学员对来球的方向、速度、旋转及落地等各个因素做出判断，并迅速移动步法，调整身体重心和击球点，进行挥拍击球。为了适应这种复杂的变化，要求大学生学员具备优良的灵敏素质、速度素质、力量素质和耐力素质才能更加灵活地应对各种变化。

据相关资料显示，一名优秀的乒乓球大学生学员在一次高水平的比赛中，需要挥臂约 5000 次，移动距离约 8000 米。乒乓球运动虽然平均负荷强度相对不大，但在比赛短暂的过程中对大学生学员的速度、力量、耐力和灵敏等素质提出的要求很高。

乒乓球专项素质训练是技、战术训练和提高运动成绩的基础，它不仅是大学生学员承受大负荷训练和高强度比赛的基础，也是大学生学员在训练和比赛中保持稳定、良好心理状态的基础，有助于预防伤病，延长运动寿命。

一、乒乓球专项速度素质

（一）乒乓球专项速度素质特点

对于乒乓球大学生学员，速度素质主要包括三个方面：反应速度、移动速度和击球速度,即对各种刺激快速反应的能力、快速通过某一距离的能力、快速完成动作的能力。

乒乓球大学生学员的速度属于复杂反应速度,首先是对比赛中瞬间多变的信号做出迅速准确的应答。这种瞬间选择性反应过程又包括对移动目标的反应和选择应答动作反应两个部分:第一部分是对球的速度、方向、旋转的判断和对对手技、战术动作的"潜伏"信号的判断,这就是通常所说的判断能力;第二部分是快速决定自己采取相应动作的方案。在乒乓球运动中技、战术运用有时要求较快,有时要求适中,而有时要求较慢,可使用适当的节奏变化来达到最终击败对手的目的。

其次是位移速度和击球速度。比赛场上的所有位移都是为了更好地击球,它与动作速度一样会有节奏性的变化,有时相对较快,有时相对较慢。所以一名优秀的乒乓球大学生学员必须同时具备这三种速度素质,缺一不可。

(二)乒乓球专项速度素质练习方法

(1)多球变化练习:有规律练习变换成无规律练习,如全台推、攻、拉等无规律练习。

(2)高抬腿接冲刺跑练习:原地高抬腿练习,听到口令后迅速启动跑出20米。

(3)前后左右步法移动练习:看教师的手势方向迅速移动。

(4)背靠球台双手摸台角练习:转腰摸左右台角练习,计40秒或1分钟。

(5)双摇跳绳练习。

(6)滑步捡球练习:在两个筐内放置15个乒乓球,距离3米,要求学员将球从甲筐运送到乙筐,计最短时间。

(7)小步跑变加速跑练习:站立,听信号做原地小步跑练习10~20秒,听口令接加速跑练习。

二、乒乓球专项力量素质

(一)乒乓球专项力量素质特点

力量素质是人体运动时,肌肉收缩能力的表现。力量素质是竞技运动中的重要素质,是大学生学员掌握动作技术、提高运动成绩的基础。从力量素质的分类来看,按肌肉收缩形式划分为动力性力量和静力性力量;按体重与力量的关系可以划分为绝对力量和相对力量;按力量的表现形式可以划分为最大力量、速度力量和力量耐力。

在激烈的乒乓球比赛中,大学生学员要不断地克服身体的阻力和惯性,进行起动、急停、方向转换,与此同时还要频繁地完成各种各样挥拍击球的技术动作,这一切都需要大学生学员具有良好的力量素质基础。力量素质又是发展爆发力、速度、耐力等各项技能的基础。随着"大球"时代的来临和"无遮挡发球"

规则的实施,球的速度、旋转和隐蔽性程度都相对减弱,力量无可非议地成为增加速度和旋转的最直接的影响因素。譬如,在乒乓球比赛中,特别是实行"无遮挡发球"以后,短短几秒的激烈对决,发球质量的高低成为影响胜负的最关键因素。

世界优秀乒乓球大学生学员的技术水平非常接近,在比赛中进攻和防守的回合明显增加,大学生学员要想在攻守中取得优势,在每一回合中都必须将对方的来球高质量地回击过去,这就要求大学生学员具有较强的力量耐力,其中挥拍臂和腿部的力量耐力强弱就显得尤为重要。

(二)乒乓球专项力量素质练习方法

(1)持哑铃(1～2千克)快速做攻、拉等动作,练习2～3组,每组15～20次。

(2)蛙跳练习:带沙袋绑腿,不停顿连续做,6～10次为一组。

(3)跳台阶练习:面向台阶,屈腿摆臂,用力蹬地收腹跳上台阶,连续练习。

(4)腿绑沙袋做2/3台正手连续攻或拉的多球练习。

三、乒乓球专项耐力素质

(一)乒乓球专项耐力素质特点

耐力素质又称"耐久力"或"支持力"。根据不同的标准,耐力素质可分为多种类型。按活动持续的时间可分为短时间耐力、中时间耐力和长时间耐力;按运动的氧代谢特征可分为有氧耐力和无氧耐力;按动员的肌群数量可分为局部耐力和全身耐力;按肌肉工作的性质可分为静力性耐力和动力性耐力。

近年来随着体育产业的发展,高水平的大学生学员或运动队除了要完成每年大型的赛事之外,还要参加很多大型俱乐部间的比赛,这样一来,就大大增加了大学生学员体力和精力的消耗。譬如,以一天的团体赛为例,最多需要比赛3次6场30局,除去捡球的时间,一天的实际比赛时间为150～180分钟;一天的挥臂次数为2718～11314次;如果以每次击球需移动1.5米计算,一天内总共就需要移动4077～16971米。而大型的赛事一般要持续十天或半个月的时间。那么这就需要大学生学员具有良好的耐力素质,且需要具有较好的有氧代谢能力作为基础。

乒乓球大学生学员的速度耐力主要表现在每个球的来回相持过程中和反复快速的移动过程中,并且在这种重复多次的移动之后,还要完成各种技术动作。有氧耐力素质主要表现在长时间的运动或比赛的后期,大学生学员的技、战术水平的发挥和恢复期,即打球的间歇,运动能力得到恢复。有氧耐力好者,其恢复能力就好,再进行运动的能力相对也就好。与周期运动相比,乒乓球大学生学员的有氧耐力水平是处在不断变化中的,主要是通过大学生学员全身肌肉的力量耐力表现出来的。

（二）乒乓球专项耐力素质练习方法

（1）多球练习：要求学员按照教师所安排的教学内容进行反复练习，时间由教师控制。

（2）1分钟立卧撑练习：由直立姿势开始，屈膝全蹲，两手撑地与肩同宽，撑跳，两腿伸直成俯卧撑，两脚用力蹬地屈膝收腹成蹲撑，还原成直立。计时 45秒或1分钟，间歇30秒，练习4～6组。

（3）逆风跑或负重耐力跑练习。

（4）负重连续跳练习。

（5）双摇跳绳练习：计时1分钟，间歇30秒，连续做2～3组。

（6）拉胶皮带练习：结合专项技术动作练习，如拉胶皮带做正手攻、拉等动作。

四、乒乓球专项灵敏素质

（一）乒乓球专项灵敏素质特点

灵敏素质有别于上面所提到的三种运动素质，它是一种复合素质，是人体在各种突然变换的条件下，快速、协调、敏捷、准确地完成动作的能力，是人的运动技能、神经反应和各种身体素质的综合表现。灵敏素质没有客观衡量的标准，大多数情况下是通过动作的熟练程度来显示它的高低，它不像其他素质有客观的衡量标准，比如力量是用重量的大小来衡量；速度是用距离和时间的比来衡量；耐力是用时间的长短或重复次数的多少来衡量的；而灵敏只有用迅速准确协调完成动作的能力来衡量，动作完成得越好、越迅速就表示灵敏素质越好。由此可见，离开了其他的素质和运动技能根本谈不上有灵敏素质的存在，而灵敏素质只有通过熟练的动作才能表现出来，单纯的灵敏素质是不存在的。

在乒乓球运动和比赛中，要求大学生学员在时空急剧变化的条件下能迅速表现出对动作的准确判断、灵活应变、快速敏捷的反应速度、高度的自我操纵能力以及迅速改变身体或身体某部位的运动方向的能力，以获得理想的技术、战术效果。乒乓球大学生学员所需要的灵敏素质包括协调性、灵活性和准确性三大基本能力，即大学生学员在完成技术或战术的过程中，身体的各个部位能够正确地处理好击球的时间、空间、力量和节奏的关系，合理有效地完成技术动作。因此灵敏素质应置于乒乓球大学生学员身体素质的首位，它对提高乒乓球运动的整体水平有着极为重要的作用。

（二）乒乓球专项灵敏素质练习方法

（1）多球练习：教师以多球形式发无规律的落点或旋转变化的球。

（2）听信号或看手势做各种步法变换方向的练习。

（3）听信号或看手势做相反动作的练习。

（4）一对一面向站立，双手直臂相触，虚实结合相互推，使对方失去平衡练习。

五、乒乓球专项柔韧素质

（一）乒乓球专项柔韧素质特点

柔韧素质指人体关节活动幅度的大小以及关节的韧带、肌腱、肌肉及其他组织的弹性和伸展能力。柔韧素质包括两个含义：一是关节活动幅度的大小，二是跨关节的肌肉、肌腱、韧带等软组织的伸展性。因此，柔韧素质对乒乓球运动技术的掌握和发挥具有重要作用。

（二）乒乓球专项柔韧素质练习方法

（1）压肩练习：身体面向球台，双手手扶台面做双手压肩或单手压肩练习。

（2）双人压肩练习：两人面对面站立，距离适中，手扶对方肩，做体前屈压肩练习。

（3）双人背向拉肩练习：双人背向两手头上拉住，同时做弓箭步前拉。

（4）转肩练习：通过木棍做直臂向前、向后的转肩练习。随着转肩能力的提高，握距可以逐渐缩小。

（5）正、侧压腿练习。

第八节　大学乒乓球中级水平考核内容与评分方法

大学生乒乓球中级水平考核内容是乒乓球中级水平练习的内容，主要检测乒乓球各项技、战术组合的技术水平（见表 4-1）。考核前教师需向考核学生讲清考核内容、方法及技术规格，如击出的球具有合适的弧线、速度、力量、旋转、落点等因素要求，以保证击球的技术质量。

一、大学乒乓球中级水平基本技术考核内容与评分方法

（一）正手加转弧圈球

1. 考核方法

陪考人员有规律地将下转球送至右边 1/2 台，考核人移动中拉弧圈球，共15 个球，不限时间，按上台个数计分。

2. 评分标准

（1）达标：15 个拉球上台计满分，10 个上台及格。

（2）技评：按四级评分。

优秀：动作完整、协调，控制球能力强。

良好：动作完整、较协调，控制球能力强。

及格：动作基本完整、较协调，控制球能力一般。

不及格：动作不完整、不协调，控制球能力差。

（二）反手加转弧圈球

1. 考核方法

陪考人员有规律地将下转球送至左边 1/2 台,考核人移动中拉弧圈球,共 15 个球,不限时间,按上台个数计分。

2. 评分标准

(1) 达标:15 个拉球上台计满分,10 个上台及格。

(2) 技评:按四级评分。

优秀:动作完整、协调,控制球能力强。

良好:动作完整、较协调,控制球能力强。

及格:动作基本完整、较协调,控制球能力一般。

不及格:动作不完整、不协调,控制球能力差。

（三）正手快点

1. 考核方法

陪考人员将球送至右边球台近网位置,旋转不限,考核人移动中击球,共 15 个球,不限时间,按上台个数计分。

2. 评分标准

(1) 达标:15 个上台计满分,10 个上台及格。

(2) 技评:按四级评分。

优秀:旋转判断准确,动作完整、协调,控制球能力强。

良好:旋转判断准确,动作完整、较协调,控制球能力强。

及格:旋转判断不够准确,动作基本完整、较协调,控制球能力一般。

不及格:旋转判断不准确,动作不完整、不协调,控制球能力差。

二、大学乒乓球中级水平组合技术考核内容与评分方法

（一）推挡侧身攻

1. 考核方法

陪考人员将球推至对方左边 1/2 台,考核人连续做推挡侧身攻 1 分钟,累计击球组数。同时计算考核人的失误次数,每次失误倒扣 1 组球的分数,依次类推。掉球后可以重发球继续累加。

2. 评分标准

(1) 达标:个数达 30 组计满分,同时扣除失误的分数,每人两次机会,计最佳一次成绩。

(2) 技评:按四级评分。

优秀:正、反手动作结合自如,步伐移动迅速、准确。

良好:正、反手动作结合较自如,步伐移动较迅速、准确。

及格:正、反手动作结合基本自如,步伐移动基本迅速、准确。

不及格：正、反手动作结合不自如，步伐移动不迅速、不准确。

（二）推挡、侧身扑正手

1.考核方法

陪考人员有规律地将球推至对方左边 1/2 台两次，右边 1/2 台一次，考核人连续做推挡侧身扑正手 1 分钟，累计击球组数。同时计算考核人的失误次数，每次失误倒扣 1 组球的分数，依次类推。掉球后可以重发球继续累加。

2.评分标准

（1）达标：个数达 20 组计满分，同时扣除失误的分数。

（2）技评：按四级评分。

优秀：正、反手动作结合自如，步伐移动迅速、准确。

良好：正、反手动作结合较自如，步伐移动较迅速、准确。

及格：正、反手动作结合基本自如，步伐移动基本迅速、准确。

不及格：正、反手动作结合不自如，步伐移动不迅速、不准确。

大学乒乓球中级水平基本技术和组合技术考核评分如表 4-1 所示。

表 4-1　大学乒乓球中级水平基本技术和组合技术考核评分表

| 分 值 | 达　标 | | | | | 等级 | 技评 |
	正手加转弧圈球 板数	反手加转弧圈球 板数	正手快点 板数	推挡 侧身攻 组数	推挡、侧身扑正手 组数		分值
100	15	15	15	30	20	优+	95—99
95	14	14	14	28	19		
90	13	13	13	26	18	优-	90—94
85	—	—	—	24	17		
80	12	12	12	22	16	良+	85—89
75	—	—	—	20	14		
70	11	11	11	18	12	良-	80—84
65	—	—	—	16	10		
60	10	10	10	14	8	中+	75—79
55	9	9	9	12	7		
50	8	8	8	10	6	中-	70—74
45	7	7	7	8	5		
40	6	6	6	6	4	及格	60—69
35	5	5	5	4	3		

三、教学赛考核内容与评分方法

1. 考核方法

根据学生人数,组织循环赛或淘汰赛,通过比赛观察考核学生的全面技术水平和战术意识。

2. 技评标准

技评标准根据比赛成绩按四级评分。

优秀:个人技术全面,打法风格突出,实战能力强。

良好:个人技术较全面,打法风格较突出,实战能力较强。

及格:个人技术基本全面,实战能力一般。

不及格:个人技术不全面,实战能力差。

四、乒乓球专项素质考核内容与评分方法

(一)"8"字踩点法

1. 考核方法(见图 4-36)

每人两次机会,取最好成绩。用滑步和交叉步始终面向 BC 边,从 A→B→C→D 移动中踩点,再反方向移动踩点(D→C→B→A),由 A→D→C→B→A 踩点;由 A 踩点开始计时。注意只要单脚踩点就算,如踩不上点应提醒,再重复踩点。

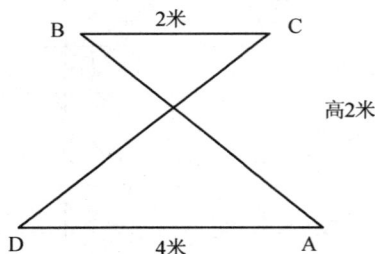

图 4-36 "8"字踩点法

2. 评分标准

"8"字踩点法评分标准如表 4-2 所示。

表 4-2 "8"字踩点法评分标准

分值 \ 性别	女生	男生
100	12″6	12″2
95	12″9	12″5
90	13″2	12″8

分值　　性别	女生	男生
85	13″5	13″1
80	13″8	13″4
75	14″2	13″8
70	14″6	14″2
65	15″0	14″6
60	15″4	15″0
55	15″8	15″4
50	16″2	15″8
45	16″6	16″2
40	17″0	16″6
35	17″4	17″0
30	17″8	17″4

（二）定距跑

1. 考核方法

男生跑 3000 米，女生跑 2400 米，记录每位考生跑完定距的时间。

2. 评分标准

定距跑评分标准如表 4-3 所示。

表 4-3　定距跑评分标准

分值　　性别	女生	男生
100	12′00	12′00
95	12′20	12′20
90	12′40	12′40
85	13′00	13′00
80	13′20	13′30
75	13′40	14′00
70	14′00	14′30
65	14′30	15′00

续　表

分值　　性别	女生	男生
60	15′00	15′30
55	15′30	16′00
50	16′00	16′30
45	16′40	17′00
40	17′20	17′40
35	18′00	18′20
30	18′40	19′00

思考题

1. 怎样发好左侧下旋球和左侧上旋球？

2. 练习正手加转弧圈球时易犯什么样的错误？如何纠正？

3. 乒乓球基本战术有哪些？在比赛中如何运用？

4. 如何提高乒乓球学员的灵敏素质？

第五章　大学乒乓球高级水平教学指南

◎ 本章导读

长期以来，中国乒乓球得以称雄世界，坐上霸主地位的制胜"武器"是什么？想了解这种"武器"概况，掌握并熟练运用这种"武器"吗？通过本章的学习，你将更好地掌握发球与接发球、进攻性高级技术和控制球高级技术，掌握中国"前三板"技术和简单易学又实用的技术组合和战术配合，理解乒乓球运动的精髓，掌握大学乒乓球运动训练的指导思想与方法，具备较高的技战术水平和竞技水平，成为一名高水平的乒乓球大学生学员。

第一节　乒乓球发球与接发球高级技术

一、发球高级技术

（一）高抛发球

1. 特点

高抛发球最显著的特点是抛球高，增大了球下降时对拍的正压力，发出的球速度快，冲力大，旋转变化多，着台后拐弯飞行。但高抛发球动作复杂，有一定的难度。

2. 动作要领

（1）抛球勿离台及身体太远。

（2）击球点与网同高或比网稍低，在近腰的中右处（15 厘米）为好。

（3）尽量加大向内摆动的幅度和弧线。

（4）发左侧上、下旋球与低抛发球相同。

3. 动作练习要点

抛球应高且直，抛球腕不要内勾、侧翻。

（二）逆向发球

1. 特点

逆向发球一般采用与常规发球发力方向相反的动作进行发球。最常被运用的是站在正手位使用逆向发球。正手逆向旋转发球由于其旋转方向与普通右手持拍者的正手侧旋发球方向相反，所以一般在接发球时较难适应，容易出现机会球或者失误。

直拍与横拍均可采用逆向发球。相对于横拍而言,直拍学员由于握拍方式较为灵活,使用逆向发球技术时难度较之横拍有很大降低,但其基本动作大体相同。

2. 动作要领

(1)要注意前期准备。前期准备包括站位、拿球拍的方式以及发球前的姿势。站位因人而异,并没有特定的位置。横拍发逆向旋转时,拇指压住球拍,食指伸直贴在球拍背面,中指弯曲贴在拍柄上。发球时身体略向前倾收腹(见图5-1)。

(2)注意整体动作一致性。要注意转腰、甩小臂、抖手腕动作的连贯性。具体动作大体为:抛球,左腿蹬地抬高,重心转移到右脚,手腕内收到胸前,转腰重心前移,甩小臂触球抖手腕,动作还原。

> **小贴士**
> 触球后,附加一个向右前方的回收动作,可增加对方的判断难度(结合发右侧旋球,更有威力)。

(3)注意旋转的选择。逆向发球主要是以下旋短球为主,在实战中掺杂一些侧旋或上旋球也会取得很好的效果。发球旋转的选择主要取决于触球瞬间的部位,如果要发下旋或侧下旋,通常使用球拍的下半部摩擦球的下侧,此时手腕有一个由内往外甩的动作。如果要发上旋则需要使用球拍上侧击球的中上部分,手腕有一个向内裹的动作。

图 5-1　逆向发球

3. 动作练习要点

发球时球拍与球撞击摩擦力度不够,主要是由于太注重小臂和手腕的发力,而没有注重转体转腰的动作。

(三)下蹲发球

1. 特点

下蹲发球属于上手类发球,我国运动员早在20世纪50年代就开始使用。横拍学员发下蹲球比直拍学员方便些,直拍学员发球时需变化握拍方法,即将食指移放到球拍的背面。下蹲发球可以发出左侧旋和右侧旋,在对方不适应的情况下,威胁很大,关键时候发出高质量的球,往往能直接得分。

2. 动作要领

（1）注意抛球和挥拍击球动作的配合，掌握好击球时间。

（2）发下蹲右侧上、下旋球时，左脚稍前，身体略向右偏转，挥拍路线为从左后方向右前方。拍触球中部向右侧上摩擦为右侧上旋；从球中下部向右侧下摩擦为右侧下旋。

（3）发下蹲左侧上、下旋球时，站位稍平，身体基本正对球台，挥拍路线为从右后方向左前方。拍触球右中部向左上方摩擦为左侧上旋；从球中部向左下部摩擦为左侧下旋。

（4）发左（右）侧上、下旋球时，要特别注意快速做半圆形摩擦球的动作。

3. 动作练习要点

发球要有质量，发球动作要利落，以防在还未完全站起时已被对方抢攻。

二、接发球高级技术

（一）拧

1. 特点

反手拧拉，近年来在反胶选手中逐渐流行，属于横拍反手和直拍横打接发球的一种新技术。现在多数称法是反手台内拧拉。这项技术有效地解决了反手接发下旋短球如何进攻的问题，使接发球一方在前三板不至于直接陷入被动，所以极具实践意义。

2. 动作要领（见图 5-2）

首先脚入台迎球。当球跳至己方球台时，持拍手已等在台内，注意手臂应保持自然弯曲，持拍手自然下垂向内转 180 度使拍面（反手背面）与球的右切面平行。此时肘关节朝外略上扬（有利于手腕内旋）并

图 5-2　反手拧拉

高于手腕。当球从己方球台弹起时，在球台上升后期或高点期，球拍背面（拍头）摩擦球的右后侧中下部。手腕先横向接触球产生侧下旋，再翻腕。

3. 动作练习要点

动作要一气呵成，发力最后阶段肘关节的位置即刻朝下，手腕朝上，完成整个技术动作。

（二）挑

1. 特点

挑是一种进攻台内短球的方法。按种类划分，属攻球技术。挑具有动作小，出手突然，主动意识强的特点。

2. 动作要领

在来球的高点期，击球中后侧部，向前上或前上侧方（根据挑球的线路而定）发力。击球时，以前臂发力为主，上臂适当靠近身体，重心略向前倾，这可增加手对球感觉的准确性。在练习时，要处理好摩擦和击打的关系。初学时，为了保证击球的准确性，可适当多一点摩擦，待水平有一定提高时，就可以增加击打的比重，以使球的速度更快，挑出的球质量更高。这也是目前在实践中，人们常把此项技术称为"挑打"的原因。

3. 动作练习要点

节奏上应该是感觉球还没落台，球拍已经迎上去了，这样才能在球刚起跳的时候触球，从而摆出很短的球。

（三）摆短

1. 特点

摆短具有击球时间早、出手速度快、动作小、回球快、弧线低、落点近网，且前进力很小，球不出台的特点，使对手难以上手拉攻，较好地为下一板进攻创造机会。

2. 动作要领

在来球的上升期，击球中下部，以向前下方发力为主，略带向侧的力量。击球时，手腕瞬间有一较小的制动动作，在自己发力的基础上，适当借对方来球的力量，在过网的前提下，可减少球向前平动的距离，摆出高质量的短球。

3. 动作练习要点

身体重心必须及时上前，手臂在台内迎球时近似与台面平行。摆短是借来球之力与球拍的适当缓冲力，触球瞬间向下用力的成分多于向前。

（四）劈长

1. 特点

劈长是乒乓球比赛中常用的接发球技术之一。劈长速度快、线路长、旋转强、弧线低平、出手凶狠，常使对方无法获得上手进攻所必需的引拍距离。

> **小贴士**
> 劈长在接发球时，与摆短配合运用能起到更好的效果。

2. 动作要领

与一般搓球类似，但引拍稍高（必须高于来球），在高点期触球，充分发挥前臂以及手腕的爆发力快速向前下方砍击，发力集中，动作幅度较大，身体重心要随摩擦球的方向跟出。击球后前臂要迅速收住，及时还原，准备后续的进攻。

3. 动作练习要点

劈长应特别强调爆发力。劈长在接发球时，与摆短配合运用能起到更好的效果。

（五）侧身用弧圈球接出台球

1. 特点

当球处于反手位、步法跟得上时，适宜运用侧身正手拉弧圈球，以争取主动和得分。直横拍弧圈选手侧身拉意识很强，都能较好地掌握与运用这一技术。

2. 动作要领

同正手拉弧圈球，要注意正确选择侧身时机，步法移动迅速，侧身到位，并调节引拍方向、出手角度和挥拍方向，避免盲目侧身。

3. 动作练习要点

侧身后，身体重心要降低。落点判断要准确。

第二节　乒乓球进攻性高级技术

一、中远台正手攻球

（一）特点

在以快攻为主打法的年代，中远台攻球是与对方相持中争取主动的主要技术；但在弧圈球普及的今天，这种技术的攻击性已不及中远台对拉弧圈球，但仍然有其价值，可以在比赛中改变回球节奏。对于初学的大学生学员来说，这种练习更可以帮助舒展动作，体会全身协调发力的感觉。

（二）动作要领

两膝自然弯曲，上身略向前倾，起手较高，前臂自然弯曲，拍面稍前倾。腰部顺时针转动，前臂横摆引至身体右侧后方。右脚蹬地，髋关节向前转动，腰向左转，上臂以及前臂向左前方挥动迎球。当来球跳至上升后期（或高点期），拍面稍前倾击球中部或中上部，触球瞬间前臂迅速收缩，向前方出手。用 80% 左右的力量击球，可借助手腕调节拍面角度、改变击球部位来变化回球的落点。

（三）注意事项

（1）引拍时充分转腰，带动上臂以及前臂向后拉，重心放于右腿；击球时，腰向左转，上臂稍向前送，前臂迅速收缩。身体迎向来球。

（2）在来球的上升后期或最高点击球，接触球的中部或中上部，以击打为主，可略带摩擦。

（3）击球时要注意体会重心交换的感觉，击球后必须迅速还原。

（4）加大击球力量的方法：击球前，首先要判断来球落点，及时移动脚下位置，随来球充分转腰、引拍；右脚蹬地，腰、髋迅速左转，尽量在来球的最高点击球，既借来球的力量又要主动发力，击球时向前出手为主，快速收缩前臂。

（四）练习方法

（1）按正确的动作要领，先做中远台攻球的分解练习，然后逐渐过渡到完整击球动作练习。

（2）先近台练习对攻，然后逐渐过渡到中远台的攻球。

（3）先做固定站位的正手攻球练习，然后学习在左右移动中的攻球练习，最后进行半台不定点练习。

二、正手拉前冲弧圈球

（一）特点

正手拉前冲弧圈球技术特点：出手快，球速度快，力量较大，飞行弧线低，落台后有下沉，进攻性强，是对付发球、推挡、搓、削的有效技术。

前冲弧圈球上旋强烈，第一飞行弧线低且长，球前进速度快，第二弧线下坠比加转弧圈球更低且快，急剧前冲向下滑落，杀伤力大，是得分的撒手锏。通常在对付削、搓、中等力量攻球、接发球及半高球时运用，对方弧圈相持时也用以对拉、对冲。

（二）动作要领

站位：比拉加转弧圈球稍近台一些。身体重心也稍高一点。

引拍：向后下方引拍，根据来球的弧线高低，确定引拍的位置。一般情况

> **小贴士**
> ➤ 前冲威力是由快速和有力的摩擦产生的。
> ➤ 而发力的关键在于重心转移和小臂快收。

下低于来球，但位置比拉加转弧圈要高。拍面前倾稍大于拉加转弧圈，身体重心移到右脚。

击球：向左前略向上挥动球拍，在球的上升期或高点期击球中上部。手臂借助身体转动的力量发力，前臂和手臂在击球瞬间，发力摩擦球，随势挥拍。手腕控制，且不可把发力交给手腕完成，拍面的角度可由大到小调整到适合个人的最佳角度后固定下来。

还原：击球后，为了让力量充分作用在球上，同时保证身体平衡和利于还原，随势挥拍动作就十分重要，身体重心移至左脚。

（三）注意事项

（1）击球时，身体集中发力，重心迎前，撞击结合摩擦，突出体现"快、狠、转"。

（2）拉弧圈球，一定要强调通过两脚重心交换、转体来带动手臂，击球瞬间前臂快速收缩发力，手腕只起传递力量和控制球的弧线、落点的作用。

（3）击球点保持在身体的右侧稍前方处，这个击球点有利于身体重心的交换。

（四）练习方法

（1）做徒手动作练习,体会身体协调发力。

（2）通过多球的方式强化正手前冲弧圈球练习。

（3）一搓一拉冲练习。一人搓球到对方的定点位,一人做前冲弧圈球技术练习,再过渡到不定点练习。

（4）一推一拉冲练习。一人推挡到对方的定点位,一人做前冲弧圈球技术练习,再过渡到不定点练习。

三、横拍反手拉前冲弧圈球

（一）特点

反手拉前冲弧圈球具有出手快、球速快、弧线低、上旋强、着台后前冲力大等特点。它是一种将力量、旋转以及速度结合得较好的进攻性技术,是得分的一个重要手段,也是针对发球、搓球、削球、推挡以及在相持中对拉的有效技术。

横拍反手拉弧圈球和直拍反手拉弧圈球,是横拍和直拍横打选手独特技术之一。

> **小贴士**
> 腰、髋带动伸膝、转腹,蹬地力量与重心转化配合协调,可以使球拉得转一点、稳一些。

（二）动作要领

站位:两脚平行或右脚稍前,两膝微屈,重心在两脚间。

引拍:右肩下沉,球拍引至大脚内侧,肘关节稍前顶,手腕内旋。

击球:击球时,拍面稍前倾,以肘关节为轴,前臂快速向前上方发力,在来球的高点期摩擦球的中上部,同时两腿向上蹬伸,身体略向前上方顶以辅助发力。

还原:随势挥拍后,迅速还原。

（三）注意事项

（1）重视两脚蹬地用力和身体迎前击球动作,加强手臂、腰、腿间的协调发力,尤其是前臂的快速收缩,此外,要加强中台和中远台反手拉的相持能力。

（2）引拍要早,以保证在来球的高点期击球,击球点在身体的侧前方。

（3）拉前冲弧圈球身体重心应比拉加转弧圈球高,在来球的上升后期击球,以向前发力为主。

（4）击球时手腕放松,发挥手腕的鞭打作用。

（四）练习方法

练习方法同正手拉前冲弧圈球。

四、直拍反面拉加转弧圈球

（一）特点和作用

直拍反面拉加转弧圈球的飞行弧线较高,球速较慢,但上旋旋转强烈,所以球的稳定性好,不易失误。直拍反面拉加转弧圈球是比赛中常用的技术,是对付强烈下旋球的有力武器,常用于接下旋发球、搓球或削球。此外,比赛中自己的接球位置不好或对方回球比较难接,不易发力时,也可以通过拉加转弧圈球过渡,以便寻找机会或本身出于战术的考虑主动改变节奏。

(二)动作要领

直拍反面拉加转弧圈球动作要领见图 5-3。

> **小贴士**
>
> 因为直拍横打使用手腕部较多,所以请您在练习时注意保护手腕。可戴护腕加以保护。另外练习时间不宜过长,如果关节感到酸痛就应该及时休息,避免伤病产生。

站位:判断来球,选好站位,右脚稍前,重心较低。

引拍:向左转腰、转髋,拇指压拍,食指放松,拍面稍前倾,手腕放松,拍头朝下,沉肩垂臂,肘关节向前突出,手臂向下引拍,球拍高度低于来球高度,尽量加大球拍与球之间的距离,以增大加速距离。

击球:蹬地,转髋,转腰,身体重心从左脚移至右脚,上臂带动前臂向前上方迎球。拍面稍前倾,下降期前期用力摩擦球的中部或中部偏上,拍触球时大拇指用力压拍,前臂旋外,手腕伸,发力顺序为腿、腰、肩、上臂、前臂、手腕、手指,最后将力传递到球上,发力方向以向上为主,略带向前。如果对方来球旋转较强,应多向上摩擦,旋转不强则应多向前发力。

还原:球离拍后,顺势挥拍。调整重心,并迅速还原动作。

图 5-3 直拍反面拉加转弧圈球

(三)注意事项

(1)直拍反面拉弧圈球技术需要通过身体协调发力来完成,通过下肢的力量最终传递到手上,使手上动作和腰、腿的用力协调一致。

(2)击球时以向上发力、多摩擦为主。

(四)练习方法

(1)徒手练习技术动作,领会动作要领。

(2)可采用多球练习方式。陪练方发定点下旋球到练习方的反手位,通过直拍反面拉加转弧圈球方式进行回击,然后过渡到不定点的练习方式。

(3)可以直拍反面拉加转弧圈球与直拍反面拉前冲弧圈球两项技术结合练习。根据练习需要有针对性地进行结合练习,练习路线由定点逐渐过渡到不定点。

第三节 乒乓球控制球高级技术

一、正反手防御弧圈球

随着弧圈球技术的流行,学习如何对付弧圈球已经是我们必须重视的技术打法了。回接弧圈球的常用方法主要包括平挡、推挡、正手反带、攻打、反手反撕、反拉弧圈球等。

上述技术中,平挡和推挡比较稳妥,攻击性小,比较适合初学的大学生学员入门时学习。快带、快撕和反拉则有较强的攻击性,技术难度大,需要较长的学习时间才能掌握。

(一) 平挡

平挡自身发力小,主要靠借来球的力量回球。技术动作小巧,类似于正反手的攻球动作。球拍稍高于来球,击球的上升后期,触球的中上部。

(二) 正手快带

正手快带主要用于近台回接弧圈球,速度快,配合落点可以有效地压制对方的弧圈球连续进攻。引拍不宜大,以使击球动作类似往前平移为准,腰部略转,转动也不宜大。在来球的上升期击球,击球点保持在身体前方。

(三) 反拉

反拉多为正手使用,用来对付弧线略高,速度较慢的弧圈球。击球原理类似于正手拉弧圈球。身体重心要略高,脚步移动到位,最好有一种用身体压住球然后甩出去的感觉,腰部收紧发力。反拉时需强调自身主动发力摩擦以克服来球的旋转。

(四) 快撕

横拍反手快撕弧圈球技术是指当发球或者回球到对方时候,对方用拉弧圈球的方式将球拉起来到自己的反手位置,这时我们就可以运用这一技术很好地做到守中带攻。身体前顶,右肩和肘关节略微提起,球拍后引较小,引拍位置略高。拍形适当前倾。在上旋来球的上升前期,拍向前上方挥动,击球点在胸腹前方。击球时,握紧球拍,向前快挥,用拇指和食指夹住拍肩,控制来球的旋转,快速摩擦球的中上部。

二、正反手削球

(一) 特点

削球是乒乓球传统手法之一,也是乒乓球防守技术之一。削球技术正在向转、稳、低、攻方向发展,具有球速慢、弧线长、球下旋等特点,是一种防守技术,以其旋转和落点变化威胁对方。削球有近削、远削、加转削、不转削、削逼角球和削弧圈球等。

削球击球动作大、球速慢、弧线长,有利于削转与不转球和以落点变化来牵制对方,常适用于对付对方的扣杀球、弧圈球和提拉球。它是以削为主打法的学员必须掌握的基本技术之一。

(二)动作要领

1. 正手远削动作要领

中台站位,左脚稍前,上体稍向右转重心落于右脚,持拍手臂自然弯曲于腹前。顺来球方向向右上方引拍与肩同高,拍面后仰。当球从台上弹起时,持拍手上臂带动前臂由右上向左前下方加速切削,手腕向下转动用力,在右侧离身体 40 厘米处击准下降期球的中下部,并顺势前送(见图 5-4)。

> **小贴士**
> 削球的重点难点是手臂、腰、腹和腿的协调用力。

图 5-4　正手远削

2. 反手远削动作要领

中台站位,右脚稍前,上体左转重心落于左脚,持拍手自然弯曲放松置于胸前。顺来球路线向左上方引拍约与肩高,拍柄向下。当球弹起时持拍手从左上方向右前下方挥动,拍面后仰,用前臂和手腕加速用力切削,球拍在胸前偏左 30 厘米处击准下降期球的中下部,并顺势挥至右侧下(见图 5-5)。

图 5-5　反手远削

（三）动作练习要点

（1）向上引拍，是为了增大削击球的用力距离。

（2）在下降期击球，但不能过低于台面。

（3）要保持足够的撞击力，否则球不会过网。

（四）练习方法

（1）徒手模仿练习，领会动作要领。

（2）结合步法移动做徒手模仿练习。

（3）正（反）手先练习削斜线球，后练习削直线球，再练习削中间球。

（4）正（反）手一点削对方左右两点，先练定点再练不定点。

（5）正手和反手两点削对方一点，先练定点再练不定点。

（6）在全台前、后、左、右跑动中练习。

三、正反手放高球

（一）特点

放高球是一种防守技术，但即使是防守型打法也不会将其作为主打技术，因为没有几个人愿意置于这种被动境地，但它的存在自有其合理性。因为形成高球时，进攻的心态往往是志在必得，所以一旦打丢了，挫折感非常强烈；防守则会因绝处逢生而士气大涨，放高球的得失分甚至会成为比赛的转折点。

> **小贴士**
>
> 如果碰到防御弧圈球能力很强的长胶大学生学员，也可以用放半高球的方式获得主动。

（二）动作要领

1. 正手放高球动作要领

站位：观察来球方向和长度，用跨步或交叉步迅速离开球台向来球移动。

引拍：身体重心移向右后腿，屈膝，重心下沉，向后下方拉拍，球拍外翻。

击球：在身体前方或侧面，在球的下落过程中击球，球拍与球相切，动作类似拉弧圈，手臂和身体的运动方向是向上的，球过网飞行高度可以达到 3 米以上。

还原：击球后配合手臂的伸展，腿伸直，身体向上伸展，右腿控制住身体冲力，迅速返回预备姿势。

2. 反手放高球动作要领

站位：观察来球方向和长度，用跨步或交叉步迅速离开球台向来球移动。

引拍：身体重心移向左后腿，屈膝，重心下沉，身体向左旋转，球拍外翻。

击球：在身体前方或侧面，在球的下落过程中击球，球拍与球相切，动作类似拉弧圈，手臂和身体的运动方向是向上的，球过网飞行高度可以达到 3 米以上。

还原：击球后配合手臂的伸展，腿伸直，右腿控制住身体冲力，迅速返回预备姿势。

（三）杀高球放高球练习

（1）供球者一人，放半高球或高球至对方台面固定区域，练习者熟练后，再放不定点球。

（2）练习者两人，分别站球台两端。一人练习杀高球，另一人练习放高球。要求逐渐增加杀高球的力量和落点变化与放高球的高度。

（3）计 15～20 个球为一组的命中率，2～3 组后进行轮换。

四、正手杀高球

（一）特点

乒乓球正手杀高球技术动作大，力量重，一般用于攻打肩以上高度的来球，往往能够直接得分。

（二）动作要领

站位：左脚在前，身体离台略远。

引拍：手臂内旋使拍面前倾，整个手臂随着腰、髋的向右转动而尽量向身体右后方引拍，以增大球拍与来球的距离，发挥击球力量。

击球：击球时，随着右脚蹬地转换重心和腰、髋向左转动，整个手臂先由后下方向前上方挥摆，这时身体的重心逐渐上升并开始向左脚转移，随后手臂加速向左前下方挥动，腰、髋同时配合发力，拍面前倾击球中上部。

还原：击球后，手臂继续随势向左前下方挥动，身体重心移到左脚后迅速还原。

（三）动作练习要点

（1）当来球很高时，不宜在球跳至最高点时击球，必须等来球从最高点稍下降后才出手击球，即通常我们所说的慢杀。以免来球高出挥拍路线的高度，影响力量的施展和击球的命中率。慢杀相对比较稳健，能够集中全身力量给对手以重击。

（2）杀高球时，前臂不能沉得太低，以免压不住球而导致出界。

（3）有时为了改变击球节奏，也可以在来球刚跳起时的上升期快击球，即通常所说的快杀（落地开花）。快杀易造成对方措手不及而失误，但使用这种方法稍有不慎易失误，力量也比较小，一定要注意判断好来球的弹起点和方向。

（四）练习方法

（1）供球者放半高球至固定台区，练习扣杀半高球。练习者熟练后，逐渐提高供球的高度；由定点练习变成不定点练习；由慢杀提升到快杀。

（2）初学时，供球者可采用多球练习的方式。练习者熟练后，二人可进行杀高球放高球练习。

第四节　乒乓球运动高级水平组合技术

一、正手连续跑位拉弧圈球

（一）练习方法

正手连续跑位拉弧圈球主要是通过线路训练来进行：

（1）正手斜线（线路长，容易上台）。

（2）正手侧身斜线（线路长，容易上台）。

（3）正手直线。

（4）正手侧身直线。

（5）正手斜线接直线（两点训练）。

（6）正手侧身斜线接直线（两点训练）。

（二）注意事项

拉球要求上台率高，落点偏差小，力量均匀，旋转稳定，这样练习对手也容易掌握回球落点和速度。切忌急于求成，对自己要求过高，失误过多，如果让训练对手频频捡球，失去练习兴趣则前功尽弃。

二、反手拉下旋球后侧身拉

（一）练习方法

在练习反手拉下旋球时应该循序渐进，根据反手快撕的技术动作进行调整。改变发力方向，体会运用身体力量的感觉。很多学员在反手拉球时，感觉力量已经很大了，而且也发力摩擦了，但回球还是下网，这基本上都是没有用好腰腹力量的原因，无法将身体与手臂、手腕的力量同时作用在球体上，导致爆发力不够集中，摩擦不够充分。下面我们将详细介绍反手拉下旋球的一些要点：

1．摩擦球体的中部偏上位置

与反手快撕相比，反手拉下旋球的时候，球拍与球体的接触点更靠近中部位置，这样才更容易向上摩擦，制造足够的旋转。我们知道，在拉球时，除了要发力摩擦制造旋转外，还要给球一个向前、让回球足以过网的力量。如果在引拍时，起手位置过低，发力方向几乎是从下垂直向上的一条轨迹，这样只能增加向上的力量，而失去了向前的力量，摩擦虽然足够充分，但是弧线很高，导致下网。在引拍时，要根据来球的弧线高度和长度调整起手的位置。当来球落台后，我们要根据来球的下降轨迹来调整引拍的位置。如果把来球下降的轨迹看作一条直线,我们引拍的位置应该稍稍低于来球,使挥拍的方向与来球的轨迹相重合,这样可以很容易地借力。为了提高回球的质量,我们可以适当注重向前的力量,压低回球弧线,加快回球速度。

2. 腿部、腹部是发力的根源

大学生学员在练习反手拉下旋时,经常感觉到发力不顺畅,而且可以明显感觉身体的力量根本用不出来,手臂与身体是脱节的。尤其在开始练习阶段,大多数学员都是先靠手臂的力量去击球,想找到摩擦的感觉,一旦来球的旋转稍强,球速稍快,拉球就会下网。此时如果强行靠手臂发力,不但会导致肌肉过于僵硬,还会引发运动损伤。其实拉球时,手臂的击球动作与反手快撕有相似之处,而手臂动作在整个击球环节并不是最重要的。拉下旋球,首先要学会发力。

在发球后必须迅速调整好站位,使身体几乎平行于球台端线,同时将右肩稍稍下沉,上半身微微前倾,做好反手直接进攻的准备。击球前引拍的时机可以稍稍提前,迅速收腹,将前臂横置在腹部前方,用球拍的正面瞄准来球。当来球刚刚落台时,将前臂稍稍向下展开,同时将腿部继续弯曲,将身体重心继续压低,同时将重心放在右腿上。此时注意拍形角度的稳定性,不必过于下压。击球时,应当在来球的下降初期,两腿发力蹬起,上半身挺起,手腕向下小幅度转动。在触球瞬间,前臂以肘部为轴,向右前上方展开,手腕在向上转动的时候要有突然的爆发力。在触球时,身体爆发出很强的向上的力量,腿部蹬地和腹部挺出的力量通过手臂传递到球体上,配合手腕动作,加强对球体的摩擦。

腿部和腰部发力的过程:左脚在前,右脚在后,重心集中在右腿上。击球前,两腿逐步弯曲,上身前倾的幅度较大,同时将前臂内收。击球时,两腿向上蹬地,右脚的脚跟稍稍抬起,这说明蹬地时是靠前脚掌来发力的。蹬地的同时,整个身体稍稍向前迎,而手腕的位置相对靠后,此时身体的力量已经准备好全力释放。在触球的瞬间,两腿完全蹬起,两脚稍稍离地,同时腹部挺直,力量从脚下瞬间传递到手臂上。而前臂、手腕突然向外展开,将全身的力量传递到球体上。

初学的大学生学员在练习反手拉下旋时,必须注重腿部和腹部的运用,在蹬地的过程中一定要突然,使力量更加集中。从引拍过程到最终的击球过程,腰部还起到了支撑作用,使腿部和上半身形成一个整体。很多大学生学员会过多地将注意力集中在腿部,这样会导致身体重心向后坐,上半身过于直立,而腰部无法用力,这就形成了上、下半身脱节的情况。

在挺腹的时候,动作幅度不宜过大,不能形成"挺肚子"的姿势。腹部挺出要跟随腿部蹬地的动作,要有爆发力,还要保证身体不能后仰。

3. 注意肌肉的收紧与放松

要想集中释放爆发力,必须要掌握肌肉紧张与放松的技巧。大学生学员在反手拉球时会出现两个最主要的问题:第一,手臂肌肉过于放松,挥拍击球的速度过于平缓,这样就无法将身体的力量传递到手臂上,无法产生足够的爆发力;第二,手臂肌肉过于紧张,引拍的过程中就开始僵硬,全身的力量都被前臂的肌肉"锁"住了,因此无法产生足够的力量。

击球前,前臂肌肉是十分放松的状态。在击球时,前臂的肌肉突然紧张。在击球后,前臂的肌肉瞬间放松。其实,无论正手拉球还是反手拉球,手臂都是放松—紧张—放松的过程,手臂的发力是释放全身爆发力的最后一个环节,这个过程要与腿部蹬地和挺腹保持同步,高水平大学生学员还可以通过手腕、手指的发力,提高整体的力量,增强旋转。

大学生学员在练习的过程中,应该更多体会身体发力的过程,提高整体发力的协调性。在初学的过程中,可以先放大腿部蹬地的动作,适当加大手臂外展的幅度,然后再慢慢调整,使爆发力更加集中。手臂肌肉的收紧与放松不仅可以提高击球质量,还可以加快还原的速度,实现快速衔接。

4. 反手拉前冲弧圈

我们经常能看到国外顶尖高手可以用反手发力拉前冲弧圈,对于这项技术,我们在平时的训练中相对比较薄弱,但反手发力拉的要点并不难掌握。反手拉球时,由于手臂的行程较短,不像正手拉球那样,可以完全利用整个手臂,击球的质量难以与正手爆冲相比。

5. 反手拉前冲弧圈与拉高吊弧圈的技术动作的区别

(1)击球点较早

反手拉前冲弧圈的击球点通常在来球的上升后期或下降初期,由于击球点较早,来球的旋转还没有完全体现出来,所以在拉球时可以更多地撞击,提高回球的速度和力量。

(2)发力更加向前

在前点击球,来球的高度相对较高,这样更容易向前发力,压低回球的弧线高度,体现出速度优势。

(3)最大限度地借力

在来球的上升后期击球,可以很容易地借用来球的力量,加之自身的发力,使回球具有更大的力量。

(4)腰部有从左向右的转动动作

通常我们在反手拉球时,几乎都是利用腹部的力量,靠挺腹动作释放身体的爆发力。而当反手拉前冲弧圈时,为了提高击球力量,我们可以适当加入腰部水平转动的动作,再配合挺腹的动作,增加身体的力量。此外,引拍时腰部先向左侧转动,可以使球拍远离来球,这样就增加了力臂的长度,在击球时可以增大击球的力量。

在练习反手拉前冲弧圈时,由于动作幅度稍大,因此必须保证重心的稳定性。我们可以适当增大两脚间的间距,在引拍时,可以先将左脚稍稍后撤,使右脚在前,这样可以增大球拍与来球之间的距离,利于积蓄力量。在击球时,起手位置可以稍稍高一些,要注意调节拍形,根据来球的旋转,调整向上摩擦和向前发力的比例,确保回球可以过网,同时还要保证低平的弧线。在调节摩擦时,我们可以利用手腕动作来调整弧线。当向上摩擦时,一旦感觉回球的高度已经快要达到网高,就利用手腕向前压的动作来压低弧线高度。击球后,左脚要随着腰部的转动向前一带,转换到左脚在前的站位。在整个击球过程中,上半身保持稍稍前倾的姿势,身体紧凑而不紧张,注意手臂肌肉收紧和放松的过程。

(5)反手拉下旋后的侧身拉技术

在反手起板之后要马上进行还原,由于正手爆发力要强于反手,应该通过侧身拉弧圈来进行有效衔接,训练时可以由陪练者发一组(一个下旋、一个上旋交替)多球来训练稳定性。

(二)注意事项

反手拉下旋球的技术动作相对稳定,由于击球时手臂的动作不能像正手拉球那样大幅度伸展,因此整体的动作幅度较小。我们在练习时要注重集中爆发力,保证充分摩擦。

练习时,站位可以稍稍远离球台,保证击球空间,身体尽量平行于球台端线。引拍时,收腹的幅度可以放大,前臂向怀中内收并充分放松。由于在第一板下旋进攻时,没有过多的时间采用并步调整站位,所以更多的是依靠跨步小范围快速移动,注意在移动的过程中同时引拍。

在多球练习时,要保证每个动作协调一致,抓住来球的下降初期击球。在触球瞬间,不要将手臂的肌肉过于收紧,尽量延长摩擦球的时间,有意识地制造弧线。在摩擦球的过程中,手腕的作用十分重要。很多大学生学员的手腕过于松弛,在转动时,幅度过大导致手腕和手臂脱节,无法顶住来球。因此在初学时,手腕的转动幅度一定要小一些,发力不要过猛,应当配合前臂的动作而转动,相对柔和地去击球。

另外,反手拉完之后应该迅速进行还原,侧身充分的情况下再进行正手拉球,要求脚步要灵活。

三、正手拉弧圈球后扣杀

(一)练习方法

拉后扣杀是用正手拉弧圈球后再用正手扣杀的技术。完成拉弧圈球的动作后,应迅速调整,准备进行进攻。扣球前,手臂和手腕有短暂的放松和球拍稍下沉,故球拍约与台面的高度接近,拍面稍前倾。为了加大扣球的力量,前臂应随腰部向右转动引拍,拉长拍与球之间的距离,重心放在右脚。

击球时,右脚前脚掌用力蹬地,左脚稍腾空向前跨半步,收腹使重心前移,腰部借助右脚用力蹬地向前,向左快速转动,以辅助发力。上臂和前臂由后沿水平方向挥动以向前发力为主,猛力击球的中上部。球一出拍,左脚应及时站稳,保持身体重心的稳定。以上拉后扣杀的动作效果,既能充分发挥扣球力量,又能在大力扣杀后,不失去身体的平衡,同时又有利于迅速还原正确姿势,更好地为连续扣杀或拉弧圈球做充分的准备。

（二）注意事项

区别拉和打在对球的摩擦和打两个方面的不同，包括引拍位置的高低、球拍的前倾程度不同。扣杀时，左脚向前迈一步。扣杀引拍时，引拍位比拉时高，球拍比拉时前倾减少，以便于扣杀。球拍位依据来球高低调整，击球时打球的中上部，重心前移，正手拉后，要注意控制身体平衡。

第五节　乒乓球运动高级水平基本战术

一、长短结合发球后抢攻战术

（一）特点与作用

发球抢攻战术是以旋转、线路、落点和速度不同的发球来增加对方回击的难度，使其出现机会球或降低回球质量，然后抢先进攻，以争取主动或直接得分。发球抢攻是进攻型打法的主要战术和得分手段。

（二）战术要领

1．正手发转与不转球后抢攻

一般以发至对方中路或右方短球为主，配合左方长球。开始先发短的下旋球为好，以控制对方不能抢攻或抢拉，然后再发不转球抢攻。不转球，一般也先发短的，或发至对方攻势较弱的一面，如果对方吃，还可适当发些长球到其正手。若能发到似出台又未出台的落点，则效果更好。也可有计划地发短球后，先快搓两大角长球，再伺机抢攻或抢拉（冲）。这样，既可避免盲目抢攻，还可打乱对方接发球后就准备防守的战术。

2．侧身用正手发高、低抛左侧上（或下）旋球后抢攻

侧身用正手发高、低抛左侧上（或下）旋球的落点为：发球至对方中左短、左大角、中左长、中右（向侧拐弯飞行正好至对方怀中）和右短，配合一个直线奔球。左手执拍的学员采用此套发球抢攻的战术，威胁更大。一般多用侧身发高抛至对方右侧近网，对方轻拉至反手，可用推挡狠压（也可用侧身攻）一板直线或直接得分，或为下板球的连续进攻制造机会；若对方撇一板正手位球，可用正手攻一斜线至对方反手。

3．反手发右侧旋球后抢攻

此战术尤其适合擅长反手进攻的学员运用。一般多发至对方中右近网或半出台落点，然后用正、反手抢攻对方反手。亦可发长球至两大角，一般发至对方正手时，对方常会轻拉直线，可用反手抢攻斜线。若发至对方反手位，还可伺机侧身抢攻。对横拍削球手，以发至中右半出台为好。因为横握拍用正手接右侧旋球不便发力，控制能力低。反手发右侧上、下旋球，应强调出手动作快。对方接发球的

一般规律是：发球方发短球，对方接球也短。发球抢攻者应有这方面的意识。

4．反手发急球后抢推、抢攻

此战术在运用时，可分下面两种情况：

（1）反手发急上旋球至对方反手后，侧身抢攻。要求急球必须发得快、力量大、线路长。最好能有一个直线急球配合。

（2）擅长反手推挡的学员，或遇到对方反手推攻较差的学员，可采用发急下旋球后用推挡紧压对方反手，再伺机侧身攻的战术。为增加上述战术的效果，可与发右方小球配合运用，以长短互相牵制，相得益彰。

5．反手发高抛右侧上、下旋球后抢攻

一般以发至对方正手位或中右近网为主，配合发两大角长球，伺机抢攻。

6．下蹲发球后抢攻

可以将左侧上、下旋球与右侧上、下旋球结合运用，落点上应有长、短变化。对付只会用搓接发球的学员，应以发上旋为主。抢攻落点以中路为最佳，往往可直接得分。当然，还要注意灵活变化，攻击对方的弱点或声东击西。

（三）注意事项

1．注意发球与抢攻的配合

发球时，应明确对方可能怎样接、接到什么位置、自己怎样抢攻等。如欧洲弧圈球选手发下旋球至中国快攻者反手，然后抢拉弧圈则十分有利。但中国快攻大学生学员把下旋球发至弧圈

> **小贴士**
>
> 注意提高发球的质量，将速度、旋转和落点的变化结合起来。同时，应特别强调发球花样的创新，为抢攻制造更多的机会。

球选手反手，对方或接发球抢拉，或搓一板强烈下旋球至中国选手反手，中国快攻大学生学员则往往被动。在来球的上升后期或最高点击球，接触球的中部或中上部，以击打为主，可略带摩擦。

2．注意发球抢攻与其他战术的配合

随着接发球水平的提高，有时接过来的球很难抢攻。此时可先控制一板，争取下一板抢攻。不能一心只想发球后就抢攻，一旦无机会或盲目抢攻，都会形成相持球的被动。

3．抢攻应大胆果断

如果对方用搓、拉（包括弧圈球）等技术接发球，自己都要能抢攻。抢攻的技术好，可以增加发球的威力，因为对方接发球顾虑多，就容易出机会。

4．抢攻应准备多套打法

大学生学员应有两套特别突出的发球抢攻，多而不精或只有一招，都不好。

（四）练习方法

（1）按照战术安排，先练习发球，注重落点和旋转。

（2）练习完发球之后开始进入抢攻阶段。

二、侧身接发球战术

（一）特点与作用

以侧身正手晃接、挑、拉为主要手段，配合侧身正手摆短，有效地抑制了发球一方的第三板抢攻，而接发球一方当接完发球后，身体已处于侧身位置，只要对方的回球质量不高就可以全台用正手抢攻或反拉。

侧身正手接发球的优点在于，当接发球一方侧身用正手接时，发球一方很自然要防备对方的进攻，站位就会稍往中间靠一点，当发现对方用晃接或劈长时再侧身抢攻就失去了最佳时间，往往都是被动抢拉，而给对方反拉有可乘之机。所以侧身正手接发球是接发球技术的创新，是现代横拍打法大学生学员必须掌握的技术。

（二）战术要领

1. 晃接

击球瞬间利用身体的晃动，将球半推半搓至对方反手，略带侧旋。因其比搓快、比挑稳，对方往往来不及抢攻（冲）。

2. 撇或劈长一板

撇或劈长一板，迫使对方拉高吊，自己反拉或攻打。

3. 快摆短球

过去习惯于反手快摆，现在侧身正手摆短，对方不适应，故很难抢攻。摆短弧线要低，拍形稍竖，身体前迎，手臂向下用力，不要前送。

> **小贴士**
> 如何正确判断球的旋转性能和强度？平时树立"每球必想"的意识，养成一种好的习惯，久而久之将成自然。

4. 快点、快拉长球

强调在上升前期击球，因其速度快，所以正手空当较小。

5. 抢攻（冲）半出台球

抢攻（冲）半出台球，改变过去拉高吊弧圈球的保守接法。

三、劈长后反拉战术

（一）特点和作用

反拉不仅仅是一种高难度的单项技术，更确切地说，是一种战术。要更好地应用反拉，必须主动制造机会。

（二）战术要领

1. 加强自身的前一板球

（1）利用落点：适当的落点可以降低对方进攻球的质量。以下几个落点供参考：正手外斜线，正手位稍出台和

> **小贴士**
> 劈长要尽可能接近底线，迫使对方强行拉球，然后伺机反拉。进行反拉的时候要有充分的准备。

反手位底线。有目的地将球送到对方可以拉但又不能发力拉的地方,让对方先拉起来,然后进行反拉。这里主要是介绍劈对方反手底线让对方在强拉下旋球之后进行反拉。

(2)利用旋转、速度和弧线:强烈的下旋、低平的弧球和较快的球速可以降低对方进攻球的质量。

2. 反拉对方第一板进攻球

因为第一板进攻球的质量相对较差:第一板进攻球的第一速度相对较慢(从下旋拉起因而时间长),有更多的时间准备;第一板进攻球的力量、旋转和第二速度相对较弱,有利于反拉。如果对方已处于主动发力,拉球很有质量,此时不可反拉,反拉等于"送死"。

3. 反拉对方质量较差的进攻球

这个球是在你没有准备反拉的意识时出现的,这个时候要反拉,虽然对方进攻球的质量较差,但难度很大。如果要反拉,可能要反拉球的下降期。至于具体的反拉应用,一般有以下情形:

(1)发球后有准备地带反拉对方的抢攻,但有一定的难度。

(2)接发球后有准备地反拉,是反拉的主要应用,因为接发球直接抢拉不太现实,所以接发球时控制到位,待对方拉起后反拉比较好。

(3)相互摆短控制中有准备地反拉。相互摆短控制中,以抢攻为主要战术;但也可以采用反拉战术,控制到位,待对方拉起后反拉。

总之,一是要有准备地反拉,二是要尽可能地反拉对方的第一板进攻。

第六节　乒乓球双打

一、从单打到双打

乒乓球双打是指由比赛双方各出两名大学生学员,按规则规定的顺序轮流击球的比赛项目。其竞赛方法和比赛规则与单打基本相同,但双打在发球、接发球及击球的顺序上有特殊的规定。

(一)双打的原则

乒乓球台面的中央,划有一条3毫米宽的白线,称为中线,把台面均等地分为左、右两个半区。双打比赛时,右半区为发球区。发球时,球必须先落到本方的发球区或中线上,然后落到对方的发球区或中线上,否则判为发球方失分。双打第1局发球的一方,应先确定第1发球员,而接发球的一方,可任意确定第1接球员,然后按规定的次序,轮流交换发球和接发球。此后各局先发球的一方,可以任意确定第1发球员,而接发球的一方,则必须由前1局与之相对应的发球员来接发球。决胜局交换方位时,发球次序不变,但接发球一方应交换接球员的次序,这些规定是根据比赛双方机会均等的原则做出的。

(二)双打的特点

双打的技术是以单打技术为基础的。从历届世界乒乓球锦标赛的成绩来看,一个国家乒乓球双打的技术水平,总是伴随着单打技术水平的提高而提高的。

> **小贴士**
>
> 如果一人防守较好,一人进攻较强,一般由防守好的人来抵挡对方的强者,由进攻强的人攻击对方弱者,以突破对方的防线。

然而,双打又有其本身的特点,两名最优秀的单打大学生学员并不一定就能成为最理想的双打配对。双打配对要求同伴之间合作默契,并能互相鼓励,彼此谅解。在技术上要能互为补充,共同发挥特长。双打对步法移动有特殊的要求,大学生学员在移动中既不能妨碍同伴的动作和视线,又要有利于自己回击下一次来球。双打的发球应尽量为同伴的抢攻创造条件。接发球应以抢攻、抢拉为主。同时,大学生学员还要掌握较好的连续扣杀技术。

战术在双打比赛中所起的作用,比在单打中更大。为了协同作战、加强配合,双打大学生学员在发球时可用手势相互暗示发球意图,力争发球抢得主动。发球或接发球后,可运用紧盯一角的战术,迫使对方两人在一角匆忙换位,再突袭另一角。亦可运用交叉攻两角或长短结合的战术,打乱对方两人的基本站位和基本走位的方法,从中创造进攻的机会。

(三)双打配对的原则

双打的配对方法有以下几种:

(1)左手握拍和右手握拍的攻球手相互配对。

(2)两面攻和左推右攻的学员相互配对。

(3)两个两面攻或两面拉的学员相互配对。

(4)以快削逼角为主和以旋转变化削球为主的学员相互配对。

(5)采用两面不同性能球拍以攻为主或以守为主的学员同以攻为主的学员相互配对。

二、双打的站位与移动

(一)双打的站位

双打的让位、移动、击球和站位有着密切的联系。站位合理,让位方便,移动迅速,击球效果好,利于发挥每个人的特点。站位不合理,会妨碍同伴击球甚至造成相互冲撞。因此,双打的站位是在不影响同伴的视线和判断来球,不妨碍同伴抢占击球位置和还击来球,有利于本身还击下次来球等情况下来合理选择的。

1．平行站位

（1）多为一左手一右手执拍的进攻型学员采用。

（2）两位均为进攻型打法，发球员站位偏右，让出 3/4 的位置给同伴居中并近台站立。

（3）两位均为进攻型打法，进攻型接发球员用反手接发球。

2．前后站位

（1）双打配对中有一位削攻型打法，削攻型学员发球时还是削攻型，无论用正、反手接发球均以前后站位为宜。

（2）两位均为进攻型打法，进攻型学员用正手接发球，弧圈球学员站于同伴稍后偏中位置，以利于正手进攻，两人常做前后移动。

（二）双打的移动

1．"八"字形移动（见图 5-6）

左手握拍和右手握拍配对时，常用横斜向或横向的移动方法。一般在打完球后，向自己的反手一侧移动。

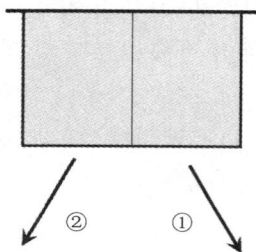

图 5-6　"八"字形移动

2．三角形移动（见图 5-7）

两个右手握拍进攻型学员配对时，常用三角形的移动方法。

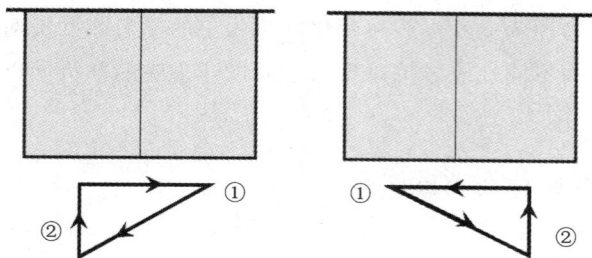

图 5-7　三角形移动

3．"T"形移动（见图 5-8）

左推右攻和两面攻配对时，左推右攻者多做左右移动，两面攻者多做前后移动。

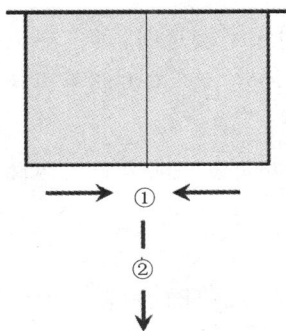

图 5-8 "T"形移动

4．横"8"字形移动（见图 5-9）

对方有意识地针对本方一名学员交叉打两角时，其移位路线呈"8"字的横放形状。

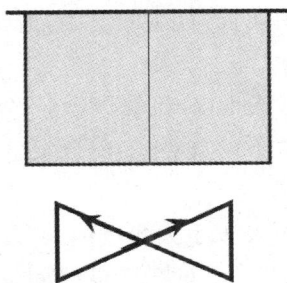

图 5-9 横"8"字形移动

5．其他移动路线

另外，近台攻击和中台攻击配对时，近台攻击者多做横向移动，中台攻击者多做横斜向的移动；近削和远削配对，则近削者以横斜向移动为主，远削者以前后移动为主；两个削、攻结合配对时，一般用横斜向的移动方法，或做环形移动。

以上介绍的只是双打步法移动的几种基本移动路线，实战中必须根据临场的各种变化和来球情况灵活运用。

三、双打的基本战术

（一）选择次序

双打战术与单打战术相比，对比赛的胜负往往起着更重要的作用。双打的战术运用，应当根据双打配对的特点来确定有利于自己的发球、接发球的次序，占得比赛先机。这里介绍几种常用的战术：

1．以强打弱

当双方组合中两名同伴的水平差异明显时，应力争以本方的强手打对方的弱手。

2. 以强打强

当双方组合中两同伴的水平接近时,可选择以强打强,本方强手寻求机会攻击对方的强手,即使不能一锤定音,本方弱手再补一板也较为容易。

3. 球路相克

如果本方一人特别适应对方某一名学员的球路,应尽可能选择有针对性的击球次序。

4. 力拼开局

当本方先发球时,应由本方发球技术较好的学员为第一发球员,以争取开局主动。

(二)发球抢攻战术

由于双打的接发球范围比单打缩小了一半,所以给接发球抢攻提供了比较有利的条件。为了压制对方的接发球抢攻和有利于本方的发球抢攻,本方发球时,根据同伴抢攻的需要和对方接发球的能力,用手势暗示发球意图,争取发球抢攻战术的有效运用,只要有可能,就果断上手,但要注意抢攻落点。常用的发球抢攻战术有以下几种:

(1)当对方接发球抢攻(或抢拉)比较厉害时,发转与不转的近网短球至中线附近,能比较有效地压制对方的攻势;如配合发急球和左侧上、下旋球至中线附近,还能获得进攻的机会。

(2)对方站位较近时,可发正手大角度的"奔球"或追身球;对方准备用正手接发球时,可发急下旋或侧上、下旋至中线附近;对方准备用反手接随球时,则可发正手大角度球。这些发球均能加大对方接发球的难度,有利于同伴回击。

(3)发右侧上、下旋球至中线附近,配合发急球,创造进攻机会。

(4)根据对方接发球的弱点和本方同伴抢攻的需要来确定发球的方式和落点。

(三)接发球抢攻战术

双打的接发球抢攻战术必须注意如下要点:

(1)判断清楚来球的旋转方向、速度、落点时,果断抢攻,主要是攻击对方空当。

(2)注意变化接发球手段,如灵活运用搓短、快点、带、撇侧旋、控制弧线和落点等不同战术,扰乱对方的进攻节奏,力争控制主动权。遇长球用快攻或快拉回击;遇短球以快点为主,配合摆短或撇一板。如对方发球质量很高,不能直接抢攻时可变化接发球手段,控制好弧线和落点,避免因盲目硬攻造成失误。

(四)交叉攻两角,伺机扣杀空当

交叉攻两角,迫使对方在左右移动中造成紊乱,再伺机攻击对方。

（五）紧逼追身，扣杀两角

使球追击对方学员的身体，如本方学员甲击球，对方学员 A 接球，本方学员乙将球击向对方学员 A 的身体方向，使对方学员 A 让位困难和被动，伺机扣杀两角。

先连续追击对方较弱的一方，迫使对方两人挤到一起，再伺机扣杀两角。

（六）控制强手，主攻弱手

双打比赛中配对的学员在技术上和攻击力量上都有一定差异，因此，对强手应加以控制，使其难以发挥技术特长，而把弱手作为重点攻击对象，力求在弱手身上直接得分或取得进攻的机会。

四、双打的练习方法

（一）站位、步法移动练习

配对双方根据不同站位，选择合理的步法移动方法，进行步法移动的走位练习。

（二）半台对半台练习

限制左或右半台区的练习：双方将球回到对方左半台或右半台一点，进行各种击球和步法移动练习。

> **小贴士**
> 双打要使两人的配合如同一个人，技、战术默契配合，就必须在单打训练的基础上，进行严格、系统的双打训练。

（三）全台对半台练习

全台对半台练习就是在全台的移动中将球击到对方半台区的有球练习。该练习可以提高两名学员在不同位置的跑动中，进攻对方一点的能力。

半台对全台练习就是将相对固定的半台区来球击回到对方全台区的有球练习。

（四）全台对全台练习

全台对全台练习可以提高双打学员主动灵活的应变能力，可将技术练习与战术练习结合起来。

（1）一人帮两人练习，借以增加回击球的次数，更好地提高步法移动的灵活性。

（2）以一方为主的发球与发球抢攻练习、以一方为主的接发球和接发球抢攻练习：进行以上内容的练习时，可采用两人对两人的双打练习，亦可采用两人对一人的练习，还可采用多球练习。

（3）有针对性的单个技术配合练习。

（4）在移动中控制击球路线、落点的专门练习。

（5）多球练习：可根据需要变换供球方法，以提高双打学员的某一技术、战术或步法移动能力。

（五）教学比赛

教学比赛中进行技术、战术综合练习，以赛带练。

第七节　大学乒乓球运动训练指导思想与方法

一、理解打乒乓球的精髓

同任何事物一样，乒乓球运动中充满着一串串矛盾，台内与台外、近台与远台、借力与发力、正手与反手、撞击与摩擦、凶狠与稳健、局部与整体、自己与对手……这些矛盾无法回避却又极易忽略，只有正确地对待与处理好这些矛盾，才能成为真正的乒乓球高手。大学生学员如果能更好地理解乒乓球运动技战术的精髓，对自身乒乓球运动水平的提高有莫大的帮助。

（一）处理好台内与台外的关系

乒乓球需要打球者从站位、手位、重心等各方面建立起长短兼顾的意识，才不会顾此失彼。

观察当今顶级选手接发球时的站位，多是离台有一定距离（约一小步），他们的手位，多数较高（不低于台面），但手位的高低却是每个人在周旋过程中都需注意保持的，这是长短兼顾的前提。

在上前处理台内球时，脚下保持了弹性，移动中借助碎步调整，如果做到了这两点，就可以保证再次起动的灵活性。在回击长球时，每板球的还原过程中，身体重心时刻不忘迎前，这既有助于提高回长球的质量，也有益于扑前回短；向前扑救时，切勿正对来球直接往前冲，而要向斜前方移动，使移动方向与来球线路成一定夹角，以便为击球时留出转腰引拍的空间，一般人打乒乓球，都知道长短结合的道理。但在实际运用中，要注意针对对方的特点：若对方短球感觉好，就要以主动送长、伺机转攻为主；若对方长球威力大，则需以控短制约、寻机突袭为主。无论采取哪种方式，都要视场上情况灵活运用，不被对方摸准规律。

（二）处理好近台与远台的关系

速度是乒乓球的第一制胜要素。对于旋转、力量，人们的适应可以说是没有极限的。但科学实验证明，人对速度的反应是有极限的，而乒乓球技术的演进，其实也就是把击球速度推向极致的过程。为了加快球速，贴近球台击球显然比退台更直接、更省力。

但一味强调近台快速击球，必然会因为追求出手快而动作小，动作太小，击球的力量就不充分，一旦对方退后半步，第二弧线所占比重上升，近台击球第二速度有限的劣势就会被放大，球落台后前冲力不强，到对方身前时已成强弩之末，自然易被对方反攻。所以，如何在第一速度与第二速度、在近台与中远台之间，找到恰当的平衡，是每一个有志于打好乒乓球的人都需要考虑的。

处理好近台与远台的关系，关键在于把握好不同击球时间、不同动作幅度间的转换。实战中，在近台不要过度拉手，以保证快速压制对方，退台时舒展身体，以节奏和落点变化争取机会，时机成熟，就主动迎前，争取更早的击球时间，让自己的进攻弧线更多是自上而下，以加强向前的用力，避免过多向上分散用力，让自己越打越靠前，退台是为了积极过渡，是以退为进、以守为攻，是为了减少不必要的失误；近台才是得分的主要源泉，是制胜的根本。

（三）处理好借力与发力的关系

乒乓球中的每一次击球，都是借力与发力融为一体的结果，区别无非是借力多一点，还是发力多一点。之所以能够借力，多数是因为对方来球本身有相当的前进力，撞拍后有自然反弹的趋势，因此，如果对方来球之力是七分，我方合理借力后，自身只需发四五成力，回球同样能有七分力的效果，典型的运用如反带、快撕、反拉、打回头等。当然也有例外，如高抛发球，不是借对方来球之力，而是借球下落过程中重力加速度助力，以提高发球质量。借力中发力的妙处在于，能够减少自身力量的无谓消耗，减小动作幅度，加快击球速度，从而起到四两拨千斤的作用。

借力中发力也可称为合力，合力的关键在于找到恰当的合力点（击球时间）。从理论上来说，击球点越靠前，来球的前进力越强，也越容易借力。但是，如果在来球反弹的上升前期去击球，这时候，来球比球网还要低，难度很大，容易下网。反之，如果合力过晚，在下降期击球，来球的前进力已减弱，而向下的反弹力增强，这时力也难以合上，容易出界。因此，在来球的最高点，或者最高点之前（上升后期），是最理想的合力点。发球也是类似的道理，触球点太高，感觉合不上力；触球点太低，自己发力一多就易出界。

除找准合力点外，动作幅度的控制也是必须注意的。要想借好来球之力，触球点不宜离身体过远，尤其当对方来球力量很大时，必须借助身体重心保证借力的稳定性，而一旦手离身体太远，控制感就会明显削弱。但动作幅度绝不是越小越好，因为合力是借力中发力，而不是只借力不发力（除非减力防守），否则击球质量会明显下降。有的人练球时，只顾追求板数，趴在台前、缩手缩脚地来回借力，为了来回而来回，却忽略了最根本的练习目的——击球质量。这种来回打得再多，也是没有生命力的来回，经不起实战的检验。只有把握好借力与发力的比例尺度，做到力量因球制宜，能够自由驾驭，才是合理的合力，合理之后，来回自然增多，相持能力自然加强。

（四）处理好正手与反手的关系

乒乓球的内在规律体现在，反手进攻的威力再大、动作再漂亮，也会受到身体的限制，无论动作幅度、调节余地还是综合效果都不及正手进攻。侧身用正手抢攻,虽然有暴露正手位空当的风险,但权衡之下,还是优于侧身,更何况,侧身抢攻的线路更活,给对方的心理压力更大。

随着技术的发展,中国乒乓球队提出,现代乒乓球的要求已演化成"全方位进攻,球台无死角"。这时候,仅靠正手侧身抢攻抢冲就不够全面了,因此反手技术也愈显重要。但需要注意的是,技术全面绝不等于正手与反手均衡使用,否则就变成"左来左挡、右来右挡"了,这时候不仅攻球缺少力量、缺乏变化,而且中路漏洞明显——当你频繁侧身、跑动时,你的站位是不断变化的,中路也就成了移动靶,对方不易瞄准;而当你站定球台中间时,中路就成了固定靶,对方可以轻易盯住。

直横不是问题,正手才是核心。反手不能有明显漏洞,需要具备一定的攻防转换能力,要能以中等力量快速、稳定地完成衔接,为正手发力得分创造机会。

(五)处理好撞击与摩擦的关系

在乒乓球发展的早期,撞击与摩擦是难以调和的一对矛盾,要么完全以摩擦为主防守,要么直接撞击展开进攻但弧线不佳。而弧圈球的出现和发展,成功地将这对矛盾统一起来。现代弧圈球是"连打带摩",把撞击与摩擦有机地融为了一体。

在融合撞击与摩擦方面,反胶有着得天独厚的优势:它不仅表面摩擦力较强,而且相对柔韧,能延长摩擦的时间,又不失弹性。也正因为如此,反胶球拍已成为当代乒坛的绝对主流。

如何才能更好地融合撞击与摩擦呢?我们必须要知道拍形直接影响打出距离、出手速度,手腕转动则影响弧线曲度、第二速度。只有根据来球弧线的高低、旋转的不同、速度的快慢和击球时间的早晚,找到两种调节方式的最佳配比,才能撞击与摩擦兼顾。当处理短球时,由于回球所需的第一弧线短,即使弧线较平也可过网,就可多用拍形调节,利用不同的拍形分别实现搓摆、撇长与挑打;而当处理长球时,由于第一弧线长,必须有一定的曲度才能保证命中率,就可多用手腕转动来摩擦球,用近似的拍形实现快攻、拉冲、反带等不同的技术。

(六)处理好凶与稳的关系

乒乓球是讲究技巧与智慧的项目,双方相遇,斗智兼斗勇,只有凶稳结合,才能最终胜出。运用一下逆向思维,不难发现,一味地快节奏击球上升点,对方已经适应,再快只能徒增失误。如果这时候适当放慢节奏,改为打高点期或下降前期,反而可能打乱对方的节奏,并为自己赢得充分的判断时间,去抓住对方的漏洞。同理,当拼命加转、摆短仍然控制不住对方时,适当送不转球反而可能争得主动权。一旦出现机会,再突然发力加速,将事半功倍。因此,凶未必不好,而是要凶得有理、凶得适时,凶狠也未必只有加速、发力这一条路,角度刁钻的球、反常规的击球、多变的击球,同样是一种凶狠;稳也绝不等于心怀侥幸、守株待兔,而是要以静制动、以慢制快。无论凶还是稳,都只是手段,而不是目的,只有针对场上形势,明晰战术目的,有的放矢地凶和稳,才是最合理的。

现代乒乓球有日渐凶狠的趋势,以凶对凶,以快对快。紧跟趋势是必要的,但不能为了追求技术风格的凶狠,而忽略了调节能力的培养。稳健的风格,也不意味着只会慢节奏打球,否则也只有被动挨打。真正的稳健,应该是调节能力强,善于制造弧线,能适应不同节奏的变化,也能主动制造节奏变化,为自己争取更大的回旋余地。

(七) 处理好局部与全局的关系

如果事先对整体与局部的关系没有周详的考虑,对战术和精力的分配没有合理的计划,茫然上场,就可能迷失于一球一分的得失。你需要有所准备,及时结合场上局势,围绕自己的主体战术,制定出相应的应变策略,也就是常说的"执行战术要坚决"。具体到每一分而言,虽然每一个球的外在形式可以有所不同,但必须要服从于一个明确的整体战术,要抓住主要矛盾,而绝不能没有思路、没有准备、没有衔接、没有目的地一球一试、一球一变。就体力精力而言,应该重点用于开局、转折球、胶着球和关键球,而不是完全平均分配。

优秀的学员和教练,往往对自己每一场重要比赛的每一分球都记得一清二楚,能细数其中的战术变化。正因为有清晰的战术头脑,他们才能在场上及时洞察对手的变化,并做出相应的战术调整,而不是满足于某项战术在某一个发球轮、某一局中的阶段性胜利。比如说,连续运用调正手压反手的战术成功得分后,对手往往会开始注意保护自己的正手,这时再一成不变地调正手,就成了"自投罗网",而需适时改用其他战术,当对手忙于应付新战术而松懈了对正手的保护时,再重新用回调正手压反手。这种宏观意识,对于具体的技术细节也大有裨益,比如对方发转不转球很好,如果实在无法看清对方的旋转,那么你可以运用自己的复盘意识,根据已经接过的球,算算对方是发加转多还是不转多,如果是加转多,那么你随后的接发球横下一条心一律当加转接,如果是不转多,那么干脆全当不转接,即使根据概率法则,这样处理也比漫无边际地"猜球"好。

(八) 以我为主观察对方

在实际比赛中,更多出现的是相对优势,即双方各有所长。这时候,你有三种选择:以自己的特长打对方的特短,以特长对特长,或者以特短对特短。第一种情况固然最为理想,但对方也会尽力避实就虚,因此未必能够实现;第二种情况属于"硬碰硬",是双方实力的直接对话,能打得通固然好;如果此路也不通,就必须考虑第三种方式了。

刘国梁曾说,我上场打球,先不管自己舒不舒服,把对方打别扭了再说。这是对以我为主和观察对手辩证关系的形象概括,其中包含着三层意思:一是不惜以短打短,比如自己发球的特长是转与不转,但对方的特短是接高抛发球,我方特长抓不住对方的特短,而高抛发球虽为我方特短,但与对方接此球的水平相比,我方仍有胜算,那么此时就可以高抛发球为主,力争相对优势的最大化;二是掌握主动性,变在前面,这样尽管是以短打短,但是由我方主动发起的,后续变化多少在我方的预计范围以内,远胜于被对方先变化、被对方以短打短;三是"以我为主"建立在"观察对手"的基础上,只有先观察了对方,才知道如何能把对方打别扭,而不是盲目地拿出自己的特短去"试错"。

因此,打乒乓球不能看到对方正手弱就打正手,看到对方反手弱就打反手,而必须先以自己为出发点,再结合考虑对手的情况,才能制定行之有效的战术。同理,如果你是以实力见长的,碰到变化多端的对手,就应尽可能把球路打得简单,坚决打自己擅长的套路和节奏,"复杂问题简单化",切忌与对手比机巧、玩手感,否则很可能误入迷宫陷于被动;如果你是以变化见长的,碰到实力雄厚的对手,要设法展开游击战,避免阵地战,令对手摸不着头脑、找不到节奏。

二、形成自己的技术风格

(一)形成技术风格的必要性

技术风格是高水平大学生学员的技术灵魂,足见其作用之大。培养什么样的技术风格,将直接关系到高水平大学生学员的发展方向和可能达到的水平。事实证明,一个缺乏鲜明技术风格的学员,要成为高水平大学生学员是不可能的。

技术风格对大学生学员在宏观调控、发展前景、整体构思、具体设计等问题上起着决定性的作用,决定了受训者对各项技术掌握的尺度,各项战术组合的质量,贯穿于整个训练过程。因此,技术风格是纲,是方向。

技术风格不是空的理论泛谈,训练的目的是提高大学生学员的运动水平,因此研究要结合实际,使之落实到训练中,并产生最大的效益,达到事半功倍的效果。

(二)主要技术风格介绍

技术风格依赖于打法,它是通过大学生学员对自己所掌握的技术加以组合形成的,是大学生学员思维、意识、性格、习惯、技术质量、打法特点的客观综合反映,具有鲜明的个性特征。目前世界上比较流行的是以下三种技术风格:

1. 弧圈型打法

日本乒乓球队发明了弧圈球打法,它是一种强烈的上旋球,特点是既有强大的攻击力又有很强的稳定性。由于它的旋转非常强,因此它虽然是上旋球,却从传统上旋球中分离出来成为单独的一类。按击球的方位来划分,弧圈球可分为两种:正手弧圈球、反手弧圈球。在正手弧圈球中又分为加转弧圈、前冲弧圈、侧旋弧圈、直拍正胶弧圈(俗称小上旋)和不转弧圈(俗称假弧圈)。

2. 削球型打法

乒乓球传统手法之一,也是乒乓球防守技术之一,削球技术正在向转、稳、低、攻方向发展。具有球速慢、弧线长、球下旋等特点,是一种防守技术,以其旋转和落点变化威胁对方,有近削、远削、加转削、不转削、削逼角球和削弧圈球等。

　　3．快攻型打法

　　乒乓球运动打法类型的一种。指站位近台、以速度为主、先发制人的打法。可分为左推右攻、两面攻和直拍横打等。特点是积极主动,以快为主,抢先上手,先发制人。以"快、狠、准、变、转"为技术风格。

（三）建立自己的技术风格

　　既要根据世界乒乓球技术发展的趋势,不断丰富各种不同打法的技术风格;又要特别注意大学生学员的具体特点,培养其各自不同的独特风格。如我国传统的快攻打法,在 20 世纪 60 年代提出的技术风格是"快、准、狠、变"。70 年代后,我们又根据世界乒乓球运动"积极主动、特长突出、技术比较全面、战术变化多样"的发展方向,在原基础上增加了一个"转"字。但具体到某个快攻学员身上,还必须依据个人的心理、身体素质和技术等不同特点有所侧重,有人以凶狠为主,有人以多变见长,还有人更突出快速,从而形成了个人独特的技术风格。

　　技术风格确定后,应在训练和比赛中严格贯彻,不要轻易改变。坚持技术风格,绝不等于故步自封、一成不变。相反,我们必须密切注视世界乒乓球技术发展的新动向,对原来的技术风格不断有所发展和创新。

　　凡通过三至五年系统训练后,可逐渐形成技术风格,这是因为技术风格的形成能最大程度合理组织技战术的使用,使技战术在风格框架下统一为和谐的整体,以便更好地发挥技战术的全部威力。

　　技术风格的形成和确立要具备超前意识,立意要高。目前乒坛发展趋势正朝着积极、主动、快速、凶狠的方向发展。其中超一流大学生学员技术全面,技战术合理细腻,速度和旋转、凶与稳、攻与守、拉与打、正手与反手都能有机结合。

　　建立自己的个人技术风格,首先不能凭主观臆想,而是要根据能力和实际出发,因人制宜地加以确立。当技术风格确立之后,也并不是一成不变的,尤其是对于年轻大学生学员和高水平大学生学员,应该不断进行深入学习和引进先进技术打法,使技战术水平得到升华,也能修正和改进自己的技术风格,使之产生显著的变化。

三、提高自己的技术水平

（一）乒乓球训练的基本原则

　　1．负荷适宜

　　运动负荷是指身体练习给予人体的生理负荷和心理负荷。

　　安排好合理运动负荷应注意以下两点:

　　第一,要正确处理量和强度的关系。

　　第二,要善于运用负荷的表面数据和内部数据。

> 小贴士
> 负荷与休息要合理交替。

2. 循序渐进

教师和教练员要使大学生学员较快地掌握动作技术和提高身体素质,就必须遵循由浅入深、由易到难、由简至繁、由低到高、由主至次循序渐进的原则。根据学习、巩固、提高,再学习、再巩固、再提高的方式进行训练,才能使大学生学员打下扎实的基础,稳步前进。然而,技术、战术和身体素质的提高也如同其他事物的发展规律一样,不可能是绝对平衡的,加之大学生学员的接受能力、技术水平、体质基础等方面常常各不相同,因此,教师和教练员在训练过程中,一方面要注意有计划、有系统、有步骤、循序渐进地去组织训练,在乒乓球教学训练中,应注意以下几点:

第一,在训练内容、方法、步骤、运动负荷、练习难度的安排上,必须遵循循序渐进的原则。例如,在技术、战术训练内容的安排上,应从定点到不定点,从单线到复线,从有规律到无规律,

> **小贴士**
>
> 初学者在学打乒乓球时,应先从推、挡和正手攻球开始,然后再学习搓球、发球和弧圈球等技术。

从单个技术到结合技术,从结合技术到战术套路,从单个战术到综合战术等。

第二,在学习和掌握新技术和战术时,对完成动作的质量要逐步提出要求,一开始要求不要提得过高、过全、过急,否则容易使大学生学员在练习时无所适从。

第三,无论是技术、战术训练,身体训练或心理训练,同样要本着学习、巩固、提高,再学习、再巩固、再提高这一事物发展的规律来进行。任何一项训练内容,都要讲求实效,不要走过场。

学习乒乓球技术,要遵循由浅入深、循序渐进的训练原则。先练单项技术,再练结合技术。通过一段时间的练习,掌握了各项基本技术之后,应提高训练质量,并不断纠正存在的问题,使技术日趋巩固和成熟。

3. 结合实践

比赛不仅是训练的目的,而且是训练的依据,所以,训练必须从比赛的实际需要出发。从另一角度讲,比赛亦是训练的一种特殊形式,许多技术、战术和心理等方面的问题,只有通过比赛才能得以巩固和提高。

> **小贴士**
>
> 两种倾向都无助于运动技术水平提高:一种是只埋头训练,很少安排比赛,赛练脱节;另一种倾向是,安排过多的比赛,甚至以比赛代替训练。

在实战中熟练掌握各种技术,突出个人打法风格、特点,也可进行发球抢攻/接发球抢攻等专项比赛。比赛队的学生主要培养其竞赛水平和心理素质,并结合到训练与实践当中;提高队员的专项身体素质和技战术水平,提高队员心理适应能力和乒乓球队的综合竞技能力。

4. 风格明确

风格单一的大学生学员,是很难攀登世界乒乓球技术高峰的。特长技术的

训练,大致有如下一些方法:

第一,根据大学生学员个人打法特点,从发球、攻、推、拉、搓、削等方面去确定和培养特长技术。

第二,根据大学生学员个人战术运用的特点,从发球抢攻、攻直线、攻追身、攻大角度斜线等方面去确定和培养自己的特长技术和线路。

第三,根据大学生学员使用的球拍性能去确定和培养特长技术,如用长胶球拍变换旋转、削挡结合、搓拱并用等。

第四,根据大学生学员的身体素质特点去确定和培养特长技术,如力量素质好的大学生学员,可以从加力推、攻、拉、削方面培养特长技术,而速度、灵敏素质好的大学生学员,则可以从落点变化方面培养其特长技术。

(二) 乒乓球训练计划的制定

制定训练计划应该先确立训练的目标,如单项提高、日常训练、针对大赛等,然后再明确训练的时间,是长期、短期或者是特定的时间段,如冬训、暑假集训。时间的安排还要求有每周的次数和每次训练的时间分配。训练计划的内容包括各项技战术的安排以及练习方法、步法、身体素质(包括一般身体素质和专项身体素质)、运动量的安排。

周期性训练计划一般情况下分成三个部分,如表5-1所示。

表 5-1　周期性训练计划任务表

阶段	巩固技术阶段	能力培养阶段	针对性阶段
训练时间	占40%	占30%	占30%
运动量	大	较大	中
技术含量	强	强	中
战术含量	弱	中	强
主要任务	恢复体能、手感及精神面貌,一般身体素质和专项身体素质的提高。主要提高基本技术的能力,也可根据不同的情况学习一些新的技术	各技术环节的组合,完善整体技术,训练量可稍减,运动强度要跟上,队员在这个阶段内巩固主要技战术能力,形成自己的打法和优势	针对自身的特点,强化自身的技术风格和打法特点。训练强度要大。逐渐进入赛前准备阶段,队员在这段时间内以特长技术的练习为主,达到最好的竞技状态,可多打一些比赛

(三) 日常训练计划

针对有较好基础的大学生学员制订的日常训练计划:

1. **第一阶段:恢复性训练阶段,以乒乓球球性训练为主**

(1) 一人陪练,一人反手推挡。

（2）以多球训练的形式强化练习正手攻球,提高攻球的准确性。

2. 第二阶段:巩固基本功球性训练,巩固及提高阶段

（1）相互推挡及正手攻球。

（2）进行左推右攻练习,培养运动兴趣。

3. 第三阶段:专项技术、发球和接发球练习

（1）各种发球的技术动作。

（2）发球包括下旋、上旋、侧旋,以及奔球、不转球等。

（3）接发球以搓球、削球、推挡、接发球抢攻等技术为主。

（4）接发球要求站位正确,注意力集中,判断准确。

4. 第四阶段:以拉弧圈球训练为主

（1）以多球训练的形式练前冲弧圈球。

（2）以多球训练的形式练加转弧圈球。

（3）相互之间的比赛,以提高实战经验。

5. 第五阶段:以培养实战战术为主

（1）发球抢攻:要求熟练掌握各个动作要领,动作完整、协调,各动作结合自如,步法移动迅速、准确,熟练掌握控球能力,注意回球路线落点变化。

（2）接发球抢攻:要求熟练掌握各个动作要领,动作完整、协调,各动作结合自如,步法移动迅速、准确,熟练掌握控球能力,注意回球路线变化。

（四）比赛在即的训练计划

针对训练水平很高、即将代表学校或者学院参加大赛的学生制订的训练计划:

1. 常规训练计划

（1）正手位/侧身位直、斜线攻球。

（2）直拍反手推挡/横拍反手攻球。

（3）左推右攻。

（4）正手位/反手位连续拉弧圈球(高吊弧圈球或前冲弧圈球)。

（5）正、反手搓球。

（6）搓中侧身突击/拉弧圈球。

（7）比赛。

2. 多球训练计划和专项训练计划

（1）正手位/侧身位正手攻球。

（2）直拍反手推挡/横拍反手快拨。

（3）连续性反手推挡,正手攻球（左推右攻）。

（4）推挡(反面拨/反手拨)、侧身攻、扑正手（推、侧、扑）。

（5）正手位/侧身位正手拉球,在1/2台范围内,1定点、2定点或不定点,全台不定点的练习。

（6）正手位/侧身位正手突击下旋球,在1/2台范围内,1定点、2定点或不

定点,全台不定点的练习。

(7) 反手位搓下旋球。

(8) 反手拉球。

(9) 正手位/侧身位正手中远台拉弧圈球。

(10) 反手搓、侧身拉/侧身攻、扑正手。

(11) 正手挑/正手搓、反手攻/侧身拉/侧身突击、正手攻。

(12) 正反手快摆。

(13) 直拍反手推挤/反手推下旋。

(14) 正反手攻打弧圈球/快带弧圈球。

(15) 正手反拉弧圈球。

(16) 正反手近台挑球。

(17) 打高球/机会球。

(18) 发球抢攻。

(19) 接发球抢攻。

(20) 熟练掌握多种发球方式,运用灵活。

3. 步法训练

(1) 侧跳步。

(2) 侧滑步。

(3) 交叉步。

(4) 碎滑步。

(5) 并步。

(6) 滑步。

> **小贴士**
> 多球着重练习:
> - 推、侧、扑
> - 正手位/侧身位正手拉球
> - 正反手近台挑球
> - 发球抢攻
> - 接发球抢攻

> **小贴士**
> 步法着重练习:
> - 侧滑步
> - 交叉步
> - 并步

这个计划适用于直横拍弧圈球结合快攻、快攻结合弧圈球打法的大学生学员赛前训练使用,时间的跨度应是达到一定训练时间和训练质量的这段时间(即初学具有一定水平至能参加校级比赛)。对于一般训练队员和乒乓球大学生学员来说,可以按计划中的常规训练计划或者根据自己技术的不足使用某些单项训练计划。

按正式训练每节课训练 3 小时为例,可做如下安排:

安排一:单球每项目 10～15 分钟(比赛 30 分钟);重点练习项目,每项20～30分钟。

安排二:单球项目第 1、2 项连续攻球 50～100 个回合;第 3、4 项连续 15～30 个回合;其他项目 10～15 分钟。多球每项目 1～2 盆球,重点练习项目 4～5 盆球,每盆 150 个球左右。练习顺序可按计划的顺序进行(按照学生的自身水平)。

第八节 大学乒乓球高级水平考核内容与评分方法

一、大学乒乓球高级水平基本技术考核内容与评分方法

（一）侧身突击

1. 考核方法

两人在对搓过程中，考核人侧身突击，要求搓球中有中等旋转强度，高度适宜。考核人侧身突击每一板质量由教师判定，不符合标准的球，须重新测试。重测的次数不能超过 5 次。

2. 评分标准

（1）达标：满分 100 分。每人测试一次。共搓中侧身突击 12 板球。计成功板次。每搓中侧身突击一次后再由陪考人员重新发球开始。陪考人员失误不算成绩。考核者侧身突击失误算失败一次。突击时侧身拉弧圈球亦可。

（2）技评：按四级评分。

① 突击：

优秀：突击时出手速度快，爆发力强，具有较高的击球质量。

良好：突击时出手速度较快，爆发力较强，具有一定的击球质量。

及格：突击时出手尚属迅速，爆发力和击球质量一般。

不及格：突击时出手速度慢，爆发力和击球质量均差。

② 侧身拉弧圈球：

优秀：侧身拉弧圈球动作协调，出手速度快，爆发力强，旋转质量高。

良好：侧身拉弧圈球动作协调，出手速度较快，爆发力较强，旋转质量较高。

及格：侧身拉弧圈球动作基本协调，出手速度、爆发力和旋转质量均一般。

不及格：侧身拉弧圈球动作不协调，出手速度、爆发力和旋转质量均差。

（二）正、反削球

1. 考核方法

陪考人员有规律地一点拉两点球送至对方 2/3 台范围内，考核人连续做正、反手削球，两点打一点。不限时间，考核人失误后可以从零开始再测一次，计两次之中的最佳成绩。如陪考人员失误，考核人则计连续板数。

2. 评分标准

（1）达标：满分 100 分。受测试者正、反手各削一球为一组，连续计削球组数。

（2）技评：按四级评分。

优秀：正、反手动作结合自如,步法移动迅速、准确。

良好：正、反手动作结合较自如,步法移动较迅速、准确。

及格：正、反手动作结合基本自如,步法移动基本迅速、准确。

不及格：正、反手动作结合不自如,步法移动不迅速、准确。

(三) 连续拉弧圈球

1. 考核方法

陪考测试人员有规律地将球送至右方 1/2 台范围内,考核人移动中连续拉弧圈球,不限时间,考核人失误后可以从零开始计算板数,再做一次,计两次之中的最佳成绩。如陪考测试人员失误,考核人则计连续板数。

2. 评分标准

(1) 达标：满分 20 分。受测试者连续拉板数,分值见评分表(见表 5-2)。

(2) 技评：按四级评分。

优秀：动作协调,步法移动迅速、准确。

良好：动作较协调,步法移动较迅速、准确。

及格：动作基本协调,步法移动基本迅速、准确。

不及格：动作不协调,步法移动不迅速、准确。

表 5-2　大学乒乓球高级水平基本技术考核评分表

| 分　值 | 达　标 | | | 等级 | 技评 |
| | 侧身突击 | 正、反削球 | 连续拉弧圈球 | | |
	板　数	组　数	板　数		分值
100	12	15	30	优⁺	95—99
90	11	13	28		
85	—	12	26	优⁻	90—94
80	10	11	25		
75	—	10	23	良⁺	85—89
70	9	9	22		
65	—	8	20	良⁻	80—84
60	8	7	19		
50	7	6	17	中⁺	75—79
40	6	5	15		
30	5	4	13	中⁻	70—74
20	4	3	10		
10	3	2	6	及格	60—69
5	2	1	4		

二、教学赛考核内容与评定方法

（一）分组循环赛

每个教学班按照人数分成若干个 4 人或 5 人小组，把种子分到各小组，然后进行组循环赛。赛前，教师教会学生自己组织编排比赛、记录比赛成绩和计算比赛名次等。小组循环比赛的名次获得相应的得分，最高 10 分（见表 5-3）。

表 5-3　比赛名次得分表

组别 名次	5 人小组（分值）	4 人小组（分值）
第一名	10	10
第二名	9	8.5
第三名	8	7
第四名	7	6
第五名	6	—

（二）分组循环结合分组循环

当本学期完全以竞赛成绩来评定大学生的专项水平时，可以采用第一阶段分组循环、第二阶段再分组循环的方式来排定所有学生的名次，然后给出相应的乒乓球专项成绩。

（1）比赛具体组织方法如下：

第一阶段：每个教学班按照人数分成若干个小组，把种子分到各小组，然后进行组循环赛，决出各小组的名次。

第二阶段：把各小组同名次的学生再组成相应的小组，再进行组循环，决出各组的名次，这样就可以决出全班同学的名次。

最终每个人对应在班级的名次获得相应的分数，最高 100 分。

（2）评分情况如下：

前三名 90 分以上，从第四名开始每低一个名次，降低相应的分数。

思考题

1. 逆向发球的动作要领是什么？

2. 简述防接弧圈球的常用方法。

3. 双打的基本战术有哪些？

4. 日常训练计划有哪几个阶段？每个阶段训练内容有哪些？

竞赛篇

JINGSAI PIAN

第六章　乒乓球竞赛规则与裁判方法

◎**本章导读**

乒乓球比赛的裁判工作与乒乓球运动的普及和提高有着密切的联系。大学生裁判能力的培养，以及大学生裁判员队伍的建设，对促进大学乒乓球运动的进一步普及和竞赛水平的提高有着重要的实际意义。通过本章的学习，你将了解乒乓球比赛的场地与器材要求，掌握乒乓球比赛主要规则，学会乒乓球比赛的裁判方法，激发你对乒乓球运动的兴趣，提高乒乓球竞赛的裁判水平。

第一节　乒乓球比赛的场地与器材

一、比赛场地

比赛空间应为长不少于 14 米、宽不少于 7 米、高不少于 5 米的空间。比赛区域应由 75 厘米高的同一深色的挡板围起，以与相邻的比赛区域及观众隔开。

二、比赛器材

（一）球台

球台的上层表面叫作比赛台面，应为与水平面平行的长方形，长 2.74 米，宽 1.525 米，离地面高 76 厘米，不包括球台台面的垂直侧面。比赛台面为均匀的暗色，无光泽，具有一致的弹性，即当标准球从离台面 30 厘米高处落至台面时，弹起高度应约 23 厘米。比赛台面由一个与台面端线平行的垂直球网划分为两个相等的台区，沿 2.74 米的边线边缘及 1.525 米长的端线边缘应有一条 2 厘米宽的白线。双打比赛中各台区应由一条 3 毫米宽的白色中线，划分为两个相等"半区"，中线应视为右半区的一部分。

（二）球网装置

球网装置包括球网、悬网绳、网柱及将它们固定在球台上的夹钳部分。球网的顶端距离比赛台面 15.25 厘米，网柱外沿离开边线外沿的距离为 15.25 厘米。整个球

> **小贴士**
> ➤ 球台长 2.74 米，宽 1.525 米，高 76 厘米
> ➤ 球网高 15.25 厘米
> ➤ 球直径为 40 毫米

网的底边应尽量贴近比赛台面,其两端应尽量贴近网柱。

(三)球

球为圆球体,直径为40毫米,重2.7克,球应用赛璐珞或类似的塑料制成,白色或橙色,无光泽。

(四)球拍

球拍的合法性可参考国际乒联规程的有关规定。球拍的大小、形状和重量不限,但底板应平整、坚硬。

底板至少应有85%的天然木料。加强底板的黏合层可用诸如碳纤维或压缩纸等纤维材料,每层黏合层不超过底板总厚度的7.5%或0.35毫米。

用来击球的拍面应用一层颗粒向外的普通颗粒胶覆盖,连同黏合剂,厚度不超过2毫米;或用颗粒向内或向外的海绵胶覆盖,连同黏合剂,厚度不超过4毫米。

普通颗粒胶是一层无泡沫的天然橡胶或合成橡胶,其颗粒必须以每平方厘米不少于10颗,不多于50颗的平均密度分布在拍的整个表面。

海绵胶即在一层泡沫橡胶上覆盖一层普通颗粒胶,普通颗粒胶的厚度不超过2毫米。

覆盖物应覆盖整个拍面,但不得超过其边缘。靠近拍柄部分以及手指执握部分可不予以覆盖,也可用任何材料覆盖。

底板中的任何夹层以及用来击球一面的任何覆盖物及黏合层应为厚度均匀的一个整体。

球拍两面不论是否有覆盖物,必须无光泽,且一面为鲜红色,另一面为黑色。

由于意外的损害、磨损或褪色,造成拍面的整体性和颜色上的一致性出现轻微的差异,只要未明显改变拍面的性能,均允许使用。

比赛开始时及比赛过程中运动员需要更换球拍时,必须向对方和裁判员展示他将要使用的球拍,并允许他们检查。

第二节 乒乓球比赛主要规则

一、定义

(1)"回合":球处于比赛状态的一段时间。

(2)"球处于比赛状态":从发球时球被有意向上抛起前静止在不执拍手掌上的最后一瞬间开始,直到该回合被判得分或重发球。

（3）"重发球"：不予判分的回合。

（4）"一分"：判分的回合。

（5）"执拍手"：正握着球拍的手。

（6）"不执拍手"：未握着球拍的手。

（7）"不执拍手臂"：不执拍手的手臂。

（8）"击球"：用握在手中的球拍或执拍手手腕以下部分触球。

（9）"阻挡"：对方击球后，在比赛台面上方或向比赛台面方向运动的球，尚未触及本方台区，即触及本方运动员或其穿戴（带）的任何物品，即为阻挡。

（10）"发球员"：在一个回合中首先击球的运动员。

（11）"接发球员"：在一个回合中第二个击球的运动员。

（12）"裁判员"：被指定管理一场比赛的人。

（13）"副裁判员"：被指定在某些方面协助裁判员工作的人。

（14）运动员"穿或戴（带）"的任何物品，包括他在一个回合开始时穿或戴（带）的任何物品，但不包括比赛用球。

（15）越过或绕过球网装置：除从球网和比赛台面之间通过及从球网和网架之间通过的情况外，球均应视作已"越过或绕过"球网装置。

（16）球台的"端线"，包括端线两端的无限延长线。

二、发球

（1）发球开始时，球自然地置于不持拍手的手掌上，手掌张开，保持静止。

（2）发球员须用手将球几乎垂直地向上抛起，不得使球旋转，并使球在离开不执拍手的手掌之后上升不少于 16 厘米，球下降到被击出前不能碰到任何物体。

（3）当球从抛起的最高点下降时，发球员方可击球，使球首先触及本方台区，然后越过或绕过球网装置，再触及接发球员的台区。在双打中，球应先后触及发球员和接发球员的右半区。

（4）从发球开始，到球被击出，球要始终在比赛台面的水平面以上和发球员的端线以外；而且从接发球方看，球不能被发球员或其双打同伴的身体或他们所穿戴（带）的任何物品挡住。

（5）球一旦被抛起，发球员的不执拍手臂应立即从球和球网之间的空间移开。球和球网之间的空间由球和球网及其向上的延伸来界定。

> **小贴士**
> 无论是第一次或任何时候，只要发球员明显没有按照合法发球的规定发球，他将被判失 1 分，无须警告。

（6）运动员发球时，有责任让裁判员或副裁判员确信他的发球符合规则的要求，且裁判员和副裁判员均可判定发球不合法。

如果裁判员或副裁判员对发球合法性不确定,在一场比赛中第一次出现时,可以中断比赛并警告发球方。但此后如该运动员或其双打同伴的发球不是明显合法,将被判发球违例。

(7)运动员因身体伤病而不能严格遵守合法发球的某些规定时,可由裁判员做出决定免于执行。

三、还击

对方发球或还击后,本方运动员必须击球,使球直接越过或绕过球网装置,或触及球网装置后,再触及对方台区。

四、比赛中的击球次序

(1)在单打中,首先由发球员发球,再由接发球员还击,然后两者交替还击。

(2)在双打中,首先由发球员发球,再由接发球员还击;然后由发球员的同伴还击,再由接发球员的同伴还击,此后,运动员按此次序轮流还击。

(3)在两名由于身体伤残而坐轮椅的运动员配对进行的双打中,发球员应先发球,接发球员应还击,此后可由任何一名运动员还击。

然而,运动员轮椅的任何部分不能超出球台中线的假定延长线。如果超越,裁判员将判对方得 1 分。

五、重发球

(一)回合出现下列情况应判重发球

(1)发球员发出的球,在越过或绕过球网装置时,触及球网装置,此后成为合法发球或被接发球员或其同伴阻挡。

(2)接发球员或接发球方未准备好,球已发出,而且接发球员或接发球方没有企图击球。

(3)由于发生了运动员无法控制的干扰,运动员未能成功发球、还击或遵守规则。

(4)裁判员或副裁判员暂停比赛。

(5)由于身体残疾而坐轮椅的运动员在接发球时,发球员进行合法发球后,球出现下列情况:

① 在触及接发球方的台区后,朝着球网方向运行。

② 球停在接发球员的台区上。

③ 在单打中,球在触及接发球员的台区后,从其任意一条边线离开球台。

(二)可以在下列情况下暂停比赛

(1)由于要纠正发球、接发球次序或方位错误。

（2）由于要实行轮换发球法。

（3）由于警告或处罚运动员。

（4）由于比赛环境受到干扰,以致该回合结果有可能受到影响。

六、得 1 分

除被判重发球的回合,下列情况运动员得 1 分:

（1）对方运动员未能正确发球。

（2）对方运动员未能正确还击。

（3）运动员在发球和还击后,对方运动员在击球前,球触及了除球网装置以外的任何东西。

（4）对方击球后,球没有触及本方台区而越过本方台区或端线。

（5）对方阻挡。

（6）对方故意连续两次击球。

（7）对方用不符合球拍规定条款的拍面击球。

（8）对方运动员或运动员穿或戴（带）的任何东西使球台移动。

（9）对方运动员或运动员穿或戴（带）的任何东西触及球网装置。

（10）对方运动员不执拍手触及比赛台面。

（11）双打时,对方运动员击球次序错误。

（12）执行轮换发球法时,如果接发球方进行了 13 次合法还击,则判接发球方得 1 分。

（13）双打运动员或双打配对由于身体残疾而坐轮椅:

① 对方击球时,其大腿后部未能和轮椅或坐垫保持最低限度的接触。

② 对方击球前,其任意一只手触及比赛台面。

③ 比赛中对方的脚垫或脚触及地面。

（14）身体残疾而坐轮椅的运动员在双打中,发球员先发球,接发球员还击,此后任何一名运动员均可还击,然而,运动员轮椅的任何部分不能超越球台中线的假定延长线。如果超越,裁判员将判对方得 1 分。

七、一局比赛

在一局比赛中,先得 11 分的一方为胜方。10 平后,先多得 2 分的一方为胜方。

八、一场比赛

一场比赛由奇数局组成。

九、发球、接发球和方位的次序

（1）选择发球、接发球和方位的权力应由抽签来决定。中签者可以选择先发球或先接发球,或选择先在某一方位。

(2)当一方运动员选择了先发球或先接发球,或选择了先在某一方位后,另一方运动员必须有另一个选择。

(3)在获得每2分之后,接发球方即成为发球方,依此类推,直至该局比赛结束,或者直至双方比分都达到10分或实行轮换发球法。这时,发球和接发球次序仍然不变,但每人只轮发1分球。

(4)一局中,首先发球的一方,在该场下一局应首先接发球。

(5)一局中,在某一方位比赛的一方,在该场下一局应换到另一方位。在决胜局中,一方先得5分时,双方应交换方位。

十、发球、接发球次序和方位的错误

(1)裁判员一旦发现发球、接发球次序错误,应立即暂停比赛,并按该场比赛开始时确立的次序,按场上比分由应该发球或接发球的运动员发球或接发球;在双打中,则按发现错误时那一局中首先有发球权的一方所确立的次序进行纠正,继续比赛。

(2)裁判员一旦发现运动员应交换方位而未交换时,应立即暂停比赛,并按该场比赛开始时确立的次序,按场上比分对运动员应站的正确方位进行纠正,再继续比赛。

(3)在任何情况下,发现错误之前的所有得分均有效。

十一、轮换发球法

(1)除一局比赛比分已到达至少18分不实行轮换发球法外,一局比赛进行到10分钟或在任何时间应双方运动员或配对的要求,应实行轮换发球法。

(2)如果一局比赛比分已达到至少18分,将不实行轮换发球法。

(3)实行轮换发球法的时间到时,球处于比赛状态,裁判员应立即暂停比赛,由被暂停回合的发球员发球,继续比赛;如果实行轮换发球法时,球未处于比赛状态,应由前一回合的接发球员发球,继续比赛。

(4)此后,每位运动员都轮发1分球,直至该局结束。如果接发球方进行了

13 次还击,则判接发球方得 1 分。

(5) 实行轮换发球法不能更改该场比赛中按正常顺序所确定的发球和接发球次序。

(6) 轮换发球法一经实行,将一直执行到该场比赛结束。

第三节　乒乓球裁判方法

一、裁判员临场管理的基本内容

裁判员是一场比赛的组织者,必须根据规则和规程对一场比赛实行全面的管理。

(一)比赛双方得失分的管理

即对比赛胜负机制的管理,这是一场比赛最基本的管理,必须在准确地认定比赛事实的基础上,公正地对每一个回合做出及时的判决。

(二)对比赛器材的管理

对比赛器材的管理包括比赛球台、球网、球和球拍等。其中,球台、球网和球的质量规格及球台的布局在赛前已由裁判长检查认定,但仍需裁判员实施下列管理:

1. 在该场比赛开始前

(1) 检查球台、球网的安置及球的牌号,确保其符合规定。

(2) 检查运动员的球拍,发现有不合规定的则要求运动员更换。

(3) 要求运动员选定 2~3 个双方都能接受的比赛用球,当双方意见不一致而使比赛不能进行时,由裁判员任意决定一个比赛用球。

2. 在该场比赛进行中

(1) 维持比赛球台、球网的安置始终符合规定。

(2) 防止运动员擅自更换比赛用球和球拍。

在不能实现上述管理目标时应立即报告裁判长。

(三)对比赛条件的管理

对比赛条件的管理包括比赛场地、灯光、挡板、计分器、队名牌或人名牌等。尽管赛前也已由裁判长检查认定,但仍需要裁判员在该场比赛开始前再行检查,并在比赛进行中维持这些比赛条件的标准和规范,一旦发现问题即应在职责允许的力所能及的范围内及时处理,解决不了的应立即报告裁判长。

（四）对运动员比赛服装的管理

（1）比赛服的式样，一般应是短袖运动衫、短裤或短裙、短袜和运动鞋。

（2）比赛服的颜色，可以是任何颜色，但短袖运动衫、短裤或短裙的主要颜色应与比赛用球的颜色明显不同，短袖运动衫的袖子和领子及沿服装接缝的装饰物和边缘上的装饰物除外。

（3）比赛服上的运动员号码或字样、徽章、标记、广告及装饰物必须符合规定。

（4）团体赛同队运动员或同一协会运动员组成的双打配对，服装款式和颜色应一致，鞋袜除外。

（5）比赛双方运动员应穿着颜色明显不同的运动衫。

当裁判员对运动员的比赛服装是否合乎规定有怀疑时，或在上列某项要求不能实现且在裁判员已经通知运动员更换比赛服装而运动员拒绝更换的情况下，应立即报告裁判长。

（五）对比赛时间的管理

除法定的间歇以外，要保证全场比赛连续进行。

（1）一场比赛的局与局之间，可允许运动员有不超过两分钟的休息时间。

（2）考比伦杯赛制中，可允许需要连场比赛的运动员在连场比赛之间有最多5分钟的休息时间。

（3）每局比赛中，允许运动员在每打完6分球后或决胜局交换方位时用短暂的时间擦汗。

（4）运动员在比赛中损坏了球拍，应立即替换随身带来的另一块球拍或场外递进的球拍。

（5）在替换破球或损坏的球拍以后，可允许运动员练习少数几个回合，然后继续比赛。

（6）运动员因意外事件而暂时丧失比赛能力并要求紧急中断时，应立即报告裁判长。

（7）除非裁判长允许，运动员在一场比赛中应留在赛区或赛区内附近，在局与局之间的法定休息时间内，裁判员应监督运动员留在赛区周围3米以内的地方。

（六）对场外指导的管理

裁判员应按下列要求防止非法的场外指导影响比赛的公正性：

（1）团体比赛中运动员可接受任何人的场外指导，但单项比赛中运动员只能接受在该比赛开始前向裁判员指明的一位指导者的指导，否则即应令其远离赛区。

（2）一场比赛中除局与局之间的休息时间或经批准的中断时间以外的时

180

间,任何人不得向运动员提供场外指导;对第一次违反此规定者应予警告(出示黄牌),对警告后再次违反者则应令其远离赛区(出示红牌),如其拒绝离开,则应立即报告裁判长。

（七）对运动员行为作风的管理

（1）应督促运动员克制那些可能不公平地影响对手、冒犯观众或影响本项运动声誉的不良作风或行为表现。

（2）如该场比赛中运动员在赛区内的行为表现不符合上述要求时,若属初犯,则应予以警告(出示黄牌);如警告后首次再犯,可判其对方得 1 分(同时出示红黄牌);第二次再犯,可判其对方得 2 分(同时出示红黄牌);此后再犯或一场比赛中的任何时候出现严重冒犯行为(包括未通知裁判员和对方即行更换球拍),即应报告裁判长。

> **小贴士**
>
> 双打配对中,任何一名运动员受到的警告或判罚,应视作是该对双打运动员的,但未受警告的那一名运动员在同一场团体赛随后的单项比赛中不受影响。双打比赛开始时,配对运动员中任何一名在同一场团体赛中已经受到的最严重的警告或判罚应视作该对双打运动员的。

（八）对比赛运行机制的管理

对比赛运行机制的管理包括团体赛双方运动员的出场顺序,一场比赛开始时发球、接发球和方位的选择,比赛中发球、接发球和方位的交换以及击球次序、轮换发球法等方面的管理,要求按规则予以控制和调节。

（九）对比赛技术文书的管理

（1）团体赛前根据秩序册核对双方填写的排名表。
（2）赛前和赛中记分表的填写。
（3）赛后记分表的填写、签名和分发、上交。

（十）对观众的管理

对观众的管理也是一种无形的间接管理,要求在组织比赛并保证比赛正常进行的过程中,把观众的注意力吸引到比赛上,促使形成激励运动员顽强拼搏、有利于比赛各方充分发挥技术和战术水平的良好氛围。

二、裁判员判分时应注意的事项

临场工作是乒乓球裁判员最主要、最基本的一项工作。临场裁判是一门艺术,实践性很强,实际上就是临场处理问题、解决矛盾的艺术。

（一）认真履行裁判员的基本职责,解决事实与认识的矛盾

裁判员作为一场比赛的组织者,基本职责是确认一场比赛中发生的一切事实问题并根据规则做出判定。作为裁判员的临场判决,首要的是看清事实,因为事实是判决的依据。看清了事实但规则执行错了,这属于认识问题,是可以纠正的。倘若看不清事实或看的不是事实(错觉),那就没有判定的依据了,这会给比赛带来相当严重的后果。

(二)确定最后决定权,解决执行与报告的矛盾

乒乓球竞赛规则授予各类裁判人员在各自的职责范围内享有最后决定权,比如当场比赛的裁判员对比赛中发生的一切事实问题有最后决定权,裁判长对有关比赛规则和规程问题的解释有最后决定权。责任裁判员在自己职权范围内所做的决定是不可更改的决定,与之合作的另一裁判员乃至裁判长都不能更改。由此可见,规则给了裁判员很大的权限,同时也赋予其很大的责任。

(三)合理分配临场注意力,解决集中与分散的矛盾

乒乓球很小,在比赛中运动速度快,特别表现在球的来回快、旋转快、旋转变化快,而且球的运动状况反响也很小,所以,对裁判员注意力的要求相当高。一个优秀裁判员必须眼观六路、耳听八方,使注意力合理分配,以兼顾到全场情况。所以,在处理注意力集中与分散这一对矛盾时,我们强调集中与分散相结合,以集中为主。

(四)临场裁判员判分的处理,解决快与慢的矛盾

乒乓球运动快的特点,要求裁判员对比赛情况的处理也相应要快。由此,首先要求乒乓球裁判员的反应要快,判断要快,在结果还未出来时就能预感并做出判断,这样问题就好处理了,纠纷也可以减少。但是否就越快越好呢?如出现外界球进入赛区的干扰情况,正处于一方有可能得分之际,就不应该立即叫"停"。当球处于比赛状态与非比赛状态之间的中间状态时,这里就有个快与慢的矛盾,我们强调乒乓球裁判员的临场反应和处理快慢结合,以快为主。

(五)临场执法的一致性,解决正确与错误的矛盾

主裁和副裁要保持执行规则的尺度一致。如果执行规则对比赛双方不一致,那就只有两种结果,一种是"正确+错误",另一种是"错误+错误",结果都有错误。所以,尺度的不一致,往往是许多裁判临场中出现问题的根源。

(六)对发球犯规的处理,解决判与不判的矛盾

现在临场裁判突出的问题是发球规则执行得不好,原因主要在于裁判员思想认识上偏差而造成心理上有障碍——怕,怕判了引起矛盾。实质上,发球犯规只是一个纯技术性的错误,即未能以合法的动作发球,而并不是运动员品质的错误,不要把它看作是一个严重的问题而不敢判。对犯规的发球,裁判员敢判,运动员就不敢发了;你越不敢判,运动员发起来就越肆无忌惮。

（七）临场执法的公开性，解决场上与场下的矛盾

严格地说，裁判员与运动员之间不能有赛场之外的接触，不要主动和运动员交谈；裁判的工作应该在场上做，而不应在场下做，在赛前或赛后去提醒运动员是错误的，即使在比赛中根据规则和规程精神对运动员进行非正式警告性的提醒时，有话要说也要当着双方的面讲，不能只对一方单独讲，以免引起不必要的怀疑。

（八）赛场局面的控制能力，处理好解决"问题"与制造"问题"的矛盾

作为裁判员，要培养和锻炼善于控制赛场局面的能力。有些裁判员因为欠缺控制赛场局面的能力，往往出现过分认真，使比赛难以进行；言辞不当，将矛盾扩大；欲掩盖矛盾却得不偿失；不善于处理问题；过于分析利害关系而影响规则尺度；不能妥善处理好场上人与人之间的关系，包括教练员和运动员。

（九）怎样处理和由谁处理，解决比赛中人与人之间的法定关系和职责权限的矛盾

现行规则中，裁判长及其指定的代理人（副裁判长）、裁判员和副裁判员、计数员等，都有各自的职责权限，各自都在职责范围内行使管辖权，而在管辖权范围内所做的决定是不能申诉的。实际上比赛中人与人之间的法定关就是管辖权与申诉权的关系。在管辖权内有最后决定权，所做的决定谁也不能更改和申诉，但可以提意见。裁判长可以撤换裁判员，但不能改变裁判员就事实所做的决定。

三、临场比赛裁判员的操作程序

所有参赛的运动员有权希望在不同比赛中或在不同国家举行的比赛中能在竞赛管理方面保持一致。为了保证一致性，国际乒联裁判长和裁判员委员会（URC）已经为竞赛官员制定了一个推荐程序。裁判员和裁判长在到达比赛区域的一刻起都应遵循相关守则和推荐操作程序（见表6-1）。任何可能在观众和媒体（如新闻记者、电视转播和摄影记者）视线下看得见和可能发生的事都被视作是比赛区域的，在比赛区域所有裁判员的动作和行为在各方面必须规范、统一，不仅在执裁一场比赛时，而且在进出指定的场地，履行赛前、赛后的职责及与运动员、观众和其他官员在比赛区域进行交流时均应统一。

（一）赛前

（1）穿着适当得体、不许携带分心的物品——如手包、无关的徽章和胸针。

（2）准时到场。按规定程序入场、展示完好工作姿态。

（3）检查比赛场地——挡板，检查地面上的碎物，擦球台、球网高度和张力，以及运动员球拍、服装、号码布是否佩戴等。

（4）主持抽签确定发球、接发球、方位（挑边要用手接住，不要翻转）。

（5）确定运动员身体伤病而放宽合法发球的某些规定。

（6）赛前练习，宣告"练习2分钟"。

（7）赛前宣告——完整、准确、大声清晰。

（二）赛中

（1）报分要清晰、大声、及时、准确。手势要正确，包括得分、换发球、停、擦网、擦边、侧面、重发和违例等手势。

（2）运用"发球规则"对发球正确判断。

（3）运用"行为规则"对场外指导行为、运动员的不良行为进行正确监控。

（4）保证比赛连续进行——监控练习时间、相邻比分之间的比赛时间、擦汗时间、暂停时间等。

（5）在适当时间执行轮换发球法。

（6）正确使用计分设备。

（7）正确使用黄、红、白牌，暂停牌。

（8）确保局与局之间球拍留在球台上。

（9）确保只有经过许可的人才能进比赛区域。

（10）注意裁判员的姿态（坐直，上体微前倾）。

（三）赛后

（1）赛后宣告要清晰、大声。

（2）在比赛记分表上签名。

（3）将计分器比分回至光板。

（4）收回比赛用球。

（5）比赛场地恢复原状。

（6）组织退场。

（7）比赛记分表人名牌或队名牌直接送交裁判长席。

表 6-1　乒乓球比赛裁判员操作程序(简表式)

阶段		项目	裁判员分工		备注
			裁判员	副裁判员	
赛前	赛前准备	报到	应在每节比赛前 30 分钟向裁判长或指定的代理人报到,做好执裁的准备工作	赛前 30 分钟报到,领取队(人)名牌及器材	
		挑球与检查	应在一场比赛前 15 分钟在指定的区域负责挑球和运动员球拍、服装、号码布检查等工作	协助裁判员做好挑球和对运动员球拍、服装、号码布检查等工作	
		记分表与比赛用球	约在一场比赛前 10 分钟,应拿到该场比赛的记分表和已经挑选好的比赛用球		
		入场	进入比赛区域时,手里不能有其他东西,其他执裁的用品应放置在口袋内,不能露在外面或挂在脖子上		其他执裁用品:笔、秒表、量网尺、黄/红/白牌、毛巾、挑边器 手提包等私人物品应放在裁判长指定的安全区域
		介绍	名字被点到时先向前迈一小步,然后向后一小步回到原来的位置	名字被点到时,先向前迈一小步,然后向后一小步回到原来的位置	不需要转体面向其他的观众或举手示意
赛前	赛前程序	练习前	1. 检查运动员的球拍 2. 检查运动员的服装(如果挑球时未检查过) 3. 检查运动员的号码布(如果裁判长或组委会有要求) 4. 单项比赛,确定场外指导者 5. 用挑边器进行抽签,确定发球和方位 6. 指示副裁判员计练习时间 7. 完成记分表上相关信息的填写	1. 检查网高和拉力 2. 将球台台面和地板清理干净(不留任何碎片) 3. 将队(人)名牌放在合适的位置(如果裁判长或组委会提供) 4. 如果需要应将比分显示器复位到空白 5. 如果运动员到达或走近赛场,将比分显示器的场(局)分翻至 0 6. 根据裁判员指示计练习时间	
		练习时	坐在裁判椅上	坐在副裁判椅上	
	开始比赛	时间到宣布发球	1. 用手指向发球方,同时注视接发球方是否已准备好 2. 当发球方已准备好,宣布:"第一局比赛,××发球,0 比 0" 3. 应尽力把每位运动员的名字念准,如果没有把握,可以在检查球拍时询问运动员名字的准确发音	1. 当练习时间到,举起手臂宣布:时间到 2. 将比分翻至"0 比 0",启动秒表,比赛开始	

续　表

阶段	项目		裁判员分工		备注
			裁判员	副裁判员	
赛中	比赛过程中	手势	在一场比赛中,应采用统一(规范)的手势		
		报分	报分应清晰、洪亮,使坐在教练席上的人都能听到比分		国际比赛应使用英语或双方运动员及裁判员均能接受的任何其他语言。国内比赛应使用普通话
		计时	进行比赛计时或指定副裁判员计时	根据裁判员指示,进行比赛计时	
		宣布结束	比赛结束,在记分表上填写完最后一局比分后,同时宣布比赛结束		11比×,某某以3比×胜。
赛后	赛后签名	签名	如果裁判长要求,应请运动员(或队长)在记分表上签名	1. 返回局分和比分(记分器回复为空白) 2. 收回比赛用球(若有队或人名牌应取下收回),并将场地恢复到适当条件	
	裁判员退场	离场	与副裁判员在裁判椅前会合,左手拿记分表(在副裁判员之前),排队退场	1. 与裁判员在裁判椅前会合 2. 跟随裁判员排队退场	
			将记分表直接交裁判长席	归还队(人)名牌及其他裁判器材	裁判长或指定的副裁判长应检查记分表填写是否完整、准确,检查无误后签名,将记分表交给计算机操作员,进行成绩处理

四、手势、术语与宣告

在一场比赛中,裁判员手势和解释语(术语)应规范、统一。

(一) 手势

每一回合结束时应立即报分或用手势示意,或两者兼用。

(1) 当判得分时,裁判员应将靠近得分方的手臂举起,使上臂水平齐肩,前臂垂直,手握拳向上(见图 6-1)。

（2）交换发球时,裁判员应张开手掌指向下一个发球者,手臂伸直举至与肩同高(见图 6-2)。

（3）发球擦网时,裁判员应喊"擦网",并将手掌张开,手臂伸直举至上空(见图 6-3)。

图 6-1　　　　　　图 6-2　　　　　　图 6-3

（4）如果由于任何原因而判该回合为重发球或要延迟比赛开始,裁判员可以将手高举过头(见图 6-3)。当副裁判员在他职权范围内做出判定要吸引裁判员的注意时,他也应使用将手高举过头的手势(见图 6-3)。

（二）术语

通常,裁判员没有必要对判决做出解释,而且应尽可能避免不必要的宣告。例如,发球员发球下网,或很明显其未能合法发球,裁判员就没有必要喊"犯规"。但是,如果一个判决并不能自动中止比赛或运动员、观众对该判决不清楚时,则可以用标准的手势或以下列出的标准术语予以简单解释。

标准解释术语如下见表 6-2 所示。

表 6-2　标准解释术语表

序号	解释内容	术语
1	发球不合法	"犯规"
2	运动员身体、衣服或球拍触网	"碰网"
3	比赛台面移动	"台面移动"
4	不执拍手触及比赛台面	"手触台面"
5	球被运动员阻挡	"阻挡"
6	球触及球台台面的侧面	"侧面"
7	球连续两次触及同一台区	"两跳"
8	同一运动员连续两次击球	"连击"
9	双打中运动员击球次序错误	"次序错误"
10	双打中发球时,球触及错误的半区	"错区"
11	限制时间到	"时间到"

(三)宣告

比赛中应用精确专业术语进行宣告。

1. 练习时间到的宣告(见表 6-3)

6-3　练习时间到时宣告

裁判员举手喊"停",收回比赛用球	副裁判员举手,宣布"时间到"

2. 比赛时的宣告(见表 6-4)

比赛时的宣告包括比赛开始宣告、赛中宣告、赛后宣告。

6-4　比赛时的宣告示例

比赛开始宣告(示例)	
马琳对波尔 第 1 局比赛 马琳发球 (将球抛向发球方) 宣告:0∶0	Ma Lin versus Boll First game Ma Lin to serve Love all (or "Zero-Zero")
第一局比赛结束宣告(示例)	
11∶8 第一局比赛 马琳胜	11∶8 First game to Ma Lin
第二局比赛开始宣告	
第二局比赛 波尔发球 0∶0	Second game Boll to serve Love all
整场比赛结束宣告	
11∶7 第五局马琳胜 马琳 3∶2胜	11∶7 Fifth game to Ma Lin Match to Ma Lin 3 games to 2

思考题

1. 在什么情况下应判重发球?

2. 在哪些情况下可以得 1 分?

3. 一场比赛中,裁判员的手势与术语有哪些?

4. 作为临场主裁判,谈谈你的职责和临场艺术。

第七章　乒乓球竞赛的组织与编排

◎本章导读
　　乒乓球竞赛的组织与编排能力培养,对大学生学习和掌握其他球类项目的竞赛工作具有普遍参考价值,是大学生今后胜任组织管理体育赛事工作所必备的知识和能力。通过本章的学习,你将了解组织乒乓球竞赛的工作内容与程序,能胜任一些简单的乒乓球竞赛的组织与编排工作,激发你对乒乓球运动的兴趣,提高乒乓球竞赛的组织与编排水平。

第一节　乒乓球竞赛的组织与管理

一、乒乓球竞赛的工作内容和程序

　　组织竞赛活动可根据规模大小,由相应的单位发起。规模小的比赛,一般由主办单位指定少数人负责组织。规模大的比赛需要成立筹备委员会。正规的比赛通常会成立组织委员会,设正副主任,下设秘书处(负责会务、宣传、保卫、医务等方面的工作)、竞赛处(负责裁判、场地等竞赛方面的工作)及仲裁委员会(负责比赛期间执行竞赛规则、竞赛中发生的纠纷等)。一般基层比赛只设竞赛组和秘书组。竞赛组负责报名、编排秩序册、聘请裁判员、准备竞赛场地等工作;秘书组负责寻求广告赞助、宣传教育、组织观众、发通知文件等工作。

(一)竞赛的组织程序

　　组织一次竞赛要经过以下程序:

　　1. 制定竞赛规程

　　竞赛规程是竞赛的依据。一般由比赛主办单位根据组织比赛的目的、任务、时间和场地情况拟定。在比赛前,尽早地将规程发给参加单位,以便各单位有充分时间做准备工作。

　　2. 接受报名

　　报名表是组织编排工作的重要依据。负责组织编排者应认真接受报名。

3．安排练习场地

运动员报到后，为了适应场地，需要进行练习。大会组织者要科学地、合理地安排练习场地。

4．抽签

根据参加比赛的队或运动员数量，按竞赛规程的规定，科学合理地决定比赛的分组和对手。

5．编排竞赛日程

按抽签结果安排场地、时间。

6．印发秩序册

编排比赛秩序后，要尽快印发秩序册，发给各代表队和有关部门，使大家能了解比赛秩序，及时准备与安排。

7．成绩登记

比赛进行中应认真检查比赛记录，并迅速公布比赛成绩，以保证比赛顺利进行。

8．节目单和成绩公报

节目单：及时公布某一天或某一场的比赛对手。

成绩公报：及时公布当日或当节的比赛成绩，使与会者互通情报。

9．印发成绩册

汇总成绩，应包括全部比赛成绩。

10．资料归档

将有关竞赛的所有文件存档，使它成为总结工作的依据，为以后组织竞赛做参考。

竞赛的组织编排中每项工作都是紧密相连，一环扣一环的。根据比赛规模的大小、人力配备等情况，可以抓住重点工作，以保证竞赛顺利进行。

（二）制定竞赛规程内容

竞赛规程是主办单位和参加单位进行各项组织工作的依据。竞赛规程一般由比赛主办单位根据组织比赛的目的、任务、时间和场地情况拟定，在比赛前尽早地发给参加单位，以便各单位有充分时间做准备工作。随同竞赛规程应附报名表一式两份，要求逐项填写，字迹清晰，并在报名截止日期内交寄比赛主办单位。

竞赛规程包括以下内容：

（1）竞赛名称。

（2）目的和任务。

（3）日期和地点。

（4）竞赛项目。

（5）参加单位及人数。

（6）运动员资格。

（7）报名及报到日期。

（8）竞赛规则。

（9）竞赛办法。

（10）决定名次和记分办法。

（11）奖励规定。

（12）竞赛用球。

（13）其他特殊规定。

二、乒乓球竞赛项目介绍

（一）运动竞赛的分类

1. 按项目、数量

（1）综合性运动会（如奥林匹克运动会，全国及省、市运动会）

（2）单项竞赛（如世界乒乓球锦标赛）

2. 按目的、任务

（1）锦标赛（奖杯、锦旗）

（2）冠军（杯）赛（一只杯）

（3）联赛（三个及以上同等级球队之间的比赛）

（4）邀请赛（做东相聚）

（5）选拔赛（选优为目的）

（6）大奖赛（以诱人的奖金为基础加以吸引）

（7）对抗赛（两人或两队）

（8）表演赛（娱乐性竞赛）

（9）友谊赛（比赛宗旨：友谊第一，比赛第二）

（10）巡回赛（分站比赛）

（11）挑战赛（向强者挑战）

（12）俱乐部赛（以俱乐部为参赛单位）

（13）达标赛（一定标准）

（14）擂台赛（挑战擂主）

（15）段位赛（同段位同水平，获胜升级）

（16）通讯赛（上网操作）等

3. 按组织系统

（1）区域性（世界、全国、省、市）

（2）系统性（行业）性（教育、卫生、石油、金融等）

（3）专业性（职业性比赛，以此为本职）

（4）业余性（非职业性比赛，爱好，全民健身）

4．按年龄分类

（1）老年

（2）成年

（3）青少年

（4）少年儿童

（5）儿童

5．按竞赛方法

（1）淘汰赛

（2）循环赛

（3）混合赛制

（二）乒乓球团体赛形式

1．五场三胜制（新斯韦思林杯赛制，5 场单打），一个队由 3 名运动员组成，比赛顺序是：

(1) A—X

(2) B—Y

(3) C—Z

(4) A—Y

(5) B—X

2．五场三胜制（考比伦杯赛制，4 场单打和 1 场双打），一个队由 2、3 或 4 名运动员组成，比赛顺序是：

(1) A—X

(2) B—Y

(3) 双打

(4) A—Y

(5) B—X

3．五场三胜制（奥林匹克赛制，4 场单打和 1 场双打），一个队由 3 名运动员组成，每名运动员最多参加 2 场单项比赛，比赛顺序是：

(1) A—X

(2) B—Y

(3) 双打 C/A（B）—Z/X（Y）

(4) B/A—Z

(5) C—Y/X

当然，各种赛制运动员出场顺序是不一样的，具体需参考不同比赛的竞赛规程。

第二节　乒乓球比赛基本方法

一、单循环赛

参加比赛的队（人）之间轮流比赛一次，即为单循环赛。这种比赛方法可使各队之间接触机会增多，有利于互相学习，共同提高，所产生的比赛结果较合理。但它也有缺点，如比赛场次多，比赛时间长，所用场地数量多等。

由于参加队数较多，多采用分阶段分组单循环赛或分级分组单循环赛的方式。

（一）单循环赛的场数

在单循环比赛时，每个队要与小组所有队比赛一次，所以每个队的比赛场数等于参加队数减 1，即 $x-1$，比赛总场数则应为：$x(x-1)/2$。

例如，6 个队参加的单循环赛实际比赛场数为：$6\times(6-1)/2=15$。

（二）单循环赛的轮数

在小组循环赛中各队出场比赛一次，称为"一轮"。每两个队之间比赛一次称为"一场"。计算轮数会出现两种情况：

（1）如果一个小组的队数为双数时，每队都遇到一个不同的对手，所以"轮数＝队数－1"。

（2）如果一个小组的队数为单数时，总有一个队要轮空（遇不上对手），因此，每个队在小组内不但要和每个对手比赛一次，而且还要轮空一次，"轮数＝队数"。

（三）单循环比赛的轮转顺序

确定小组单循环的比赛顺序，要考虑比赛场次进度的一致性，避免连续作战，尽量使各队机会均等，并要注意每一轮强、弱队的搭配。另外还要使强队或水平相近的队在最后相遇，从而使比赛逐步进入高潮。

确定单循环比赛顺序的方法很多，目前经常采用的方法主要是"逆时针轮转法"。

（1）6 个队参加比赛的排法如表 7-1 所示：

表 7-1　6 个队参加比赛的"逆时针轮转法"

轮次	I	II	III	IV	V
轮转次序	1 — 6 2 — 5 3 — 4	1 — 5 6 — 4 2 — 3	1 — 4 5 — 3 6 — 2	1 — 3 4 — 2 5 — 6	1 — 2 3 — 6 4 — 5

这种轮转方法是：1号位置固定不动，其他队每轮按逆时针方向转动一个位置，即可排出下一轮的比赛顺序。

（2）5个队参加比赛的排法如表7-2所示：

表7-2　5个队参加比赛的"逆时针轮转法"

轮　次	Ⅰ	Ⅱ	Ⅲ	Ⅳ	Ⅴ
轮转次序	1 — 0 2 — 5 3 — 4	1 — 5 0 — 4 2 — 3	1 — 4 5 — 3 0 — 2	1 — 3 4 — 2 5 — 0	1 — 2 3 — 0 4 — 5

当队数为单数时，用"0"补成双数。然后按逆时针轮转，排出各轮比赛顺序。其中遇到"0"者，即为该场轮空。

（四）单循环赛名次的确定

在分组循环赛中，小组里每一成员应与组内所有其他成员进行比赛。胜一场得2分，输一场得1分，未出场比赛或未完成比赛的场次为0分，小组名次应根据所获得的场次分数决定。

如果小组的两个或更多的队得分数相同，他们有关的名次应按他们相互之间比赛的成绩决定。首先计算他们之间获得的场次分数，再根据需要计算比赛的局和分的胜负比率（胜/负），直至算出名次为止。

5个队单循环赛制名次计算如表7-3所示。

> **小贴士**
> 胜负比率：同分的队（个人）之间获得的"胜的局数/负的局数"；同分的队（个人）之间获得的"胜的分数/负的分数"。

表7-3　5个队单循环赛制名次计算方法

		1	2	3	4	5	积分	计算	名次
1	A	＊	3：0/2	3：2/2	3：1/2	3：0/2	8		1
2	B	0：3/1	＊	3：1/2	1：3/1	3：2/2	6	3　1.00	3
3	C	2：3/1	1：3/1	＊	3：2/2	3：1/2	6	3　0.80	4
4	D	1：3/1	3：1/2	2：3/1	＊	3：0/2	6	3　1.25	2
5	E	0：3/1	2：3/1	1：3/1	0：3/1	＊	4		5

B、C、D三个队之间的场次分数为3，接着计算局的胜负比率：
$(3+1)/(1+3)=1$，$(1+3)/(3+2)=0.8$，$(3+2)/(1+3)=1.25$。

二、单淘汰赛

运动员按编排的比赛秩序进行比赛,胜者进入下一轮比赛,负者淘汰,即为单淘汰赛。这种比赛方法便于在人数多、时间短、场地少的条件下组织比赛,同时也可使比赛逐步进入高潮。世界乒乓球锦标赛中,男子单打、女子单打、男子双打、女子双打、混合双打都采用单淘汰的比赛方法。

(一)单淘汰赛的号码位置数

单淘汰赛的冠亚军比赛,是在两个人之间进行的。这两个人是由 4 人比赛产生的,而 4 个人又是由 8 个人产生的,以此类推。所以,采用单淘汰赛的比赛办法时,应先根据参加比赛的人数选择最接近的、较大的 2 的乘方数作为号码位置数。

常用的号码位置数是:

(1)如果参加比赛的运动员人数不足号码位置数时,需要安排轮空,使参加第二轮比赛的运动员人数正好是 2 的乘方数。

(2)如果参加比赛的人数稍大于 2 的某个乘方数时,需要安排轮空位置太多,这时可不安排轮空,而用"抢号"的方法解决,即以最接近的较大的 2 的乘方数作为号码位置数,其中一部分运动员进行"抢号"。"抢号"就是两名运动员或几名运动员使用一个号码位置,先进行比赛。

"轮空"或"抢号"的办法,本质上是一致的。

(二)单淘汰赛的轮数

单淘汰赛的轮数为选用号码位置数的 2 的乘方数,2 的几次方为几轮。当人数在 2 的乘方数之间时,为较大的乘方数。如:16 个号码位置=2^4 为 4 轮;32 个号码位置=2^5 为 5 轮;64 个号码位置=2^6 为 6 轮;128 个号码位置=2^7 为 7 轮,以此类推。

如果有 66 名运动员参加比赛,不管用轮空或抢号法,都要进行 7 轮比赛。因为 $2^6 < 66 < 2^7$,根据当人数在 2 的乘方数之间时,为较大的乘方数这一原则,因此比赛轮数为 7 轮。

(三)单淘汰赛的场数

在单淘汰赛中,每进行一场比赛即淘汰一名运动员,如果参加比赛的运动员全部淘汰,那么所需要的比赛场数与参加比赛的运动员人数相等。但最后一名冠军不可能被淘汰,所以实际比赛场数应为参加比赛的"人数-1",即"场数=参加人数-1"。

例如,64 人参加比赛,最后剩下一名冠军时,已淘汰 63 人(进行了 63 场比赛),所以场数为 64-1=63(场)。

(四)单淘汰赛的附加赛

单淘汰赛只能确定冠亚军。用附加赛的办法可进一步排出前 8 名或前 6

名的顺序。进入前 8 名的运动员,每一轮的胜者与胜者、负者与负者进行比赛,直到排出前 6 名或前 8 名的名次。

三、佩寄制和挑战制

佩寄制(Page)只是一种应用于整个竞赛某一阶段的一种具体的比赛办法,弥补了交叉(累进)淘汰赛制的不足,冠亚军中必定有一名是小组第一名(见图 7-1、图7-2)。

挑战制的基本特点:实力相近,逐步晋级。

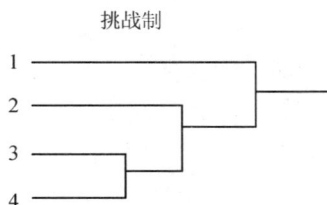

图 7-1　Page 制　　　　　　　图 7-2　挑战制

四、混合赛制

在一次竞赛的不同阶段,分别采用不同的比赛制度,称为混合赛制。混合赛制是在运动队(员)数较多、场地较小和时间安排较紧条件下进行比赛的较为行之有效的办法之一。

混合赛制在一定程度上能集淘汰赛制和循环赛制的基本优点和长处,既能保证在较短时间和较小场地的条件下完成预定的比赛任务,又能比较客观地反映大多数参赛运动队(员)的实际技术水平。

(一)先分组循环赛,后进行淘汰赛

先分组循环,后进行淘汰的混合赛制组合方式目前在各类体育竞赛中被广泛运用。采用这种混合赛制时,应根据上一阶段比赛的名次优先和同组或同一协会在条件许可情况下合理分开的基本原则,重新抽签确定下一阶段比赛中的号码位置。

(二)先进行淘汰赛,后进行循环赛

这种混合赛制适用于一些基层选拔(优选)赛,能使水平相对较高的运动员有较多的比赛机会,最后产生的名次也相对较为合理。

(三)循环赛和其他赛制的组合

如先采用分组循环赛排出小组名次,再采用 Page 制或挑战制决出最后名次。

第三节　抽签与编排

一、抽签

（一）抽签准备工作与基本要求

1. 抽签准备工作

（1）汇总报名单，准确统计参赛运动队数、各项目参赛运动员人（对）数。

（2）根据竞赛规程、竞赛办法和各项目具体赛制，制定较为切合实际的抽签方案。

（3）选定各项目的位置数、确定各项目种子序号排列等。

（4）准备抽签场地、抽签器材、号（区）签卡、队（人）名卡、平衡表、抽签记录表。

（5）实习预抽：熟悉程序、掌握情况、发现问题、及时调整。

（6）实施抽签（正式抽签）。

2. 签卡（见图 7-3）

（1）名签：包括队（人）名签、位置号签（在循环赛中可以是组或位置号签：如 A－1、A－2）。

（2）号签：包括区签、循环赛中组签（如 A、B、C、D，或甲、乙、丙、丁）、标志签（放于桌面的区、组签）和自助式抽签时的附加签。

名签　　　　　　　　　　　　　号签

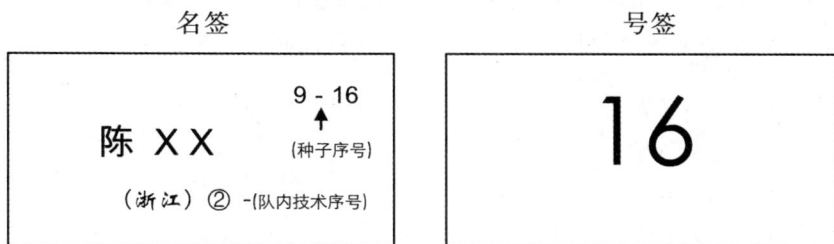

图 7-3　签卡

（二）循环赛制中的分组抽签方法和种子分布

1. 抽签方式

（1）完全随机分组，所有参赛运动队（员）不做任何区分，采用完全随机的抽签方式将参赛运动队（员）分到各个小组中。

（2）设置一定数量种子后分组抽签，先将运动队（员）中部分能够确认的"优秀"选取设置为"种子"，或根据以往比赛成绩，将种子运动队（员）均匀地分进或抽入各个小组，然后再采用完全随机的抽签方式将非种子的运动队（员）抽入各个小组。

2. 蛇型排列方式（图 7-4）

将不同水平（实力指数）的参赛运动队（员）均匀地分到各个小组，以相对提高竞赛结果的合理性。先将种子选手用蛇型排列方式排入各个小组,然后再采用完全随机的抽签方式将其他非种子的运动队(员)抽入各个小组。

1–基本的蛇型系统								2–变革后的蛇型系统							
组别:A	B	C	D	E	F	G	H	组别:A	B	C	D	E	F	G	H
1	2	3	4	5	6	7	8	1	2	3	4	5	6	7	8
16	15	14	13	12	11	10	9	(13	14	15	16)	(12	11	10	9)
17	18	19	20	21	22	23	24	(17	18	19	20)	(24	23	22	21)
32	31	30	29	28	27	26	25	(29	30	31	32)	(28	27	26	25)

图 7-4　蛇形排列方式

(三) 淘汰赛中抽签方法和种子分布

1. 淘汰赛抽签基本步骤

(1) 可先分区(上、下半区)。

(2) 再定区(1/4 区)。

(3) 最后定位(各区中的具体位置号)。

淘汰赛抽签分区控制方法可采用抽签平衡表。

2. 种子号码位置和种子序号的确定

(1) 查表法(种子位置表)。排列(依次跟进)种子选手的方法,叫作"跟种子"的办法。采用"跟种子"的办法来记忆种子选手的位置号码和轮空(包括抢号)位置号码将是十分有帮助的,也是我们最常用的一种方法。

(2) 直接手工排列,目前使用较多的是分区横排法,如图 7-5 所示:

种子	(1-4)	(9-16)		(9-16)	(5-8)	
1区	1 (1)	(16) 8	9 (9)	(8) 16	1/4区
2区	32 (4)	(13) 25	24 (12)	(5) 17	1/2区
3区	33 (3)	(14)	41 (11)	(6) 48
4区	64 (2)	(15) 57	56 (10)	(7) 49

1/8区　　　　　　1/8区

图 7-5　64 个号码位分区横排法

图 7-5 中的"1、32、33、64"表示位置号,"(1)、(8)、(9)、(13)"表示种子序号。图 7-5 中把 64 名运动员平均分成 4 个区,第一个区为 1/4 区,也可称 1 区,共有 1—16 名运动员,其中 1 号种子在 1 号位置,16 号种子在 8 号位置,9 号种子在 9 号位置,8 号种子在 16 号位置。非种子选手随机进入剩余位置。

二、编排

编排就是将各个项目所要进行的全部比赛,在一定的时间内,科学、合理地安排在一定数量的球台(场地)上,并按一定的秩序进行比赛。

(一)合理编排的基本要求

1. 注意合理的比赛强度

(1)在团体赛中,一次比赛一个队一般安排 8～10 场(包括所有阶段),每节安排一场比赛也许是(相对)合理的。

(2)单项比赛如采用分组循环赛制,每组一般以 4～5 人为宜。

(3)单项比赛量:5 局 3 胜,一节(4 小时)≤4 场,一天≤10 场。

　　　　　　　 7 局 4 胜,一节(4 小时)≤3 场,一天≤7 场。

(4)节(竞赛安排时间单位)。

一天 3 节:3～4 小时一节,分为上午、下午、晚上。

一天 4 节:3 小时一节,例如 08:30～11:30,11:30～14:30,14:30～17:30,17:30～20:30,一天共四节。

2. 力求(参赛队、对、人)机会相对均等

包括单位时间内的比赛强度、球台使用均衡性等。

3. 防止连场、重场、空场

(1)连场:某队(人)上一场比赛刚结束,下一场比赛马上就要开始。

(2)重场:某队(人)上一场比赛尚未结束,下一场比赛即将开始。

(3)空场:比赛时间的某一单位时间内,比赛场地中所有球台均无比赛。

4. 科学地、合理地、最大限度地使用比赛场地

正规比赛究竟应为不少于 14 米长、7 米宽的长方形,高度为 5 米,四个角可用不超过 1.5 米的挡板围起,基层比赛可根据具体情况适当调整长和宽的距离,但尽量不少于 10 米长、5 米宽。

5. 各项决赛的安排应分数次进行

现在通常采用 1、1、1、2、2 制来安排决赛的时间,即一节只安排一项决赛,如女子团体、男子团体或混合双打的决赛。在一节中也可安排两项决赛,如女子单打和男子双打的决赛、女子双打和男子单打的决赛。这也许是一种较为理想的办法。

6. 尽量缩短比赛时间

在保证完全符合竞赛规则、规程的前提下尽可能缩短整个比赛时间。

(二)编排工作程序

(1)设计整体编排方案(各项目大体安排和所用时间);

(2)搞好多种预案;

(3)团体比赛编排;

(4)单项比赛编排;

(5)球台设置方案;

(6)核查编排结果;

（7）编印技术文书（秩序册）。

（三）编排具体操作步骤

1. 报名参赛运动员人（队）数统计表

根据竞赛规程中的参加办法进行参赛运动员人（队）数统计。

2. 各项目轮数、场数统计表

根据竞赛规程中的竞赛办法进行各项目轮数、场数统计。

3. 比赛日期、时间、台号安排（划块）表

根据竞赛日程安排每节中所进行的比赛项目、轮次、场次。

例如，12 张比赛球台，每节每台安排 8 场左右比赛，共需 443/96＝4.6 节左右，最少需要 6～7 节左右比赛时间。混合双打的 1～3 轮 84 场比赛可安排在第一节比赛时间进行。

如要在三天 8 节时间内完成，则需 443/8＝55.4，55.4/8＝7，最好使用 8～10 张球台。

4. 编写竞赛秩序（具体日期、时间、台号）明细表（见图 7-6、表 7-4）。

（四）竞赛秩序表种类

1. 淘汰赛制

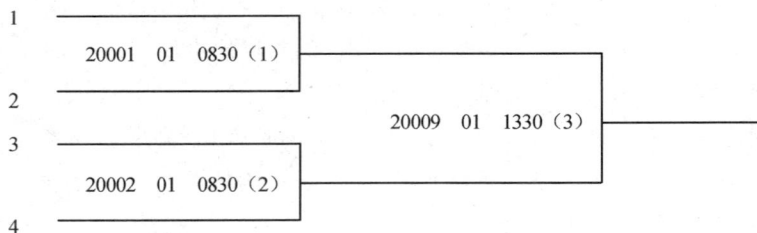

图 7-6 淘汰赛制表

在图 7-6 中：1 号运动员与 2 号运动员比赛，胜者进入下一轮，负者被淘汰。

2. 循环赛制（坐标式）

循环赛制表如表 7-4 所示。

表 7-4 循环赛制表

	A	1	2	3	积分	计算	名次
1	×××		10021 01 1830(3)	10011 01 1330(2)			
2	×××			10001 01 0800(1)			
3	×××						

在表 7-4 中："A"表示"A 组","10021"表示"场次号","01"表示"日期", "1830"表示"比赛时间","(3)"表示"台号"。

第四节　电脑编排抽签简介

从 1990 年开始,解放军体育学院与中国乒协联合研制"乒乓球竞赛组织管理系统(CATS)",经过多年的艰苦奋斗,终于完成了系统的研制,达到了预期的目的。CATS 乒乓球竞赛组织管理系统是目前世界上唯一能集报名、抽签、编排、成绩打印于一体的系统,已成功地应用于国际、国内大型比赛和基层群众性比赛,并于 1998 年 6 月通过了国家体育总局的鉴定,鉴定委员会一致认为该系统填补了国内空白,达到了国际领先水平。2005 年底在原有的系统基础上,开发了新的更高版本的 CATS,它具有将不同组别(如甲组、乙组、丙组……)合起来进行抽签编排的功能,解决了困扰省(含)级以下单位举办乒乓球赛的抽签编排难题。

一、CATS 系统功能简介

CATS 系统功能简介如表 7-5 所示。

表 7-5　乒乓球竞赛组织管理系统

乒乓球竞赛组织管理系统(CATS)

名单录入	项目名单	规程设置	抽签	编排	成绩公报	其他
队名	男团名单 女团名单	场馆及 时间 设定	各项抽签 及设定	团体编排	公报表头 设置	数据备份
队员名单				单项编排	团体公报	恢复数据 备份
裁判名单	男单名单 女单名单			节目单 或微调	单项公报	
核对名单		工作目录 选择	单淘汰 抽签 手工 调整	成绩单录入	团体成绩 转换	大奖赛 数据转换
分类名单	男双名单 女双名单			积分单打印	单项成绩 转换	生成数据
种子打印				成绩册	名次计算	接收数据
退出	混双名单	系统说明		秩序册	选手进位	关于 CATS

1. 名单录入

在这个模块下主要完成各个参赛队的队名、队员名单、裁判员名单的录入,并可以核对录入的名单。

2. 项目名单

在本模块下主要完成男、女团,男、女单打,男、女双打以及混合双打等的运动员名单的录入。

3. 规程设置

本模块下主要完成比赛场馆、球台，比赛时间的设定，并且确定抽签的原则和比赛的规程，即各项目决出前几名和打印团体或单项台次、时间表。

4. 抽签

在本模块完成男、女团，男、女单打，男、女双打以及混合双打等各个阶段的抽签。

5. 编排及成绩录入

本模块主要完成各个项目的编排、成绩录入，打印成绩册、秩序册以及完成团体或单项比赛秩序的调整。

6. 大奖赛数据转换

大奖赛数据转换，可将运动员名单从 Excel 表直接转换到 CATS 中。

二、应用 CATS 完成竞赛组织管理流程

当接受任务后，应及时了解比赛规模、赛制、场馆、比赛时间、有无电视转播、有无观众等信息，而后流程为：

（1）接到团体抽签结果后，建立 Excel 表格，将参赛运动队队名输入。

（2）进入大奖赛数据转换，将运动员名单转换到 CATS，以建立新的数据。

（3）进入场馆设定模块，设定好场馆和球台及比赛开始时间。

（4）进入各项抽签及设定模块，确定抽签原则及决出前几名。

（5）进入男团、女团名单模块，将参赛队队名录入。

（6）进入男女团体抽签模块，将抽签结果输入。

（7）进入团体编排模块，将团体编排方案输入系统，打印团体秩序册、节目单。

由于乒乓球竞赛的参赛队和参赛人数的不同以及赛制的不同，给竞赛的组织带来了很多的麻烦。而 CATS 可以适应不同比赛的要求，具有通用性、科学性、规范性、人机界面友好、排版打印功能完善等优点，目前正被广泛应用。

思考题

1. 试拟定一份校级乒乓球比赛规程。

2. 在校级乒乓球比赛中，有 24 个学院报名参加男子团体比赛，20 个学院报名参加女子团体赛，男女团体赛各设 4 个种子队；另外，48 名男运动员和 40 名女运动员参加单打比赛，男女单打赛各设 8 个种子，如何进行先循环后淘汰的抽签？如何编排？

参考文献

[1] 崔秀馥.乒乓球:普通高校体育选项课教材[M].北京:北京体育大学出版社,2012.

[2] 张瑛秋.乒乓球直拍技术图解[M].北京:北京体育大学出版社,2014.

[3] 张瑛秋.乒乓球横拍技术图解[M].北京:北京体育大学出版社,2014.

[4] 苏丕仁.乒乓球运动教程[M].北京:高等教育出版社,2004.

[5] 苏丕仁.现代乒乓球运动教学与训练[M].北京:人民体育出版社,2003.

[6] 潘施伊.乒乓球教程[M].北京:北京理工大学出版社,2011.

[7] 周爱光,刘丰德.乒乓球运动[M].北京:高等教育出版社,2014.

[8] 刘建和.乒乓球教学与训练[M].北京:人民体育出版社,2008.

[9] 毛晓荣,郑志刚.乒乓球运动教程[M].成都:四川大学出版社,2006.

[10] 张瑞林.乒乓球运动[M].北京:高等教育出版社,2005.

[11] 邵明虎.小球教程:乒乓球、羽毛球、网球[M].北京:北京师范大学出版社,2012.

[12] 李林,杨成波.乒乓球竞赛组织与管理[M].成都:电子科技大学出版社,2014.

[13] 虞荣安.新编乒乓球教程[M].西安:西北工业大学出版社,2011.

[14] 岳海鹏.乒乓球打法与战术[M].北京:人民体育出版社,2002.

[15] 冯爱华.乒乓球运动[M].北京:高等教育出版社,2005.

[16] 侯文达.高等学校乒乓球教材——教学与训练[M].北京:北京大学出版社,1994.

[17] 孙麒麟.乒乓球[M].北京:高等教育出版社,2006.

[18] 唐建军.乒乓球实战技巧技战术图解[M].北京:北京体育大学出版社,2004.

[19] 唐建军.图解乒乓球技巧[M].福州:福建科学技术出版社,2004.

[20] 张传波.乒乓球运动的特点与健康价值[J].吉林农业科技学院学报,2010(3).

[21] 蒋炳长,张铁雄.乒乓球竞赛欣赏初探[J].湖南医科大学学报(社会科学版),2007(4).

［22］中国乒乓球协会.乒乓球竞赛规则（2011）［M］.北京：人民教育出版社，2011.

［23］部分图片及文字引自《乒乓世界》、百度、搜狐、新浪、天天乒乓网（www. ttline. cn）、楚天运动频道（www. ctsports. com. cn）、优个网（www. yoger. com. cn）等.

附　录

附录 1　比赛表格 1-1

团体记分表

项目：　　　　　　队名：

Event：　　　　Team Name：　　　　　vs

日期 Date	场次号 Match No.	阶段 Stage	轮次 Round	级别 Group	时间 Time	台号 Table No.

顺序	A/B/C		W/X/Y		每局比分 Games					结果 Result
					1	2	3	4	5	
1	A	S T W – 1 – 2	X	S T W – 1 – 2						
2	B	S T W – 1 – 2	Y	S T W – 1 – 2						
3	C	S T W – 1 – 2	Z	S T W – 1 – 2						
4	A	S T W – 1 – 2	Y	S T W – 1 – 2						
5	B	S T W – 1 – 2	X	S T W – 1 – 2						

(A/B/C) 指导者	黄牌　红牌	(X/Y/Z) 指导者	黄牌　红牌	比赛结果 Result	：
Adviser	Y/C R/C	Adviser	Y/C R/C		
评价 Remarks	A/B/C/D　1 2 3 4 5 W/X/Y/Z　1 2 3 4 5		获胜队 Winning Team		
胜方队长签名 Winning Captain's		负方队长签名 Losing Captain's			
裁判员签名 Umpire's Signature		裁判长签名 Referee's Signature			
竞赛地点 Tournament Venue					

抽签（排名）表　　　　　　　　　　　　　　　　抽签（排名）表

A ＿＿＿＿＿＿＿　　　　　　　　　　　　　　X ＿＿＿＿＿＿＿

B ＿＿＿＿＿＿＿　　　　　　　　　　　　　　Y ＿＿＿＿＿＿＿

C ＿＿＿＿＿＿＿　　　　　　　　　　　　　　Z ＿＿＿＿＿＿＿

队名：　　　　　　　　　　　　　　　　　　　队名：

教练：　　　　　　　　　　　　　　　　　　　教练：

附录 2　比赛表格 1-2

团体记分表

项目：　　　　　　　队名：
Event：　　　　　　　Team Name：　　　　　VS

日期 Date	场次号 Match No.	阶段 Stage	轮次 Round	级别 Group	时间 Time	台号 Table No.

顺序	A/B/C		W/X/Y		每局比分 Games					结果 Result
					1	2	3	4	5	
1	A	S　T W－1－2	X	S　T W－1－2						
2	B	S　T W－1－2	Y	S　T W－1－2						
3	双打	S　T W－1－2	双打	S　T W－1－2						
4	A	S　T W－1－2	Y	S　T W－1－2						
5	B	S　T W－1－2	X	S　T W－1－2						

(A/B/C) 指导者	黄牌　红牌	(X/Y/Z) 指导者	黄牌　红牌	比赛结果 Result	
Adviser	Y/C　R/C	Adviser	Y/C　R/C		：

评价 Remarks	A/B/C/D	1　2　3　4　5	获胜队 Winning Team	
	W/X/Y/Z	1　2　3　4　5		

胜方队长签名 Winning Captain's		负方队长签名 Losing Captain's	
裁判员签名 Umpire's Signature		裁判长签名 Referee's Signature	
竞赛地点 Tournament Venue			

抽签（排名）表
A _____
B _____
双打 _____
队名：
教练：

抽签（排名）表
X _____
Y _____
双打 _____
队名：
教练：

附录3　比赛表格1-3

乒乓球赛单项记分表

项目：

日期	场次号	阶段	轮次	级别	时间	台号

局次	运动员姓名、协会和号码		运动员姓名、协会和号码	
1				
2				
3				
4				
5				
记录	S T	W −1 −2	S T	W −1 −2
指导者 Adviser	黄牌 Y/C	红牌 R/C	黄牌 Y/C	红牌 R/C

比赛结果：　　　　　　　　　　获胜者：

胜方运动员签名：　　　　　　　负方运动员签名：

裁判员签名：　　　　　　　　　裁判长签名：

附录4 逆时针轮转法

4 队逆时针轮转法

I	II	III
1—4	1—3	1—2
2—3	4—2	3—4

5 队逆时针轮转法

I	II	III	IV	V
2—5	1—5	1—4	1—3	1—2
3—4	2—3	5—3	4—2	4—5

6 队逆时针轮转法

I	II	III	IV	V
1—6	1—5	1—4	1—3	1—2
2—5	6—4	5—3	4—2	3—6
3—4	2—3	6—2	5—6	4—5

附录5　轮空位置表

2	255	130	127	66	191	194	63	34	223	162	95	98	159	226	31
18	239	146	111	82	175	210	47	50	207	178	79	114	143	242	15
10	247	138	119	74	183	202	55	42	215	170	87	106	151	234	23
26	231	154	103	90	167	218	39	58	199	186	71	122	135	250	7
6	251	134	123	70	187	198	59	38	219	166	91	102	155	230	27
22	235	150	107	86	171	214	43	54	203	182	75	118	139	246	11
14	243	142	115	78	179	206	51	46	211	174	83	110	147	238	19
30	227	158	99	94	163	222	35	62	195	190	67	126	131	254	3

查表方法：先根据参加人数,选择最接近的、较大的2的乘方数作为号码位置数,号码位置数减去参加人数即为轮空数。然后,按轮空数目,依次(逐行由左向右)摘出小于比赛号码位置数的号码,即为轮空位置号码。如123人参加比赛,应用128个号码位置。有5个轮空,依次摘出小于128的五个号码——2、127、66、63、64,即为轮空位置号码。

附录6　种子位置表

1	256	129	128	65	192	193	64	33	224	161	96	97	160	225	32
17	240	145	112	81	176	209	48	49	208	117	80	113	144	241	16
9	248	137	120	73	184	201	56	41	216	169	88	105	152	233	24
25	232	153	104	89	168	217	40	57	200	185	72	121	136	249	8

查表方法：按比赛所设种子数目，依次（逐行由左向右）摘出小于或等于比赛号码位置数的号码，即为种子位置号码。如123人参加比赛，应用128个号码位置。如设8名种子，依次摘出小于或等于128的八个号码——1、128、65、64、33、96、97、32，即为1、2、3、4、5、6、7、8号种子的种子位置号码。

比赛场次统计、划块和竞赛场次/时间/台号安排表示例。

（1）2013 年浙江省大学生乒乓球锦标赛团体比赛分组及比赛阶段场次统计表如下：

附录 7　比赛日期：时间、台号大体安排（划块）表

序号	级别	总队数	分组	小组队数	阶段-1							阶段-2				总场数
					轮次					小组场数	合计场数	轮次		场数	合计场数	
					I	II	III	IV	V			VI	VII			
1	男子甲组	11	A	6	3	3	3	3	3	15	25	2	2	4	8	33
			B	5	2	2	2	2	2	10		2	2	4		
2	男子乙组	10	A	5	2	2	2	2	2	10	20	2	2	4	8	28
			B	5	2	2	2	2	2	10		2	2	4		
3	男子丙组	10	A	5	2	2	2	2	2	10	20	2	2	4	8	28
			B	5	2	2	2	2	2	10		2	2	4		
4	女子甲组	11	A	6	3	3	3	3	3	15	25	2	2	4	8	33
			B	5	2	2	2	2	2	10		2	2	4		
5	女子乙组	10	A	5	2	2	2	2	2	10	20	2	2	4	8	28
			B	5	2	2	2	2	2	10		2	2	4		
6	女子丙组	10	A	5	2	2	2	2	2	10	20	2	2	4	8	28
			B	5	2	2	2	2	2	10		2	2	4		
总计		62		62	26	26	26	26	26	130	130	24	24	48	48	178

（2）2013 年浙江省小学生乒乓球锦标赛团体赛场次划块、竞赛块次/时间/台号安排表如下：

					2013/7/16		2013/7/17						2013/7/18				2013/7/19		
序号	组别	总队数	分组	小组队数	1830—I台号	1930—II台号	0830—III台号	0930—IV台号	1430—V台号	1530—VI台号	1830—VII台号	1930—VIII台号	0830—IX台号	0930—X台号	1830—XI台号	1930—XII台号	0830—XIII台号	0930—XIV台号	合计场数
1	男子甲组	11	A	6		3 11-13		3 11-13		3 11-13		3 11-13		3 11-13		2 1-2		2 9-10	19
			B	5		2 1-2		2 3-4		2 5-6		2 7-8		2 9-10		2 3-4		2 11-12	14
2	男子乙组	10	A	5		2 3-4		2 5-6		2 7-8		2 9-10		2 1-2		2 5-6		2 7-8	14
			B	5		2 5-6		2 7-8		2 9-10		2 1-2		2 3-4		2 7-8		2 5-6	14
3	男子丙组	10	A	5		2 7-8		2 9-10		2 1-2		2 3-4		2 5-6		2 9-10		2 3-4	14
			B	5		2 9-10		2 1-2		2 3-4		2 5-6		2 7-8		2 11-12		2 1-2	14
4	女子甲组	11	A	6	3 11-13		3 11-13		3 11-13		3 11-13		3 11-13		2 1-2		2 9-10		19
			B	5	2 1-2		2 3-4		2 5-6		2 7-8		2 9-10		2 3-4		2 11-12		14
5	女子乙组	10	A	5	2 3-4		2 5-6		2 7-8		2 9-10		2 1-2		2 5-6		2 7-8		14
			B	5	2 5-6		2 7-8		2 9-10		2 1-2		2 3-4		2 7-8		2 5-6		14
6	女子丙组	10	A	5	2 7-8		2 9-10		2 1-2		2 3-4		2 5-6		2 9-10		2 3-4		14
			B	5	2 9-10		2 1-2		2 3-4		2 5-6		2 7-8		2 11-12		2 1-2		14
总计		62		62	13	13	13	13	13	13	13	13	13	13	12	12	12	12	178

附录8　比赛日程表

大会竞赛日程表示例。

2013浙江省大学生乒乓锦标赛日程表如下：

大会竞赛日程表

2013 年 7 月 21 日—7 月 28 日　杭州

日期	上午 08:30—	下午 14:00—	晚上 18:30—
7 月 20 日（星期六）	裁判长报到	/	/
7 月 21 日（星期日）	1. 裁判员报到 2. 运动队报到	1. 裁判员学习 2. 运动队报到	1. 19:30 大会组委会会议 2. 20:00 裁判长、领队、教练员联席会议 3. 团体赛第一阶段抽签 4. 裁判员学习
7 月 22 日（星期一）	运动员身体素质测试	1. 13:30—14:30 乙、丙组运动员文化考试 2. 14:45—17:00 运动队赛前练习 3. 裁判员临场实习	1. 女丙团体—第一阶段（第1轮） 2. 男丙团体—第一阶段（第1轮） 3. 女乙团体—第一阶段（第1轮） 4. 男乙团体—第一阶段（第1轮） 5. 女甲团体—第一阶段（第1轮） 6. 男甲团体—第一阶段（第1轮）
7 月 23 日（星期二）	1. 女丙团体—第一阶段（第2轮） 2. 男丙团体—第一阶段（第2轮） 3. 女乙团体—第一阶段（第2轮） 4. 男乙团体—第一阶段（第2轮） 5. 女甲团体—第一阶段（第2轮） 6. 男甲团体—第一阶段（第2轮）	1. 女丙团体—第一阶段（第3轮） 2. 男丙团体—第一阶段（第3轮） 3. 女乙团体—第一阶段（第3轮） 4. 男乙团体—第一阶段（第3轮） 5. 女甲团体—第一阶段（第3轮） 6. 男甲团体—第一阶段（第3轮）	1. 女丙团体—第一阶段（第4轮） 2. 男丙团体—第一阶段（第4轮） 3. 女乙团体—第一阶段（第4轮） 4. 男乙团体—第一阶段（第4轮） 5. 女甲团体—第一阶段（第4轮） 6. 男甲团体—第一阶段（第4轮）
7 月 24 日（星期三）	1. 女丙团体—第一阶段（第5轮） 2. 男丙团体—第一阶段（第5轮） 3. 女乙团体—第一阶段（第5轮） 4. 男乙团体—第一阶段（第5轮） 5. 女甲团体—第一阶段（第5轮） 6. 男甲团体—第一阶段（第5轮）	休息	1. 女丙团体—第二阶段（第6轮） 2. 男丙团体—第二阶段（第6轮） 3. 女乙团体—第二阶段（第6轮） 4. 男乙团体—第二阶段（第6轮） 5. 女甲团体—第二阶段（第6轮） 6. 男甲团体—第二阶段（第6轮）
7 月 25 日（星期四）	1. 女丙团体—第二阶段（决1—8名） 2. 男丙团体—第二阶段（决1—8名） 3. 女乙团体—第二阶段（决1—8名） 4. 男乙团体—第二阶段（决1—8名） 5. 女甲团体—第二阶段（决1—8名） 6. 男甲团体—第二阶段（决1—8名） 7. 团体颁奖仪式	1. 女丙双打—（第1—2轮） 2. 男丙双打—（第1—2轮） 3. 女乙双打—（第1—2轮） 4. 男乙双打—（第1—2轮） 5. 女甲双打—（第1—2轮） 6. 男甲双打—（第1—2轮）	1. 女甲单打—（第1—3轮） 2. 男甲单打—（第1—3轮）
7 月 26 日（星期五）	1. 女乙单打—（第1—3轮） 2. 男乙单打—（第1—3轮）	1. 女丙单打—（第1—3轮） 2. 男丙单打—（第1—3轮）	1. 女丙双打—（决1—8名） 2. 男丙双打—（决1—8名） 3. 女乙双打—（决1—8名） 4. 男乙双打—（决1—8名） 5. 女甲双打—（决1—8名） 6. 男甲双打—（决1—8名） 7. 双打颁奖仪式
7 月 27 日（星期六）	1. 女丙单打—（决1—8名） 2. 男丙单打—（决1—8名） 3. 女乙单打—（决1—8名） 4. 男乙单打—（决1—8名） 5. 女甲单打—（决1—8名） 6. 男甲单打—（决1—8名） 7. 单打颁奖仪式	离会 注： 1. 大会组委会和裁判长、领队。教练员联席会议在×××大酒店会议室召开（地址：　　　联系电话：　　） 2. 比赛在×××××××体育馆（地址：　　） 3. 单项抽签采用 CATS 系统（电脑）操作,具体竞赛秩序赛前详见公告栏	

附录9 乒乓球比赛术语中英文对照表

First	第一	Good return	合法还击
Second	第二	Outside	出界
Third	第三	Obstruct	阻挡
Fourth	第四	Double hit	连击
Fifth	第五	Double bounce	两跳
Let	重发球	Moved playing surface	台面移动
Fault	犯规	Free hand on table	不执拍手扶台
Side	侧面	Touched net assembly	触及球网装置
Net	擦网	Wrong order	次序错了
Stop	停	Edge ball	擦边球
Time	时间到	Broken ball	球破裂
Toss	挑边（掷挑边器）	Expedite system	轮换发球法
What is your name?	你叫什么名字？	Table	球台
Which is your choice?	你选择什么？	End line	端线
Yes, you are right.	你是对的	Side line	边线
No, you are wrong.	你不对	Centre line	中线
Who will receive first?	谁先接发球？	Right half-court	右半区
Who will serve first?	谁先发球？	Playing surface	比赛台面
Serve	发球	Top edge	上边缘
Receive	接发球	Net	球网
Ends	方位	Post	支柱
Practice	练习	Support	支架
Begin playing	比赛开始	Too high(low)	太高（低）
Ready-Serve	准备—发球	Select	选择
Change service	换发球	Racket	球拍
Change ends	交换方位	Blade	拍身、底板
Change receiver	交换接发球员	Handle	拍柄
Point	得分	Covering	覆盖物
Good service	合法发球	Pimpled rubber	颗粒胶

Sandwich rubber	海绵胶	Winner	胜者
Too thick	太厚	Loser	败者
Playing hall	比赛厅	Visible	看得见
Surrounds	挡板	Pair	一对（双打运动员）
Floor	地板	Player	运动员
Score indicator	计分器	Captain	队长
Towel	毛巾	Coach	教练
Dark-coloured	暗色	Referee	裁判长
Matt	无高度光泽	Umpire	裁判员
Uniform	一致、均匀	Deputy umpire	副裁判员
Height	高度	Report to referee	报告裁判长
Left	左	Men's singles	男子单打
Right	右	Women's singles	女子单打
Best of 3 games	三局二胜	Men's doubles	男子双打
Best of 5 games	五局三胜	Women's doubles	女子双打
Deciding game	决胜局	Mixed doubles	混合双打
Match	场	Men's team	男子团体
Strick	击球	Women's team	女子团体
Racker hand	执拍手	Topspin	上旋球
Free hand	不执拍手	Backspin, Underspin	下旋球
Upwards	向上	Sidespin	侧旋球
Near vertically	近乎垂直	Loop	弧圈球
Palm of the hand	手掌	Push	搓球
Stationary	静止	Chop	削球
Above	之上	Lob	放高球
Below	之下	Block	封挡
Behind	之后	Drive counter Counterdrive smash	快攻、打回头、扣杀
Without spin	无旋转	Drop	短吊
Over or around	越过或绕过	Junk	不吃转的胶皮
Continue	继续	Rubber	胶皮
Server	发球员	Spin	旋转
Receiver	接发球员	Twiddle，Twirl	倒板